V&R

Haim Omer / Nahi Alon / Arist von Schlippe

Feindbilder – Psychologie der Dämonisierung

Mit einem Vorwort des Dalai Lama

4., unveränderte Auflage

Vandenhoeck & Ruprecht

Bibliografische Informationen der Deutschen Bibliothek

Die Deutsche Nationalbibliothek verzeichnet diese Publikation
in der Deutschen Nationalbibliografie;
detaillierte bibliografische Daten sind im Internet
über ‹http://dnb.d-nb.de› abrufbar.

ISBN 978-3-525-49100-3

Weitere Ausgaben und Online-Angebote sind erhältlich unter: www.v-r.de

© 2016, 2006, Vandenhoeck & Ruprecht GmbH & Co. KG,
Theaterstraße 13, D-37073 Göttingen/
Vandenhoeck & Ruprecht LLC, Bristol, CT, USA
Internet: www.v-r.de
Alle Rechte vorbehalten. Das Werk und seine Teile
sind urheberrechtlich geschützt. Jede Verwertung in anderen
als den gesetzlich zugelassenen Fällen bedarf
der vorherigen schriftlichen Einwilligung des Verlages.
Printed in Germany.

Schrift: Minion
Satz: SchwabScantechnik, Göttingen
Druck und Bindung: CPI buchbücher.de, Birkach

Gedruckt auf alterungsbeständigem Papier.

Inhalt

Vorwort des Dalai Lama 9

Vorwort von Arist von Schlippe 11

Einführung 13

Vertrauen und dämonische Erfahrungen 23
   Eine Geschichte von Nahi Alon 23
   Metaperspektiven, Erwartungs-Erwartungen und
   Interaktionsmuster 26
   Fallgeschichte 1: »Hattest du Sex mit einem anderen?« ... 28
   Fallgeschichte 2: »Du warst nie eine gute Mutter!« 30
   Fallgeschichte 3: Das Familienunternehmen 35

Dämonische und tragische Sicht 42

Prämissen einer dämonischen Sicht 48
   1. Alles Leiden kommt vom Bösen 49
   2. Der Andere ist ein fremdartiges und sich
   verstellendes Wesen 50
   3. Das Glück ging verloren und kann
   wieder gefunden werden 53
   4. Die Ursachen des Leidens sind tief verborgen 55
   5. Das Aufdecken der verborgenen Kräfte bedarf
   einer besonderen Form von Wissen 56
   6. Schuldeingeständnis und Beichte sind die
   Vorbedingungen für eine Heilung 58
   7. Heilung besteht in der Ausrottung
   des verborgenen Übels 61

Prämissen einer tragischen Sicht 65
1. Leiden ist ein wesentlicher und unausweichlicher
   Teil des Lebens 66
2. Schlechte Handlungen können positiven
   Eigenschaften entstammen 70
3. Der Andere ist uns ähnlich 72
4. Es gibt keinen privilegierten Einblick in die
   Erfahrungswelt eines anderen 73
5. Radikale Lösungen vergrößern oft das Leiden 75
6. Die Allgegenwärtigkeit des Leidens erfordert
   Akzeptanz, Mitleiden und Trösten 76
Fallgeschichte 4: »Wer will ein Monster
als Mutter haben?« 78

Entdämonisierende Dialoge 87
   Reframing 90
   Fallgeschichte 5: »Schlampige Vorspeise …« 94
   Entdämonisierende Fragen 97
   Fallgeschichte 6: Nachvollziehbare Wutausbrüche 98
   Metaphern 99
   Fallgeschichte 7: Bolzen und Mutter voneinander lösen .. 99

Das Modifizieren dämonischer Bewertungen 101
   Die Einschätzung des Problems 101
   Fallgeschichte 8: Dreißig Prozent –
   ein realistisches Ziel? 102
   Selbsteinschätzung 104
   Fallgeschichte 9: Schuld dahin, wo sie hingehört 105
   Fallgeschichte 10: Die Verhandlung 106
   Fortschritte erkennen lernen 110
   Fallgeschichte 11: Der »explodierende Mann« 111

Nichtdämonische Ziele 113
   Fallgeschichte 12: Schuld und Reue 114
   Bescheidene Ziele setzen 115
   Fallgeschichte 13: Die Augenoperation 116
   Das Prinzip des Reifens 118
   Fallgeschichte 14: Aktives Warten 119

Fallgeschichte 15: Das »wissenschaftliche Experiment« ... 125
Fallgeschichte 16: Ein Potpourri entdämonisierender
Themen 127

Logiken der Eskalation 135
Die Annahmen destruktiven Kämpfens 137
Der Reiz des dämonischen Vorgehens beim Kämpfen 149

Konstruktive, nichtdämonische Kämpfe 153
Die Annahmen des konstruktiven Kämpfens 154
Die Macht des gewaltlosen Vorgehens 167
Nichtdämonisches Kämpfen in Aktion: Gewaltloser
Widerstand durch Eltern gewalttätiger Kinder 170
Fallgeschichte 17: Die Sulkh-Zeremonie 181

Die tragische Weisheit des Trostes 187
Die tröstende Beziehung 188
Fallgeschichte 18: Legitime Trauer 191
Verlust, Erinnerung und Trost 193
Fallgeschichte 19: Der verschollene Freund 196
Hoffnung, Desillusionierung und Trost 199
Fallgeschichte 20: »Wieder ein Höhlenmensch ...« 206
Fallgeschichte 21: Ein Paar in der Hölle 213

Literatur 220

Vorwort des Dalai Lama

Ich glaube, dass glücklich zu sein der Zweck des Lebens ist. Vom Augenblick der Geburt an verlangt jedes menschliche Wesen nach Glücklichsein und nicht nach Leiden. Deshalb ist es wichtig herauszufinden, was uns den höchsten Grad an Glücklichsein beschert.

Die Autoren dieses Buches sind Psychotherapeuten, die sich beruflich damit beschäftigen, Menschen zu helfen, seelischen Frieden und Zufriedenheit zu finden. Es ist ihnen ein Anliegen, ihre Arbeit effektiver zu gestalten. Einen der psychotherapeutischen Trends, den sie in Frage zu stellen versuchen, ist eine Tendenz, die sie *Dämonisierung* nennen – von Dingen oder Menschen. Normalerweise neigen wir dazu, unsere Probleme anderen oder äußeren Faktoren anzulasten. Außerdem suchen wir leicht nach einer einzelnen Ursache und versuchen dann, uns unserer Verantwortung zu entledigen. Es sieht so aus, als ob immer, wenn intensive Emotionen im Spiel sind, es eine Ungleichheit zwischen dem gibt, wie uns die Dinge erscheinen und wie sie wirklich sind. Wenn wir Menschen dämonisieren, sehen wir sie in einem sehr negativen Licht und geben vor, sie seien irgendwie völlig anders als wir.

Wir übersehen die Tatsache, dass alle menschlichen Wesen im Grunde gleich sind, woher immer wir stammen. Physisch mag es einige kleine Unterschiede geben, in der Form unserer Nasen, der Farbe unseres Haars und dergleichen, aber sie sind unwesentlich. Im Grunde sind wir dieselben. Wir alle haben das gleiche Potential, sowohl positive wie negative Erfahrungen zu machen. Mehr noch, wir haben das gleiche Potential, unsere Einstellungen zu verändern. Und das ist, glaube ich, wichtig: zu erkennen, dass wir uns alle in bessere, glücklichere Menschen verwandeln können. Nicht nur das, wir sollten auch Kraft aus dem Gedanken schöpfen, dass, wenn wir es können, auch unsere Rivalen, Gegner und Feinde sich ändern können.

Nach meiner eigenen, begrenzten Erfahrung habe ich entdeckt, dass der höchste Grad seelischen Friedens aus der Entwicklung von Liebe und Mitgefühl erwächst. Je mehr wir uns um das Glück anderer kümmern, desto größer wird unser eigenes Wohlbefinden. Wenn man ein nahes, warmherziges Gefühl für andere pflegt, wird man sich automatisch erleichtert fühlen. Das trägt dazu bei, Furcht und Unsicherheit zu beseitigen, und gibt uns die Stärke, mit jedweder Widrigkeit, die uns begegnet, fertig zu werden. Das ist der Grund, warum ich glaube, dies sei die wichtigste Quelle des Erfolgs im Leben.

In Tibet haben wir die Redensart: »Viele Krankheiten können durch die eine Medizin kuriert werden: Liebe und Mitgefühl.« Diese Eigenschaften sind die wichtigste Quelle menschlichen Glücks, und unser Bedürfnis für sie liegt im tiefsten Kern unseres Seins. Unglücklicherweise sind Liebe und Mitgefühl schon zu lange aus zu vielen Sphären gesellschaftlicher Interaktion herausgenommen worden. Sie sind auf die Familie und das Zuhause beschränkt, und ihre Ausübung im öffentlichen Leben wird als unpraktisch angesehen, sogar als naiv. Das ist tragisch. Meiner Ansicht nach ist das Ausüben von Mitgefühl keinesfalls ein Symptom von unrealistischem Idealismus, sondern die wirksamste Art, die besten Interessen anderer und von einem selbst zu verfolgen.

Was wir heute brauchen, und ich glaube, dass dieses Buch einen wertvollen Beitrag dazu liefert, ist eine Erziehung der Einzelnen und der Nationen, von kleinen Kindern bis zu politischen Führern, um die Idee einzupflanzen, dass Gewalt und die Dämonisierung unserer Opponenten kontraproduktiv sind, dass sie keine realistische Möglichkeiten sind, unsere Probleme zu lösen. Anstatt anderen Schuld zuzuweisen, ist es notwendig, dass wir selbst Verantwortung übernehmen und uns dafür engagieren, Lösungen im Geiste des Mitfühlens und der Demut zu suchen. Wahrer Friede und wahre Versöhnung, ob in Bezug auf uns selbst oder in Bezug auf andere, kommen durch ein verständnisvolles, respektvolles und gewaltloses Angehen unserer Probleme zustande.

Gez. DALAI LAMA
im Februar 2005

Vorwort

Dieses ist das dritte Buch, das in einer mittlerweile bewährten Form der Kooperation zustande gekommen ist. Mein israelischer Freund und Kollege Haim Omer lud mich ein, nach unseren 2002 und 2004 in Deutschland gemeinsam verfassten Büchern nun auch das neueste Werk »Psychology of Demonization«, das 2005 von Nahi Alon und ihm auf Englisch erschienen ist, für die deutsche Publikation zu bearbeiten, das heißt, über die Einbeziehung deutscher Fachliteratur und eigener Fallbeispiele die Anschlussfähigkeit in diesem Sprachraum zu ermöglichen.

Wieder habe ich gern zugesagt, allerdings fiel mir die Bearbeitung diesmal schwerer als bei den beiden anderen Büchern. Die Suche nach den in unserem Denken, in unserer Sprachverwendung angelegten Voraussetzungen dafür, wie wir in Konflikten in mögliche Eskalationen hineingeraten, führt sehr direkt zu den Wurzeln einer Kultur, zu den zentralen Prämissen, die unseren Kulturstandards unterliegen. Kulturstandards haben den Charakter impliziter Theorien, sie steuern also in der Regel unbewusst das Verhalten der Mitglieder einer Kultur. Daher erforderten die feinen Unterschiede in den Beschreibungen von uns drei Autoren besondere Aufmerksamkeit – wie sich auch an heftigen Debatten zeigte, die ich mit meinen deutschen Kollegen und Kolleginnen etwa über die Begriffe »Dämonisierung« und »tragische Sicht« führte. Einer der offenkundigsten Unterschiede ist sicher die Dominanz sehr unterschiedlicher Traditionen der Psychotherapieausbildungen in Israel und Deutschland. In Deutschland sind meines Erachtens Therapieformen, die in ihren Modellvorstellungen weniger für Dämonisierung anfällig sind, viel stärker in der Fachwelt verankert. Eine ganze Reihe sehr psychotherapiekritischer Aussagen habe ich daher für dieses Buch nicht übernommen.

Axel Timner sorgte – wie bei den vorangegangenen Büchern – für eine ausgezeichnete Übersetzung, die es mir dankenswerterweise ermöglichte, die volle Konzentration auf die inhaltliche Bearbeitung zu richten. Fremdsprachige Zitate wurden ebenfalls jeweils durch uns übersetzt.

Eine Reihe guter Freundinnen und Freunde, Kolleginnen und Kollegen gaben mir hilfreiche Rückmeldungen zum deutschen Manuskript. Namentlich bedanken möchte ich mich hier bei Dipl.-Psych. Barbara Ollefs, Dr. Christian Hawellek, Dipl.-Psych. Wolfgang Loth, Dipl.-Psych. Markus Plate und mein Vater, Dr. Gunnar von Schlippe.

Einige Bemerkungen zu den Fallbeispielen: Wir unterscheiden kleinere Illustrationen, in kleinerer Schrift gesetzt, von größeren Fallgeschichten, die jeweils eine eigene Überschrift und Nummerierung erhalten. Alle Fallgeschichten zeigen den unterschiedlichen therapeutischen Stil von uns Autoren – vielleicht eine gute Veranschaulichung der Tatsache, dass wir hier keine neue Therapieform vorstellen, sondern anregen wollen, in jeder Form von Praxis, sei es Therapie, Beratung oder Mediation, sensibel für dämonisierende Beschreibungen zu sein und das eigene Handeln entsprechend zu gestalten.

Alle Fallbeispiele sind hinreichend verändert, um die Identität der Klienten zu schützen. Einige Fälle sind zusammengesetzte Geschichten und Erfahrungen mit verschiedenen Klienten und unterschiedlichen Therapien.

Ich wünsche Ihnen, liebe Leserin, lieber Leser, ebenso viele angeregte Diskussionen und ebenso viele Aha-Erlebnisse, wie ich sie bei der bearbeitenden Auseinandersetzung mit diesem spannenden Buch gehabt habe.

Arist von Schlippe

Einführung

> In gewissem Grad sind wir wirklich das Wesen, das die anderen in uns hineinsehen, Freund wie Feinde. Und umgekehrt. Auch wir sind die Verfasser der anderen; wir sind auf eine heimliche und unentrinnbare Weise verantwortlich für das Gesicht, das sie uns zeigen. [...] Wir sind es, die dem Freunde, dessen Erstarrtsein uns bemüht, im Wege stehen, und zwar dadurch, dass unsere Meinung, er sei erstarrt, ein weiteres Glied in jener Kette ist, die fesselt und langsam erwürgt. Wir wünschen ihm so, dass er sich wandle, o ja, wir wünschen es ganzen Völkern! Aber darum sind wir noch lange nicht bereit, unsere Vorstellung von ihnen aufzugeben. Wir selber sind die letzten, die sie verwandeln. Wir halten uns für den Spiegel und ahnen nur selten, wie sehr der andere seinerseits eben Spiegel unseres erstarrten Menschenbildes ist, unser Erzeugnis, unser Opfer.
>
> Max Frisch (1964, S. 33f.)

Der Kernbegriff dieses Buches ist der der *Dämonisierung*. Gemeint ist damit eine Form der Beschreibung eines anderen Menschen, die diesen in einem zunehmend negativ gefärbten Licht wahrnimmt, bis der andere zu einem »Monster« wird, das es zu bekämpfen gilt, gegen das man sich mit aller Macht wehren muss. Unter Dämonisierung verstehen wir also die Haltung einer Person oder einer Gruppe gegenüber einer anderen Person oder Gruppe. Sie beginnt vielleicht mit Zweifel, setzt sich mit Verdächtigungen fort, endet mit einer scheinbaren Gewissheit über die grundlegende Schlechtigkeit des anderen, aus der eine entschlossene feindselige oder militante Aktion resultiert. Wenn Dämonisierung auf diese Weise in eine Beziehung einsickert, entsteht eine Schritt für Schritt negativer werdende Sicht des anderen und ein entsprechendes Verhalten, das im Gegenzug Gegenanschuldigungen nach sich ziehen kann. Auf diese Weise ergibt sich ein Teufelskreis von

Misstrauen und Destruktivität, bei dem sich beide Seiten mehr und mehr in ihren negativen Einstellungen eingraben.

Da Menschen als Kulturwesen Wirklichkeit nur vermittels von Beschreibungen wahrnehmen und erfassen können (Bruner, 1997), ist die Frage, auf welchen *Prämissen* diese Wahrnehmung aufbaut, für das Verständnis von zwischenmenschlichen Beziehungen und vor allem von Konflikten sehr zentral.

– Wie kommt es, dass Menschen sich in Konflikten so verrennen können, dass sie sogar den eigenen Untergang in Kauf nehmen, wenn er mit dem des anderen verbunden ist? Ein Familienunternehmen wird eher zugrunde gerichtet, als dass es in der Hand des Nebenbuhlers bleiben könnte, ein Paar bleibt im Kampf, ja noch in der Trennung, aufs Engste miteinander verstrickt, bis in den gemeinsamen Tod hinein, wie eindrücklich und bedrückend in dem Film »Der Rosenkrieg« gezeigt wird.

– Was ist das für ein Vorgang, in dem *dämonische Narrative* verwendet werden, und wie erzeugen diese Beschreibungen eine Dynamik, die der Logik der Eskalation folgt und diese zugleich vorantreibt?

– Wie kann es passieren, dass Menschen in Konflikten zu Opfern ihrer eigenen Beschreibungen werden und sich in Teufelskreisen verfangen, aus denen sie aus eigener Kraft nicht mehr herausfinden? Paare beispielsweise kommen nicht selten in die Beratung mit der expliziten Bitte, dass ihnen aus dem Muster herausgeholfen werde, von dem sie sich beide gefangen fühlen – obwohl doch sie selbst es sind, die es täglich reproduzieren.

– In welcher Hinsicht müssen sich Konfliktpartner paradoxerweise »einig« sein, um bereit zu sein, sich weit in einen Konflikt hineinzusteigern, in dem es schließlich um das symbolische oder gar um das physische Überleben geht? Nur wenn *beide* gemeinsam daran glauben, dass ein Konflikt ausschließlich durch den totalen Sieg des einen über den anderen »gelöst« werden könne, dass sie selbst im Besitz der absolut richtigen Definition der Situation seien und der andere dumm, krank oder eben abgrundtief böse sei, nur dann sind beide bereit, die Eskalation über jedes Maß hinaus zu treiben. Die Prämissen, auf denen die Wahrnehmung des Konflikts und des anderen beruht, sind mithin für das Verständnis von Konflikten zentral.

Konflikte eskalieren oft aus einem geringfügigen und erträglichen Stadium zu immer destruktiveren Formen. Glasl (2004) beschreibt neun Eskalationsstufen, die von der Verhärtung eines Konflikts bis hin zur Bereitschaft reichen, selbst unterzugehen, wenn damit dem anderen nur ein genügend großer Schaden zugefügt wird (»gemeinsam in den Abgrund«). Ein Bestandteil solcher negativen Eskalationsspiralen ist die Dämonisierung des Gegenübers. Glasl spricht in diesem Zusammenhang von »dämonisierten Zonen«, die zwischen den Kontrahenten entstehen. In diesen Zonen, hoch eskalierten Konflikträumen zwischen Menschen, gelten andere Wahrnehmungsformen und andere Formen der Affektregulierung als in gewöhnlichen Interaktionen.

Dämonisierung mag mit einer bloßen Verdächtigung beginnen, mit der Mutmaßung, dass hinter den sichtbaren Handlungen des Opponenten tiefer liegende negative Absichten lauern. Nach und nach verwandeln sich innere Verdächtigungen zu Schuldzuweisungen und schwellen zu einer anklagenden Sicherheit an. Manchmal wird ein Punkt erreicht, bei dem jede neutrale oder positive Handlung auf Seiten des Gegenübers als manipulativ abgetan wird. Da diese Prozesse offenbar sehr menschlich sind, werden sie meist nicht nur von einer Seite vorgenommen, sondern beruhen auf Gegenseitigkeit. Dann beginnt jede Seite zu glauben, in der Lage zu sein, die dunkelsten Motive des anderen zu erkennen und in die destruktiven Kräfte blicken zu können, die dessen Verhalten kontrollieren. Es wird dann auf beiden Seiten die Verpflichtung erlebt, den Gegner mit aller Macht zu veranlassen, seine negativen Absichten zuzugeben und die Bereitschaft zu entwickeln, ihnen abzuschwören. Wenn das nicht gelingt, wird keine andere Möglichkeit gesehen, als ihn zur Zustimmung zu zwingen – und so ist man schnell in einer Logik von Eskalation verfangen, die ihrer eigenen Dynamik folgt und aus der es nicht ohne weiteres einen Weg heraus gibt. In diesem Stadium hat sich das Gegenüber schon in einen eindeutigen Feind verwandelt. Die Verletzungen und Leiden, die ihm zugefügt werden, werden jetzt als unabwendbar angesehen, ja, sie mögen sogar bedauert werden – in der Tat hat er sie sich ja selbst zuzuschreiben. Auch die Bereitschaft, dem anderen Schmerz zuzufügen, wächst im gleichen Maß, wird sie doch als notwendiger Preis betrachtet, der zunehmend als Überlebenskampf gesehen wird. Und da dies auf beiden Seiten erlebt wird, befindet man sich in einer Form von »malignem Clinch«, in dem jede Bewegung die Verletzungen vergrößert und von einer Lösung weiter wegführt (Stierlin, 1979). Da in diesem Bild die Kräfte des Bösen übermächtig erscheinen, kämpfen jeweils oft beide Seiten aus ihrer psycho*logischen* Perspektive heraus um ihr Überleben. Überflüssig zu sagen, dass eine Dämonisierung Kompromisslösungen blockiert, denn die würden dem vermeintlichen Feind ja nur eine bessere Chance bieten, seine schlimmen Ziele zu verfolgen.

Dämonisierung zu verstehen und damit umzugehen, könnte daher ein Schlüsselfaktor bei der Vermeidung und beim positiven Management von Konflikten sein. Dämonisierung ist vielfach zu einer Beschreibungsform geworden, die in vielen Fällen so eingängig ist, dass die Konfliktpartner völlig davon überzeugt sind, dass dadurch die Wirklichkeit so beschrieben wird, wie sie tatsächlich *ist*: Der andere *ist* böse, korrupt, hinterlistig und niederträchtig, ja sein freundliches Lächeln *ist* nur eine aufgesetzte Maske und ein besonderer Beweis seiner Heimtücke ... Dodge (1993) beschrieb dies als den »feindseligen Wahrnehmungsfehler«: In einem bestimmten inneren Zustand wird auch ein neutrales, sogar ein freundliches Interaktionsangebot der Umwelt eher als feindselig interpretiert und entsprechend schnell aggressiv beantwortet. Wenn ein Konflikt bis zu diesem Punkt gelangt ist, ist es natürlich nicht mehr möglich, sich bewusst zu sein, dass all diese Vorgänge etwas mit den eigenen, spezifischen Beschreibungen der Wirklichkeit und des anderen zu tun haben! Dabei wäre ein Wissen darum ein möglicher Ausweg. Wittgenstein (1996) sagte einmal, dass alles, was beschrieben wird, auch anders beschrieben werden könne, und von Varela stammt die dazu passende Aussage: »Bei unserer Wahrnehmung der Welt vergessen wir alles, was wir dazu getan haben, sie in dieser Weise wahrzunehmen« (Varela, 1981, S. 306). Noch krasser formuliert es von Foerster: »Die Umwelt, so wie wir sie wahrnehmen, ist unsere Erfindung« (1981, S. 40).

Dämonisierende Beschreibungen könnte man also als eine Form der »Erkenntnistheorie« unserer Kultur verstehen. Ihre Grundannahme lautet, »dass der Mensch im Grunde gefährlich ist; deshalb müsse er [...] kontrolliert werden« (Rogers, 1981, S. 103).

Unsere Beschreibungen bilden die Welt nicht einfach ab, sondern sie reproduzieren die ihnen unterliegenden Prämissen und greifen so in das Beschriebene ein. Kriz etwa verweist auf die »Macht unserer Sprache – wie diese mit ihren expliziten und vor allem impliziten Kategorien, Konzepten und Metaphern enorme Wirkung dahingehend ausüben kann, die kognitiven Strukturen der Lebenswelt zusammenzuziehen und zu versteinern« (Kriz 2004a, S. 50). Eine derart »versteinerte« dämonische Beschreibung des anderen, die diesen als ganz und gar schlecht, negativ, böse entwirft, ist blind für ihre eigene Konstruktion, erschwert die Möglichkeiten, sich in der selbst beschriebenen Wirklichkeit zu bewegen, und vergrößert das Risiko destruktiver Entwicklungen. Durch Verdächtigung und Misstrauen werden sich selbst bestätigende negative Beschreibungen der Wirklichkeit erzeugt – man kann dann von der »Selbstorganisation zwischenmenschlichen Unglücks« sprechen (von Schlippe, 2003). Denn diese Prozesse laufen *selbstorganisiert* ab: Keiner hat explizit »Schuld« daran; dämonisierende Beschreibungen entstehen unter bestimmten Bedingungen und sie haben die Tendenz, sich immer stärker zu verfestigen. Man kann sie als ein kognitives Ordnungsmuster sehen, als eine besondere Form von »Sinnattraktor« (Kriz, 2004b). Wir benötigen derartige Ordnungsmuster, um uns in der Welt zu orientieren, indem wir die komplexen Informationen unserer sozialen Welt vereinfachen. Die Ausbildung von festen Bildern des anderen begegnet uns beispielsweise in Stereotypen, mit denen wir »uns« und »sie« beschreiben (Bar-Tal, 1997). Von Stereotypen ist es nicht weit bis zu dämonisierenden Beschreibungen. Wenn es zu einer Dämonisierung des anderen oder der anderen gekommen ist, ist ein starrer Sinnattraktor entstanden. Er hat sich festgefahren in einem rigiden Ordnungsmuster: *So ist er/sie und nicht anders!*

Die destruktive Kraft dämonischer Beschreibungen erleben wir sogar im Umgang von Menschen mit sich selbst. Man kann auch etwas Destruktives, eine »böse Kraft« in sich selbst wahrnehmen. Ein Mensch kann voll Verdacht und Feindseligkeit ein solches verborgenes Element in sich selbst vermuten. Er glaubt dann etwa daran, dass sich eine destruktive Kraft in ihm festgesetzt hat, die gegen seine ureigensten Interessen konspiriert, die ihn straucheln lässt und seine Ziele, Werte und Gefühle durchkreuzt. Er oder sie sucht nach Mitteln und Wegen, dieses Negative in sich erkennbar zu machen, und nach Experten, die helfen könnten, es aufzufinden und auszutreiben. Es sieht dann so aus, als ob dieser »innere Feind« sich hartnäckig der Entdeckung entzieht oder den Kampf mit ihm aufnimmt, um an seinem Platz zu bleiben. Den »inneren Feind« auszutreiben, scheint es, bringt Leiden mit sich. Jedoch diese Anstrengung – so die Hoffnung – lohnt sich, denn das Leben werde sich erneuern.

Der Ausdruck »Dämonisierung« scheint besonders geeignet, sowohl die interpersonalen wie auch die intrapersonalen Varianten dieses Prozesses zu beschreiben: die verdächtigende und furchtsame Haltung gegenüber dem vermeintlichen Feind, der Versuch, seine verborgenen destruktiven Absichten zu demaskieren, das Gefühl, er entziehe sich einem, und der Wunsch, ihn zu vertreiben oder zu zerstören, erinnert daran, wie es sein muss, mit Dämonen zu kämpfen. Diese Merkmale scheinen sowohl persönliche, intime Konflikte zu charakterisieren wie auch solche von Gruppen und ethnischen und politischen Parteien. Wie bei der religiösen Variante der Dämonologie wird der vermeintliche Kampf gegen Dämonen sowohl in den intimsten Sphären geführt als auch in den weitesten sozialen und gesellschaftlichen Bereichen. Eine dämonisierende Sichtweise bietet sowohl eine einfache Antwort auf das Rätsel des Leidens als auch eine Möglichkeit, mit überwältigender Furcht fertig zu werden. Das Rätsel wird durch die Überzeugung gelöst, dass Leiden vom Bösen kommt. Und so wird eine dämonische Sichtweise Leiden niemals als einen unvermeidlichen Bestandteil der menschlichen Existenz ansehen oder gar als Produkt des Zufalls. Entsprechend entstehen Erzählstrukturen, die Leiden als Ergebnis böser, dämonischer Mächte beschreiben. So wird Leiden wenigstens verstehbar: Jemand oder etwas hat es so gewollt. Außerdem liefert eine solche Erklärung ein Zielobjekt. Das bietet auch eine Lösung für die Lähmung durch Furcht: Furcht mobilisiert Wut und Hass.

In der westlichen Welt ist die einflussreichste Form der dämonischen Sichtweise der Glaube an den Satan gewesen, zahllose narrative Strukturen haben sich um diesen »Plot« herum gelagert. Der Kampf gegen die satanischen Mächte wurde als die wichtigste Pflicht des Gläubigen angesehen und wenn man die aktuellen weltpolitischen Auseinandersetzungen verfolgt, so scheint dieses Denken bis heute hoch attraktiv. Jeder Anschein von Gleichgültigkeit, Wankelmütigkeit oder Zweifel gilt als Beweis des Verrats. Die Kräfte der Tugend entwickeln Werkzeuge, die sie in die Lage versetzen, die übernatürlichen bösen Mächte zu bekämpfen. Die stärksten unter ihnen waren in der Vergangenheit etwa die Geschicklichkeit des Inquisitors beim Demaskieren von Hexen und Ungläubigen, die Unerschütterlichkeit des Exorzisten bei der Teufelsaustreibung und die Kraft des Kreuzfahrers bei der Unterdrückung der Feinde des Glaubens. Der Kampf gegen das Böse, gleich wie erbittert er war, wurde von den schönsten Hoffnungen angefacht, denn ein Sieg würde Aussicht auf endgültige Erlösung bringen. In der Tat, je härter der Kampf, umso stärker war die Hoffnung auf Erlösung – und umgekehrt (Cohn, 1957, 1975; Ginzburg, 1991). Die private Bühne der traditionellen Dämonendarstellung war die individuelle Seele, auf der ein ununterbrochenes Duell zwischen den Mächten des Lichts und der Dunkelheit ausgetragen wurde. Der wichtigste Helfer in diesem Kampf war der persönliche Beichtvater, mit dessen Hilfe der Einzelne versuchte, die dunklen Stimmen in sich selbst zu verjagen, denn Satan hatte ja auch in ihm bereits Platz genommen. Die Seele einer jeden Person wurde so als ein Mikrokosmos angesehen, in dem der Kampf um die Erlösung der Welt geführt wurde. Die Dämonisierung zeigt sich hier eng verbunden mit dem Traum der Menschen, irgendwann, nach unglaublichen Anstrengungen und Opfern, in einen Zustand *totalen* Friedens, *totaler* Sicherheit zu gelangen. Diese Verbindung der dämonisierenden Perspektive mit der Idee der »großen Lösung« als Traum der Moderne wird uns im Buch noch weiter beschäftigen (vgl. Welsch, 1991).

Die religiösen Schriften über Dämonie hatten schon immer viele säkulare Parallelen. So ist die Struktur einiger Ideologien den traditionellen dämonischen Sichtweisen ganz ähnlich. Auch in ihnen geht es um die große Erlösung, ein Segment der Gesellschaft wird als deren Übermittler definiert (z. B. die Herrenrasse oder die Arbeiterklasse) und ein anderes Segment als verantwortlich für alles Übel (die Juden, die Bourgeoisie oder die Mächte der Reaktion). Sie bieten eine Lehre an, die mit dem Status prophetischer Wahrheit ausgestattet wird (eine Rassentheorie oder eine simplifizierte marxistische Analyse), sowie eine Prozedur für die Reinigung der Gesellschaft vom Einfluss ihrer Feinde (Enteignung, Verwahrung oder Vernichtung). Nicht selten wird auch der Traum eines apokalyptischen Krieges skizziert, der zur Beendigung aller Kriege führen wird, und ein verlockendes Bild der nachfolgenden Epoche gezeichnet.

In diesem Buch werden wir uns weniger mit diesen großen Entwürfen und der in ihnen liegenden Tragik des zwangsläufigen Scheiterns befassen, als vielmehr unsere Konzentration auf den enger begrenzten Bereich zwischenmenschlicher Konflikte richten. Wir werden die Dämonisierung besonders in intimen Beziehungssystemen behandeln, zwischen Ehepartnern, zwischen Eltern und Kindern, in Familien und Familienunternehmen sowie anderen engen persönlichen Beziehungen. Wir glauben jedoch, dass die dämonisierenden Prozesse auf diesen intimen Stufen durchaus vergleichbar mit denen sind, die politische Konflikte charakterisieren. Ein Kapitel in dem Buch ist der Verdeutlichung dieser Ähnlichkeiten gewidmet sowie seiner praktischen Konsequenzen für ein konstruktives Management jeder Form von Konflikt.

Neben der Analyse der dämonischen Sinneslage werden wir eine Alternative zu ihr vorstellen. In vielen Kulturen hat eine Einstellung zum Leben, die wir die »tragische Sicht« nennen werden, eine völlig andere Antwort auf das Rätsel des Leidens vorgeschlagen. Die tragische oder auch akzeptierende Sicht legt nahe, Leiden als einen wesentlichen Bestandteil des Lebens zu sehen. Sie geht davon aus, dass für viele Arten des Leidens niemand die Schuld trägt und dass es oft das Beste ist, sich um eine partielle Verbesserung und konstruktive Akzeptanz zu bemühen. Wir werden Argumente dafür ins Feld führen, dass die tragische Sicht ein Gegenmittel zur dämonischen Sicht bietet und sie weit davon entfernt ist, Gleichgültigkeit hervorzurufen. Vielmehr geht sie mit Mitgefühl für den anderen einher und mit der entschiedenen Bereitschaft, der menschlichen Verbreitung von Leiden zu widerstehen.

Die meisten Ideen in diesem Buch sind nicht unsere Erfindung, wir haben sie nur aufgegriffen und weiterentwickelt. Die Quellen unserer Inspiration sind vielfältig. Einer von uns (Nahi Alon) ist dem tibetischen Buddhismus verpflichtet, die beiden anderen (Haim Omer und Arist von Schlippe) sehen sich als Vertreter der systemischen Therapie und stark vom Ansatz der Gewaltlosigkeit Mahatma Ghandis und Martin Luther Kings beeinflusst. Wir entstammen verschiedenen Kulturkreisen, unterschiedlicher religiöser Sozialisation und wurden von vielen Lehrern beeinflusst, die entdämonisierend arbeiteten, ohne diesen Begriff explizit zu verwenden. Wir würden gern einige dieser Autoren erwähnen, unter dem Vorbehalt, dass die Liste bei weitem nicht vollständig ist.

– Schon in den 1950er Jahren wandte sich die Humanistische Psychologie ausdrücklich gegen eine Tradition in der Psychologie, die den Menschen entweder als von dunklen Trieben beherrscht oder als vollständig durch seine Lernbedingungen determiniert ansah. Sie stellte dieser Sichtweise das Bild eines aktiven, im Kern konstruktiven Wesens gegenüber, dessen Fähigkeit zur Selbstorganisation sich unter bestimmten Rahmenbedingungen entfalten kann (z. B. Carl Rogers, 1978, 1981).

– Damit sehen wir diese Überlegungen sehr nahe an den heute aktuellen Selbstorganisationstheorien (z. B. Kriz, 2004a und 2004b), auf denen die systemischen Ansätze aufbauen. Auch andere systemische Denker, allen voran Gregory Bateson (1981, 1984), Ken Gergen (2002), Jerome Bruner (1997), haben die Sensibilität für den Gebrauch von Sprache im therapeutischen Dialog erhöht und dazu beigetragen, ein Gegenmittel gegen eine Mentalität zu entwickeln, die abweichendes Verhalten so darstellt, als entstamme es verborgenen Kräften im Geist, von Dämonen oder »Krankheitserregern« (s. Herzog u. Schweitzer, 1992).

– In der lösungsorientierten Tradition haben Autoren wie Michael White (z. B. White u. Epston, 1990) und Steve de Shazer (1989) positive Kritik an psychopathologischen Konstruktionen geäußert, die den Glauben an »innere Feinde« nähren, und kreative Alternativen entwickelt.

– Die Erklärungsansätze der modernen Verhaltenstherapie haben zur Versachlichung beigetragen und ihre konkrete Handlungsorientierung verringert die Gefahr von Dämonisierung, vor allem sind hier Autoren der kognitiven Psychotherapie zu nennen, wie Albert Ellis oder Aaron T. Beck. Sie haben hier konstruktive Dialogformen entwickelt, die Schwarz-Weiß-Beschrei-

bungen begegnen können, wie sie für dämonisches Denken typisch sind (z. B. Beck et al., 1997).
- Psychoanalytische Autoren wie Heinz Kohut (1976, 1999) und Vertreter der intersubjektiven Verfahren (z. B. Stolorow et al., 1994) haben dazu beigetragen, ein entscheidendes Korrektiv für die verdächtigenden Haltungen zu suchen, die in einigen Formen klinischen Denkens zu finden sind.
- Im Bereich der allgemeinen Psychologie haben Elizabeth Loftus (Loftus u. Ketcham, 1994), Richard Ofshe (1992) und Nicholas Spanos (1996) in verschiedener Hinsicht die Dynamik der Dämonisierung verdeutlicht.
- Stephen Hayes und seine Mitarbeiter (Hayes et al., 2003) entwickelten eine therapeutische Vorgehensweise, die sehr nahe an dem ist, was wir »die tragische Sicht« genannt haben.

Wir möchten auch betonen, dass unsere eigene Arbeit als Therapeuten weder so erfolgreich noch so elegant ist, wie es einige Beispiele in diesem Buch erscheinen lassen mögen. In diesem Buch schließen wir keine völligen Fehlschläge ein, obgleich wir sicherlich viele zu verzeichnen haben. Wir raten dem Leser, die erfolgreichen Beispiele in dem Buch an dem eigenen Urteil auszurichten.

Vertrauen und dämonische Erfahrungen

> Denkst du, ich wollt
> Jemals auf Eifersucht mein Leben aufbau'n
> Und jede Phase des launischen Mond's verfolgen
> Mit immer neuem Mißtrau'n? Nein: nur einmal
> Zu zweifeln ist mir einmal schon Entschluss. –
> [...]
> Ich sehe, eh ich zweif'le. Wenn ich zweif'le,
> Beweis ich's erst. Und ist's bewiesen: Aus.
> Dann Schluss zugleich mit Eifersucht und Liebe.
>
> William Shakespeare, Othello, Akt 3, Szene 3; übersetzt von Erich Fried, 2001

Eine Geschichte von Nahi Alon

Vor ein paar Jahren befand ich mich mit zwei Freunden auf einem Treck im Himalaja. Der Treck war lang und schwierig und wir verloren unseren Pfad. Wir suchten drei Tage lang vergeblich. Einer unserer Freunde zog sich eine Verwundung zu, und wir entschlossen uns zurückzukehren. Einen großen Teil unserer Ausrüstung mussten wir verstecken. Hirten halfen uns, den Weg zur Stadt zurückzufinden, unter ihnen einer namens Greeboram. Nach ein paar Tagen der Erholung entschieden wir, dass ich zurückgehen sollte, um die vergrabene Ausrüstung zu holen. Ich lud Greeboram ein, mein Führer und Träger zu sein. Obwohl er kein Englisch sprach, glaubte ich doch, dass wir würden kommunizieren können – schließlich hatte er uns gerettet und wir waren Freunde.

Mein indischer Freund Sani, selbst ein Bergsteiger, meinte, ich sei im Begriff, einen großen Fehler zu machen: »Du magst das Richtige tun, dein Freund mag ein Heiliger sein. Aber er weiß, dass du eine Menge Geld bei dir trägst, und die Ausrüstung ist wertvoll. Auch ein Heiliger kann in Versuchung geführt werden: Ein kleiner Stoß in einen Abgrund, und er würde genug Geld für sich und seine Familie für den Rest seines Lebens haben. Wer könnte dich in diesen wilden Bergen finden? Wer würde dich suchen?« Dieser Gedanke, der mir vorher überhaupt nicht gekommen war, erschütterte mein Vertrauen. Ich schlief unruhig. Ich hatte Angst. Ich stellte mir ein Albtraum-Szenario vor: Greeboram geht hinter mir, der Pfad ist fort, Schlamm, Nebel, ein kleiner Schubser, ein Fall den Felsen hinunter. Ging ich aus Naivität heraus ein großes Risiko ein? Ich entschloss mich, dennoch zu gehen. Sani tat, was er konnte, um den »potentiellen Mörder« zu vergattern: Er sprach mit Greeboram und erklärte ihm, dass, wenn wir nicht in fünf Tagen zurück wären, eine Suchmannschaft ausgesandt würde.

Wir machten uns auf den Weg. In dem überfüllten Bus war er der ideale Gefährte. Er sorgte dafür, dass ich einen Platz bekam. Als eine Frau zustieg, die ein Kind trug, nahm er es auf seinen Schoß. Als ein alter Mann zustieg, ließ er alle zusammenrücken, um Platz für ihn zu machen. Bei einem Zwischenstopp half er einem Passagier, der sich übergab. »Falscher Verdacht!«, dachte ich. Ich war erleichtert. Ein potentieller Mörder geht so nicht mit Menschen um. Aber auf der anderen Seite muss er gerade einen freundlichen Eindruck machen, um das zukünftige Opfer zu übertölpeln.

Abends entschied Greeboram, dass wir nicht in einer Herberge schlafen sollten. Er hatte Verwandte, bei denen wir schlafen konnten. Eine einsame Hütte in den Bergen, einige Männer, Essen und Alkohol. Als sie tranken wurden meine Gastgeber sehr laut. Sie drängten mich zu trinken. »Vielleicht wollen sie mich betrunken machen, so dass sie mich leichter überwältigen können«, dachte ich und lehnte höflich ab. Jetzt fühlte ich mich völlig fremd, allein in einer Gruppe. Auch Greeboram trank. »Alkohol könnte seine letzten Hemmungen beseitigen«, dachte ich und versuchte, ihn vom Trinken abzuhalten. Er reagierte ärgerlich. In der Nacht wollte er, dass ich in dem einzigen Bett im Haus schlafen sollte, während er auf der Schwelle schlafen würde »um mich zu bewachen«. »Da sieht man's!«, dachte ich. Jemand ohne böse Absichten würde nicht denken, man müsse mich im Haus seiner Verwandten bewachen. Ich konnte nicht schlafen. Jetzt gab es eine Verschwörung von Mördern gegen mich.

Der Morgen war wunderbar. Greeboram und seine Freunde waren freundlich und das Frühstück reichlich. »Welch blöde Verdächtigung«, dachte ich. Wir begannen auf einem engen und feuchten Pfad zu marschieren, der in die Kante des Felsabhangs geschnitten war. Hunderte von Metern unter uns gurgelte der Fluss. Greeboram ging vor mir. Eisstücke lagen auf dem Pfad. Manchmal strauchelte ich. Dann pflegte Greeboram sich umzudrehen, beunruhigt, und zu versuchen mich zu festzuhalten. »Lass mich hinter dir gehen«, bedeutete er mir mit Gesten, »wenn du ausrutschst kann ich dich auffangen.« »Aha«, dachte ich: »Wenn er hinter mir geht, kann ich nicht sehen, wenn er mich angreift.« Zwei Tage lang bewegte ich mich zwischen den zwei Geschichten: der Mörder und der Freund. Die meiste Zeit war ich angespannt und voller Verdacht und achtete auf eine angemessene Distanz. Ich musste eine zu große Dichte vermeiden, die ihn annehmen lassen könnte, ich sei leichtgläubig. Das schlimmste war, dass ich nicht entscheiden konnte, welche Version die wahre war. Wenn er mir einen Apfel anbietet, ist das eine großzügige Gabe oder eine Möglichkeit meine Achtsamkeit abzustumpfen? Wenn er seinen Vetter einlädt, am letzten Tag mit uns zu gehen, tut er das dann als einen Teil des Mordplans oder um dem Vetter zu helfen? Die Ungewissheit war zermürbend und erschöpfend. Am dritten Tag erreichten wir unser Ziel. Er trug die schwere Ausrüstung. Da erst war ich erleichtert. Mit einer solchen Last kann man keinen ernsthaften Mordversuch unternehmen. Also hatte er mich doch nicht töten wollen und es gab mich noch. Wir schieden als Freunde. Manchmal frage ich mich, ob er von dem, was ich mit ihm durchgemacht hatte, irgendetwas mitbekommen hatte.

Die dämonische Sicht ist eine sich entwickelnde Haltung, die mit Zweifel beginnt, sich mit Verdächtigung fortsetzt, mit Gewissheit endet und schließlich droht, in einer Form gewalttätiger Aktion zu münden. Wenn eine Person erst einmal in eine dämonische Geisteshaltung geraten ist, sucht sie nach Hinweisen und Signalen und überprüft die verborgenen negativen Motive des anderen. Man muss wachsam und vorsichtig gerade bei beruhigenden Anzeichen sein. Es gibt kein Detail, sei es noch so klein, das nicht bedeutsam werden könnte. Beim Suchen nach der versteckten negativen Essenz tut man das Vorübergehende und das Unschuldige als irrelevant ab. Die Suche nach einer sicheren Wahrheit schließt Widersprüche aus und verflacht das Bild. Die geistige Haltung, die diesen Prozess charakterisiert, ist Verdächtigung und ihre untrennbaren Gefährten sind Furcht und Hass. Wenn erst einmal die Furcht, der andere könnte uns verletzen, in das Denken eingedrungen ist, können wir nicht mehr ruhig sein. Unser Denken verarmt und unsere Handlungen werden rigide und damit trocknet der positive Dialog aus.

Die anfänglich beschriebene Geschichte verweist auf die soziale Komplexität zwischenmenschlicher Wirklichkeit, für die unausweichlich gilt: Wir sind füreinander nicht durchschaubar, ein Umstand, den Luhmann (1984) »doppelte Kontingenz« nennt. Der eine weiß nicht, was im Kopf des anderen vor sich geht, und umgekehrt, und beide wissen um diesen Umstand – eine Grundlage für die Möglichkeit kommunikativer Spiele, für So-tun-als-ob und für die Unausweichlichkeit von Vertrauen in zwischenmenschlichen Beziehungen (Luhmann, 1989). Vertrauen heißt, das Risiko einzugehen, dem anderen eine gute Absicht zu unterstellen – und das in einer Situation, in der wir nie ganz sicher sein können, was im anderen *wirklich* vor sich geht. Gerade das macht soziale Situationen anfällig: Wenn der Prozess des Vertrauens erst einmal labilisiert ist, ist der Beginn für dämonisierende Beschreibungen gegeben. So war Nahi am Anfang der Bekanntschaft mit Greeboram dankbar und vertraute ihm: »Er will mir helfen, weil er ein guter Mensch ist.« Diese positive Sicht wurde irritiert, als eine rivalisierende Sicht auftauchte: »Er will mit mir kommen, um mich zu töten und mein Geld zu nehmen.« Jedes der beiden Bilder passte mit den Fakten zusammen, jedes war in sich geschlossen, vernünftig und konsequent, aber sie waren miteinander nicht vereinbar. Das negative Bild spornt das Ansammeln negativer Beweise an und wird in seinem Verlauf noch negativer. Das bloße Vorhandensein von Zweifel kann dann die Bedrohung vertiefen. In der Geschichte hatte der Prozess noch keine dämonischen Proportionen angenommen. Das Schwanken hielt bis zum Ende an, und das negative Bild hatte noch nicht dominiert. Und dennoch, nagender Verdacht und die Qual der Unentschlossenheit können fruchtbare Nährböden für die Entwicklung einer dämonischen Haltung sein.

Metaperspektiven, Erwartungs-Erwartungen und Interaktionsmuster

Vor vierzig Jahren erschien in England ein Buch, in dem die drei Autoren (Laing et al., 1971, im Orig. 1966) von einer Untersuchung an zwölf Ehepaaren mit Beziehungsproblemen und an zehn unauffälligen Ehepaaren berichten. Der Aufbau der Befragung war ungewöhnlich: jeder Partner wurde allein befragt, aber nicht nur darüber, was er oder sie von der Partnerschaft hielt, sondern auch dazu, was er denke, wie sein Partner/seine Partnerin wohl diese Fragen beantworten würde. Die Ergebnisse der komplexen qualitativen Analyse zeigten – hier in aller Kürze skizziert –, dass die Beziehungsstörung eines Paares dabei nicht unbedingt bei der direkten Befragung erkennbar wurde. Beispielsweise antwortete ein Mann auf die Frage, ob er seine Frau liebe, mit ja, die Frau, allein befragt, ebenfalls. Störungen zeigten sich auf einer anderen Ebene, nämlich was die Partner jeweils vermuteten, was der andere wohl antworten würde. Wenn also der Mann befragt wurde, ob er denke, dass seine Frau ihn liebe, dann begann er zu zögern: Er sei sich nicht sicher, und Ähnliches antwortete die Frau. Eine Stufe weiter gefragt: Ob *er* denke, dass *sie* sich *von ihm* geliebt fühle (und vice versa), war die Antwort oft eindeutig negativ. Störung zeigte sich also auf dieser Ebene: Was der eine vermutet, was der andere über ihn/sie denkt, und was der andere vermutet, was der eine von ihm/ihr denkt. Laing et al. (1971) nannten diese Ebene der Perspektive des einen auf die Perspektive des anderen *Metaperspektive*. In der Systemtheorie Luhmanns (1984) finden wir mit dem Begriff *Erwartungs-Erwartungen* eine verwandte theoretische Beschreibung. Die Möglichkeit sozialen Handelns ergibt sich erst aus der Art und Weise, wie Handlungszusammenhänge dadurch koordiniert sind, dass eine Person Erwartungen darüber ausbildet, welche Erwartungen von anderen an sie gestellt werden (S. 413). In einem sozialen System (Paarbeziehung, Familie, Team usw.) greifen diese Erwartungs-Erwartungen der Partner ineinander und bilden Muster, die wir (in heutiger Terminologie) als selbstorganisiert beschreiben können.

Von Personen, die in Paarbeziehungen oder Familien leben, vor allem in klinisch auffälligen, verstrickten Systemen, wird viel Zeit darauf verwendet, darüber nachzugrübeln *ob*, oder sogar ganz sicher davon auszugehen, *dass* man nicht geschätzt, nicht geachtet, nicht geliebt wird: »Die Mitglieder einer Familie reagieren […] nicht auf die Gefühle und Gedanken des jeweils anderen, sondern darauf, was sie denken und fühlen, das der andere denkt und fühlt« (Simon u. Rech-Simon, 1999, S. 32). Im Sinn selbsterfüllender Prophezeiung erzeugt das entsprechende Verhalten des einen beim anderen die Anspannung, die nötig ist, um die negativen Erwartungs-Erwartungen des einen zu bestätigen. Genau das ist die Selbstorganisation zwischenmenschlichen Unglücks. Die miteinander in Misstrauen und Skepsis verstrickten Beziehungspartner »hypnotisieren« sich gegenseitig in dämonisierende Beschreibungen hinein, aus denen sie immer weniger herausfinden. Ein sehr tragisches Beispiel dafür liefert die Familienpsychologie mit dem im vorangegangenen Kapitel bereits kurz erwähnten Phänomen des feindlichen Wahrnehmungsfehlers (»hostile attributional bias«). Dieser ist insbesondere bei Kindern mit aggressivem Verhalten nachgewiesen. Sie interpretieren ein neutrales oder gar freundliches Interaktionsangebot als feindselig und reagieren entsprechend negativ darauf (Dodge, 1993, s. a. Omer u. von Schlippe, 2004, S. 52f.). Hilflose Eltern können entsprechend im Kontakt mit aggressiven Verhaltensweisen ihres Kindes eine selektive Wahrnehmung für die Bedürfnisse ihrer Kinder entwickeln (Pleyer, 2003), die davon gekennzeichnet ist, dass sie zunehmend nur noch das negative Verhalten sehen, was in einem zunehmend inkonsistenten Erziehungsverhalten, einer Distanzierung von der Elternrolle und in tiefer Verzweiflung in folgender Aussage münden kann: »Ich komme nicht mehr an ihn heran, er ist wie vom Teufel besessen!«

Offenbar schafft eine Situation von Misstrauen ein Klima, in dem dieses Misstrauen sich ständig selbst ernährt und sich so seine negativen Reproduktionsbedingungen erschafft: Wenn ich überzeugt bin, dass der andere mir übel will, werde ich mich entsprechend feindselig verhalten, so dass er seinerseits das ursprünglich freundlich gemeinte Beziehungsangebot nicht unbedingt dauerhaft aufrechterhält.

Für die dämonisierende Sichtweise gilt eine vergleichbare selbstorganisierende Dynamik. Wenn erst einmal Zweifel und Verdacht ausgesät sind, verschwinden Vertrauen und Offenheit. Früher oder später fühlt das Gegenüber, dass die Beziehung getrübt ist. Das mag nun auf der anderen Seite ebenfalls Verdacht erregen und so wird ein symmetrischer Prozess »negativer Gegenseitigkeit« befördert (Stierlin, 1979, 1988). Oft verschlechtert sich die Situation noch durch die Lösungsversuche, etwa wenn eine Seite die andere zu einem Eingeständnis bringen will. Diese Forderung stellt dem anderen eine Falle: Wer einen kleinen Teil der Anschuldigungen zugibt, wird schnell merken, dass er sich weit mehr belastet hat, als beabsichtigt; tut er es jedoch nicht, wird das als ein Teil seiner Unaufrichtigkeit angesehen. Ein destruktives Muster von »Inquisitor und Angeklagter« kann dann zur Regel einer Beziehung werden.

Fallgeschichte 1: »Hattest du Sex mit einem anderen?«

Robert, ein freundlicher und gutmütiger 35-jähriger Designer, erinnerte sich eines Tages daran, dass er, als er 20 Jahre alt war, beschlossen hatte, mit seiner Freundin Silvia Schluss zu machen.

Aber einen Monat später hatte er seine Meinung geändert und sie geheiratet. Jetzt, 15 Jahre später, plagten ihn plötzlich Zweifel: Was hatte sie in dem Monat getan, in dem sie nicht zusammen waren? Er fragte sie, und sie erzählte ihm, sie sei tieftraurig gewesen, aber um sich ein wenig ihr Leiden zu erleichtern, habe sie sich in ihre Arbeit gestürzt und sei auch ein paar Mal mit einem anderen Jungen ausgegangen. Ein schrecklicher Verdacht nagte an ihm: Hatten sie Sex miteinander gehabt? Der Gedanke war unerträglich. Silvia bestritt das, aber Robert glaubte ihr nicht. Er erinnerte sich daran, dass sie zu der Zeit bedrückt und düsterer Stimmung war. War das so, weil sie die Beziehung zu dem anderen Jungen beendet hatte? War das, weil sie den guten Sex mit dem Freund vermisste? Er glaubte ihr nicht, als sie das verneinte, und forderte sie auf zu schwören. Sie schwor, aber Robert glaubte ihr weiterhin nicht. Sie sollte beweisen, dass sie in dem September vor 15 Jahren keinen Sex gehabt hatte. Nur ein unanfechtbarer Beweis könne den Schandfleck, der auf ihrer Liebe lag, auslöschen. Silvia war die unmögliche Aufgabe zugewiesen worden, den Schandfleck abzuwischen und sie beide zurück in das verlorene Paradies ihrer Beziehung vor ihrer schicksalhaften Trennung zu bringen.

Silvia versuchte, hilfreich zu sein. Sie rekonstruierte ihr Leben in dem schwierigen Monat und machte deutlich, dass sie keine Zeit für eine Affäre gehabt hatte. Robert tobte: »Die Tatsache, dass du nach einer so langen Zeit so viele Einzelheiten erinnerst, beweist, dass du kein reines Gewissen hast.« Er verhörte sie bis ins Kleinste und versprach, dass es nur eines vollständigen Bildes bedürfte, um ihn zu beruhigen. Je mehr Silvia kooperierte, desto mehr bedrängte er sie. Sie fürchtete, dass alles nur noch schlimmer würde, wenn sie aufhörte, Fragen zu beantworten. Dennoch, Robert hatte das Gefühl, dass sie ihm auswich. Vielleicht tat sie das ja absichtlich, um ihn zu verletzen. Silvia verdächtigte ihrerseits Robert, sie quälen zu wollen, dass er sie nicht mehr liebe und dass er in Wahrheit plane, ihre Beziehung zu beenden. »Vielleicht hat er wen anders?« Jeder der beiden Partner war jetzt damit beschäftigt, negative Motive bei dem anderen aufzudecken. Sie hatten immer seltener Sex, was für jeden von ihnen den Mangel an Liebe des anderen bewies. Silvia erzählte die Geschichte einer Freundin, die die Hypothese aufstellte, Robert handele wegen seiner verbotenen

Wünsche aus einem verdrängten Schuldgefühl heraus, und riet, er solle zu einer Therapie gehen, um seine wahren Motive zu verstehen. Robert reagierte mit Wut auf Silvias Vorschläge: »Du versuchst, dem wirklichen Problem auszuweichen, indem du *mir* psychische Probleme anlastest! Kommt nicht in Frage!« Jetzt war der tote Punkt erreicht: Beide waren sich sicher, dass der andere unlautere Motive hatte, und beide suchten nach Möglichkeiten, den anderen bei einem Fehler zu erwischen, der ihn verraten würde.

In diesem Fall war der dämonisierende Prozess über den bloßen Verdacht hinaus weitergewuchert. Die gegenseitige Annahme versteckter Motive, die Dynamik von Inquisitor und Angeklagtem sind ebenso typisch für diese Art der Interaktion, wie der sehnsüchtige Wunsch, die Beziehung möge zu ihrem ursprünglichen Zustand zurückkehren. Er zeigt, wie sehr die Dynamik der dämonisierenden Beschreibungen die Menschen zu ihren Sklaven macht und sie sich nicht von ihr befreien können. Und dennoch fehlten einige klassische Elemente des Dämonisierens in diesem Fall, etwa die Vorstellung, dass der andere der Kontrolle einer versteckten Macht unterliege, die seinem Bewusstsein und Absichten fremd ist und die einer Aufdeckung und radikalen Behandlung bedarf. Solch eine Entwicklung wird im folgenden Fall beschrieben.

Fallgeschichte 2: »Du warst nie eine gute Mutter!«

Rose kam zur Therapie mit einem seltsamen Dilemma. Sie war im sechsten Monat schwanger und hatte eine Erfahrung gemacht, die sie überzeugte, sie könne unter keinen Umständen Mutter sein. Sie wollte eine Abtreibung, selbst wenn das in diesem fortgeschrittenen Stadium eine erzwungene Frühgeburt bedeutete. Sie glaubte, nur wenn es ihr gelänge, ihre frühen Erfahrungen des Missbrauchs durch ihre Mutter erneut zu durchleben, könne sie reif genug werden, selbst Mutter zu sein. Wegen des Zeitdrucks wünschte sie sich eine sehr intensive und extrem kurze Behandlung. Sie glaubte, dass nur eine tiefe Hypnose ihr helfen könne, ihr Kindheitstrauma noch einmal zu durchleben und sie von dem pervertierten Mutterbild zu befreien, das sie in sich trug. Wenn das nicht gelänge, würde sie darauf bestehen, das Kind loszuwerden.

Rose und ihr Mann hatten bis zum dritten Monat ihrer Schwangerschaft im Ausland gelebt. Dort hatte sie an einer Gruppenbehandlung für werdende Mütter teilgenommen. Bei dieser Behandlung wurde ihr bewusst, dass sie narzisstische Phantasien über ihre zukünftige Tochter nährte, die sie aller Wahrscheinlichkeit nach zu einer psychisch missbrauchende Mutter machen würden, die ihre Tochter zu ihrer eigenen Selbsterhöhung ausbeuten würde. Sie hatte in der Gruppe auch herausgefunden, dass sie von ihrer Mutter in genau derselben Weise psychologisch missbraucht worden war. Die Gruppenerfahrung war beeindruckend gewesen, hatte aber bei ihr nicht dazu geführt, über eine Abtreibung nachzudenken. Rose hoffte, sie könne ihre Phantasien durch eine Konfrontation mit ihrer Mutter überwinden und dadurch, dass sie mit ihren eigenen Erinnerungen an einen psychischen Missbrauch fertig würde. Sie setzte ihre Individualtherapie mit dem Gruppenleiter fort und führte eine Reihe langer Telefongespräche mit ihrer Mutter. Sie wollte sich an das erinnern, was ihre Mutter ihr angetan hatte, und sie wollte, dass diese sich zu ihrer Verantwortung bekannte. Mittels dieser Konfrontation hoffte Rose ihre unterdrückte Wut herauslassen zu können und das internalisierte negative Bild ihrer Mutter loszuwerden, das sich in ihrem Unterbewusstsein eingenistet hätte. Das würde ihr gestatten, die freie Person zu werden, die sie schon immer hätte sein können, und gleichzeitig bereit zu werden, selbst Mutter zu sein. Rose erinnerte sich daran, wie ihre Mutter strenge Forderungen an sie gerichtet hatte, eine außerordentliche Schülerin zu sein. Sie war extrem kritisch, wenn Rose nicht gut war, und strahlte, wenn sie in der Schule einen Preis bekam. Rose fühlte jedoch, dass ihre Mutter ihre Leistungen nur für sich selbst gebraucht hatte, nur um ihre innere Leere zu füllen. Ihr war es egal gewesen, ob ihre Forderungen mit dem, was Rose damals gebraucht hätte, in Einklang zu bringen gewesen waren. Sie hatte sich manchmal hart über ihre Gefühle hinweggesetzt. Rose erinnerte sich daran, wie sie die Ballettschule gehasst hatte, und doch hatte ihre Mutter sie drei Jahre gegen ihren Willen dort teilnehmen lassen. Die Mutter pflegte Rose auch vor den Gästen im Haus tanzen zu lassen, nur um mit ihr anzugeben. Rose fiel wieder ein, wie unwillig und gedemütigt sie sich gefühlt hatte und wie ihre Mutter gelächelt hatte und aufgeblüht war vor

Vergnügen – auf ihre Kosten! Rose war konsterniert und wütend, als ihre Mutter abstritt, dass es so gewesen sei. Sie hätte Rose nie »gezwungen«, irgendetwas zu tun. Am Telefon war der Ton der Mutter rechtfertigend und entschuldigend: sie habe doch alles gut gemeint und geglaubt, Rose würde ihr später einmal dankbar sein. Manchmal brach sie in Tränen aus und konnte nicht verstehen, was Rose dazu gebracht hatte, sie so zu hassen. Bei einem dieser Gespräche veränderte die Mutter ihren Tonfall, und, anstatt sich zu rechtfertigen, schrie sie zurück. Plötzlich hatte Rose das Gefühl, sich regelrecht körperlich zu ducken, aus Furcht vor der Stimme ihrer Mutter. Sie sprach mit ihrem Gruppenleiter über dieses Gefühl, und er vermutete, dass die Mutter, wenn sie sich so verhalte, wahrscheinlich mehr als nur moralischen Druck auf sie ausgeübt hatte, um sie willfährig zu machen. Rose entschloss sich, selbst an die Wurzel dieser schrecklichen Erfahrungen zu gelangen und erst dann die Mutter mit der »Wahrheit« zu konfrontieren.

Der Therapeut, den Rose nun um Hilfe gebeten hatte, war in einem Dilemma. Er wusste, dass ein hypnotischer Versuch, ein Kindheitstrauma neu zu durchleben, Pseudo-Erinnerungen von Ereignissen hervorbringen kann, die nie geschehen waren. Die jüngste Geschichte der Psychotherapie ist voll von solchen Beispielen, die oft damit endeten, dass Familien auseinanderbrachen, dass der Zustand des Patienten sich verschlechterte, und manchmal auch damit, dass der Therapeut von seiner Patientin dafür haftbar gemacht wurde, dass er sie dazu gebracht hatte, falschen Erinnerungen zu trauen (z. B. Loftus u. Ketcham, 1994). Der Therapeut konfrontierte Rose mit den Belegen für die Unzuverlässigkeit von Hypnosen bei der Wiedererlangung verdrängter Erinnerungen. Sie war schockiert und fragte, was man tun könne. Der Therapeut schlug eine Reihe von Sitzungen vor, um über Roses Schwangerschaft zu sprechen, über ihre Gefühle über die anstehende Mutterschaft und ihre Beziehung zu ihrer Mutter. Glücklicherweise stimmte Rose zu, und der Therapeut hatte das Gefühl, Zeit gewonnen zu haben. Er sah Rose über einen Zeitraum von drei Monaten. Sie begann, die Möglichkeit in Betracht zu ziehen, dass sie die Fehler, die ihre Mutter gemacht hatte, vermeiden könnte. Sie sprachen über Roses Phantasien von dem Baby. Zu ihrem Entsetzen hatte sie geträumt, dass das Baby eine berühmte

Ballett-Tänzerin werden würde! In einem anderen Traum nahm sie an einer Beerdigung teil, aber als der Sarg geöffnet wurde, lag ein Baby darin. Dieser Traum war von ihrem früheren Therapeuten als eine Wiederholung von Roses Beziehung zu ihrer eignen Mutter gedeutet worden: Die Mutter habe sich um den Preis des Lebens ihrer Tochter mental am Leben gehalten. Der neue Therapeut versuchte hier, eher eine entdämonisierende Beschreibung einzubringen. Er sagte, dass seiner Meinung nach solche Phantasien, seien sie positiv oder negativ, bei Schwangerschaften üblich seien. Keinesfalls bedeuteten sie, dass sie ihrer Tochter zwangsläufig ihre Wünsche aufzwingen oder gar ihrer Vitalität berauben würde, um ihre eigenen Bedürfnisse zu befriedigen. Er versprach, ihr zu helfen, wenn sie, später einmal, das Gefühl hätte, so etwas zu tun. Rose lächelte erleichtert. Genau genommen, sagte sie, glaube sie überhaupt nicht, dass sie wie ihre Mutter sein würde.

In diesem Stadium zögerte der Therapeut, Roses negatives, stark dämonisiertes Bild der eigenen Mutter in Frage zu stellen. Das war vielleicht ein Fehler, denn Roses Beziehung zu ihrer Mutter verschlechterte sich schnell. Die Mutter kannte die meisten alten Freunde von Rose, da sie sie oft in ihrem Haus besucht hatten. Sie nahm Kontakt zu ihnen auf und bat sie dazu beizutragen, ihre Beziehung zu Rose zu verbessern. Rose reagierte mit Wut und interpretierte die Aktivität ihrer Mutter als Beweis für ihren manipulativen Charakter. Sie schnitt jede Verbindung zu ihren früheren Freunden ab und zog mit ihrem Mann in eine andere Stadt, ohne der Mutter die neue Adresse mitzuteilen. Einmal im Monat rief sie sie an, gewöhnlich für kurze Gespräche, die mit bissigen Bemerkungen gewürzt waren. Lange Zeit beabsichtigte Rose nicht, ihre Mutter ihre zukünftige Enkelin sehen zu lassen. Die Therapiesitzungen endeten unter diesem unglücklichen Stern.

Roses Geschichte zeigt auf, wie eine Reihe mentaler und interpersonaler Elemente, die nicht unbedingt als zusammengehörig gesehen werden müssen, sich ballen und vermischen können und zu einem beide Seiten stark belastenden Interaktionsmuster führen können. Einige dieser Elemente sind uns schon vom vorigen Fall vertraut: eine verdächtigende und schuldzuweisende Haltung, die Dynamik von Inquisitor und Angeklagtem, die Zuschreibung verdeckter Motive und die Hoffnung, die Ursprungssituation der

Reinheit durch eine »Gewaltkur« wiederzuerlangen, durch die man sich der negativen Erinnerungen entledigt. Das Beispiel zeigt auch, wie die Lösungsversuche beider Seiten vor dem Hintergrund der misstrauischen Muster der Erwartungs-Erwartungen jeweils als »Beweis« für die Negativität des anderen gesehen werden und zur Verschärfung führen. Einige Elemente sind neu in diesem Fall: eine populäre, aber sehr fragwürdige Traumatheorie, die erklärt, wie unbewusste Introjekte mit eine Art Eigenleben erschaffen werden (der psychische Missbrauch Roses durch ihre Mutter), ein professioneller Berater, der glaubt, versteckte Zeichen eines Traumas auffinden und interpretieren zu können (der Gruppentherapeut), die Erwartung, mit einer therapeutischen Prozedur versteckte Elemente ins Bewusstsein heben und austreiben zu können (Tiefenhypnose) und ein zunehmender Glaube an Verschwörung (z. B. zwischen der Mutter und Roses Freunden). Diese Elemente gehören zum dämonisierenden Prozess, sie passen wie in einem Puzzle zusammen, weil sie einem vertrauten Schema unserer Kultur folgen.

Dieses Schema versieht uns mit einer vorgefertigten Gussform von scheinbar zwingender Attraktivität. Die traditionelle Form dieses kulturellen Prototyps schließt den Glauben an ein böses Prinzip (Satan) und seine Agenten (Dämonen, Hexen, Ketzer) ein wie auch die Überzeugung, dass diese Mächte sich, so gut sie können, tarnen, um der Entdeckung zu entgehen und Kontrolle zu gewinnen, zudem den Glauben an eine Wissenschaft, die in der Lage ist, die bösen Mächte zu demaskieren, schließlich eine Reihe von Prozeduren, mit denen man sie erjagen und austreiben kann. Was wir »dämonisierende Beschreibung« nennen, ist die psychologisch-laizistische Entsprechung dieses kulturell vorgeprägten Schemas.

Vielleicht kann jedoch die Schlüssigkeit dieses kulturellen Prototyps zu ihrer eigenen Auflösung beitragen: Wenn es möglich wäre, an einer Stelle eine schlüssige entdämonisierende Beschreibung in den erstarrten dämonisierenden Prozess einzuführen, könnte die Möglichkeit bestehen, dass dieser sich nach und nach verflüssigt. Feindselige Verdächtigungen sind wahrscheinlich die vorherrschenden Emotionen und Motoren in dem dämonisierenden Prozess. Das Gegenteil von feindseliger Verdächtigung sind Einfühlung und Mitgefühl. Wenn wir mit dem anderen mitfühlen und an seinem Leid teilhaben können, könnte sich die gegenseitige Entfremdung und Feindseligkeit verringern. Der folgende Fall illustriert eine solche überraschende Lösung.

Fallgeschichte 3: Das Familienunternehmen

Leon und Margaret, die in der Vergangenheit schon mehrmals Beratung in Anspruch genommen hatten, suchten wegen einer schwierigen Familiensituation erneut Hilfe. Ihr jüngster Sohn Danny hatte sich entschlossen, nicht in den vom Vater geführten Familienbetrieb einzutreten. Er zog es vor, als Mitglied einer Gruppe von Bergsteigern nach Nepal zu gehen. Der Sohn teilte dem Vater mit, dass er sich nicht als Fabrikmensch sehe. Als sein Vater ihn fragte, was für Pläne er für die Zukunft habe, erwiderte er kurz, er werde so lange weiter Berge besteigen, bis er wisse, was er mit seinem Leben anfangen werde. Leon, der in Griechenland zur Welt gekommen war und sein Leben lang gearbeitet hatte, war erschüttert. Dannys Weigerung, im Familienbetrieb mitzumachen, war ein schrecklicher Schlag für ihn. Er hatte das Gefühl, die Arbeit seines Lebens und sein Traum, die Firma »Aroesti und Söhne«, war zerstört. Leons Ärger schwoll an, als er dem Berater seine Lage erklärte: »Danny kümmert sich einen Dreck um die Familie und die Zukunft. Er lacht mich aus und kümmert sich nur um sich. Er weiß, dass ich ihn brauche, aber das ist ihm völlig egal. Er wird das Familiengeschäft opfern, bloß um sich zu vergnügen. Wenn er nicht zurückkommt, weiß ich nicht, was ich tun soll. Er wird dann nicht mehr mein Sohn sein.« Margaret weinte während der ganzen Sitzung: »Leon, er ist dein Sohn. Wie kannst du nur so über ihn reden? Glaubst du wirklich, dass wir ihm ganz egal sind? Lass ihn sich entwickeln, wie er sich fühlt.« Aus Leon brach es heraus: »Du verteidigst ihn schon wieder? Mich unterstützt du nie. Du und die Jungen. Du hast sie immer verteidigt. Du bist nie auf meiner Seite gewesen. Für wen habe ich all diese Jahre gearbeitet? Kannst du nicht einsehen, dass dieser Betrieb nicht allein mir gehört? Er ist für uns alle da!« Alle versuchten, Leon zu erklären, dass sein Sohn tat, was heutzutage normal war, dass junge Leute ihren eigenen Weg finden müssen, dass in einem Familienbetrieb zu arbeiten ein hartes Los für einen jungen Menschen ist und dass er seinen Sohn nicht unter Druck setzen sollte. Auch der Berater tat das. Das war wie Öl ins Feuer: »Warum soll ich ihn verstehen und er nicht mich? Wie lange soll ich noch Verständnis aufbringen? In seinem Alter war ich verheiratet und schon völlig im Geschäft. Wir haben unsere Kinder verdorben, weil wir ihnen alles gegeben haben, ohne eine Gegenleistung zu fordern. Bergsteigen! Und ihr alle ermutigt ihn auch noch!«

Anders als Danny arbeitete Joe, der älteste Sohn, als Produktmanager in der Fabrik. Es gab eine ständige Spannung zwischen Vater und Sohn, weil Joes härterer Managementstil nicht Leons großem Verlangen entsprach, jederzeit eine entspannte Atmosphäre aufrechtzuerhalten. Als die Familie von Griechenland nach Israel gezogen war, hatte Leons Vater eine kleine Werkstatt eröffnet. Nachdem Leon seine eigene Familie gegründet hatte, hatte ihm der Vater die Leitung der Fabrik übergeben und war selbst in einer untergeordneten Position geblieben. Jedoch hatte er endlos Leons Managementmethoden kritisiert. Leon, der dauernd zwischen wütendem Schweigen und Zornesausbrüchen schwankte, hatte sich geschworen, anders zu handeln und die Leitung der Abteilungen rechtzeitig seinen Söhnen zu übergeben. Dannys »Verrat« bedrohte nun Leons Traum, sich aus der aktiven Leitung der Fabrik zurückzuziehen und diese Joe und Danny zu übergeben. Margaret glaubte, dass Leons kritische Haltung seinen Söhnen gegenüber eine perfekte Kopie der Haltung seines Vaters ihm gegenüber sei. Sie meinte zudem, dass Leon auch sie selbst dafür bestrafte, dass sie es wagte, anders als er zu denken. So drohte die Unstimmigkeit auch sie zu verschlingen.

Der Berater war frustriert. Er empfand, dass Margaret die Situation sah, wie sie war, und dass Leon die Wahrheit verleugnete. Zum ersten Mal in ihrem gemeinsamen Weg und einer jahrelangen Geschichte unterbrochener, aber hilfreicher beraterischer Begegnungen sah sich der Berater in einer ausweglosen Lage, und auch Margaret konnte ihm nicht helfen, Leon in seiner Wut zu erreichen. Der sanfte, liebevolle Mann, der keiner Fliege etwas zu Leide tun konnte, war ein fordernder Tyrann geworden. Der Berater begann zu denken, dass in diesem Fall wohl unbewusste destruktive Kräfte am Werk waren. Seine Versuche, Leon zu helfen, die tief verwurzelte irrationale Natur seiner Reaktionen zu erkennen, ließen diesen nur noch störrischer werden. Leon fühlte sich unverstanden und von allen verraten, selbst vom Berater. Dieser versuchte es nun mit Einzelgesprächen, in der Hoffnung, ihn irgendwie zu erreichen. Aber Leon wollte Solidarität mit seinen Ansichten und keine psychologischen Interpretationen. Er fühlte sich von einer Verschwörung seiner Kinder, Margarets und des Beraters in die Ecke gedrängt.

Genau in dieser Zeit wurde der Berater eingeladen, in Griechenland einen Workshop über die Lösung von Spannungen in Familien zu leiten. Als Vorbereitung las er ein Buch über das Familienleben in Griechenland. Diese Lektüre bewirkte, dass er Leon in einem neuen Licht sah. Er rief ihn aus dem Ausland an und sagte: »Ich habe gerade ein Buch über Griechenland gelesen, das meine ganze Sichtweise von Ihnen und der Situation verändert hat. Mir ist klar geworden, dass ich Sie völlig missverstanden habe. Wenn ich zurückkomme, möchte ich gern mit Ihnen darüber sprechen, weil ich das Gefühl habe, das könnte uns ermöglichen, besser zu verfahren.« Leon war sehr neugierig, musste seine Neugier aber im Zaum halten. Der Berater erzählte der Familie, was er aus dem Buch gelernt hatte:

»In Griechenland hat es wegen der Migration großer Teile der Bevölkerung vom Dorf in die Stadt tiefgreifende Veränderungen des Familienlebens gegeben. Im Dorf lebten die Großeltern der Familie, die Eltern und die Kinder im selben Haus als Clan zusammen. Der Clan teilte sich das Ackerland, und die ganze Familie bearbeitete es. Die Idee, dass ein Mitglied der Familie das gemeinsame Haus verlassen könnte, um unabhängig zu werden, war unvorstellbar. Die Söhne arbeiteten auf dem Land, und das Haupt der Familie traf alle Entscheidungen für die Großfamilie. Er war der Landwirtschaftsexperte, der Richter und Führer. Wenn ein junger Mann volljährig wurde, verheiratete ihn die Familie. Bei seiner Heirat wurde der älteste Sohn der Erbe des Throns, ein zukünftiger Führer, der lernte, Haupt der Familie zu werden. Nach und nach gab der Vater seine Befugnisse an seinen Sohn ab und zog sich auf die Position des weisen Ratgebers zurück. Das war das traditionelle kulturelle Ordnungsmuster in Griechenland gewesen, das sich für zahllose Generationen als gut erwiesen hatte.«

Leon hörte aufmerksam zu. Obgleich er nicht in Griechenland aufgewachsen war, wusste er offensichtlich, wovon die Rede war. »Der Prozess der Modernisierung in Griechenland veränderte das alles. Zahllose Familien wanderten in die großen Städte ab. Höfe wurden verkauft und Clans spalteten sich auf. Ausbildung und Handel versprachen den jungen Leuten eine bessere Zukunft in der modernen Welt. Zahllose Krisen brachen aus: Die Eltern hatten geglaubt, dass, wenn sie in die Stadt ziehen mussten, sie dies mit der Familie *gemeinsam* tun würden, dass, wenn sie ein neues Geschäft aufbauen würden, dieses ein *Familiengeschäft* sein würde. Wenn die Kinder sich entschlossen, das Familiengeschäft zu verlassen, hatten die Eltern das Gefühl, die einzige Quelle der Sicherheit aufzugeben. Eine solche Handlung war nicht nur verantwortungslos, sie war auch ein Verrat, der die ganze Familie schwächte. Die Söhne sahen ihrerseits die Forderungen ihrer Väter, mit der Großfamilie zusammenzuleben und zu arbeiten, als tyrannisch an.« Es hatte zahllose solcher Prozesse im Wandel der Kultur in Griechenland gegeben und zahllose Familien hatten dies als Tragödie erlebt.

Schließlich sagte der Berater: »Leon, ich glaube, Ihre Familie hat sich nach dieser Tradition verhalten. Als ich diese Beschreibungen las, habe ich verstanden, dass Ihr Wunsch, sich von dem Geschäft zurückzuziehen und die Leitung Ihren Kindern zu überlassen, nicht dem unbewussten Wunsch entstand, sie zu binden, wie sie – und ehrlich gesagt auch ich – gedacht haben. Der tiefere Beweggrund aller Ihrer Handlungen war kein tyrannischer Wunsch oder ein psychisches Problem, sondern die Sorge um Ihre Familie und der Wunsch, sie zusammenzuhalten. Mit meiner psychologischen Interpretation machte ich es für Margaret vielleicht noch schwerer, dies zu verstehen. Ich glaube, dieses Missverständnis war die Quelle von einem großen Teil des beiderseitigen Ärgers.«

Leon war erleichtert: »Jetzt hat das einen Sinn, was Sie sagen! Genau so empfinde ich! Tausendmal habe ich versucht, das zu erklären, aber niemand hat mich verstanden. Was ist denn daran so schwer zu verstehen? Und warum seid Ihr alle so wütend mit mir?«

Berater: »Was mit Ihnen geschieht, geschieht mit vielen Familien. Die guten alten Werte funktionieren nicht mehr so glatt. Die Welt, in der Sie aufgewachsen sind, kann von Ihren Söhnen nicht mehr begriffen werden, und Sie verstehen nicht die Welt, in der die Kinder aufgewachsen sind. Die Aufspaltung ist schmerzlich, aber unvermeidbar. Weder Danny noch Sie sind verantwortlich, sondern etwas, das mit Ihnen geschieht. Vermutlich hätten weder Sie noch er anders reagieren können. Danny ist ein Kind der gegenwärtigen Generation, genau wie Sie, Margaret und ich Kinder der vorigen Generation sind. Sie können seine Werte nicht ohne weiteres akzeptieren, und er kann die Ihren nicht ohne weiteres akzeptieren. Wenn Margaret Sie nicht verstehen konnte, wenn ich, Ihr Berater, Sie nicht verstehen konnte, wie wäre zu erwarten, dass der 22-jährige Danny all dies verstehen könnte?«

Leon: »Wie bin ich eigentlich zu dieser Ansicht gekommen? Schließlich bin ich in Israel aufgewachsen. Ich war nicht Teil der Welt meiner Eltern. Wir haben kaum miteinander geredet. Ich bin auf der Straße aufgewachsen.«

Margaret: »Du bist nicht von deinen Eltern aufgezogen worden. Die waren in den ersten Jahren viel zu beschäftigt.«

Leon: »Stimmt! Ich wurde von meiner Großmutter aufgezogen. Und sie hat die Familie genau so gesehen!«

Margaret: »Leon, Danny ist ein guter Junge. Wir sind ihm wichtig. Es stimmt schon, manche Dinge erzählt er uns nicht, und es ist wahr, dass er andere Interessen hat, aber die Familie ist wichtig für ihn. Er ist sehr unglücklich über die Auseinandersetzung mit dir.«

Leon: »Aber ich will ihm alles geben. Ich möchte, dass er die Firma mit Joe zusammen führt. So eine Chance wird er nirgends sonst finden.«

Berater: »Das, was Sie sagen, erinnert mich an das Buch, an die Verzweiflung der Väter, die genau dasselbe durchgemacht haben, was Sie gerade durchmachen. Ich bin sicher, dass Danny Sie nicht verrät. Wenn er die griechische Geschichte hört, wird er sicherlich zugänglich sein. Wenn Sie einverstanden sind, will ich gern mit ihm telefonieren und ihm sagen, was ich denke, ehe Sie mit ihm sprechen. Das wäre das, was Sie und ich tun könnten, dass die Beziehung zwischen Ihnen nicht zerbricht. Was Joe angeht – vielleicht ist es eine gute Idee, ihn die Firma auf seine Weise leiten zu lassen, selbst wenn es manchmal nicht glatt geht?«

Leons Ärger löste sich auf. Beide Eltern sprachen mit Danny, über die griechische Geschichte, ihre kulturellen Wurzeln und die

Schwierigkeiten seines Vaters, seine Welt zu verstehen. Danny fuhr eine Weile fort, Berge zu besteigen, irgendwann schrieb er sich bei der Universität ein. Eine Nachbefragung nach ein paar Jahren zeigte, dass die Familie nicht zu dem Muster von Schuldzuweisung und Gegenbeschuldigung zurückgekehrt war. Leon erinnert sich an die Geschichte über die griechische Kultur wie an einen Wendepunkt in seinem Leben und in dem seiner Familie. Ihm gefällt die Tatsache, dass er Teil einer alten Tradition ist, gleichzeitig ist er sich der Schwierigkeiten bewusst, die aus den unvermeidbaren Spannungen zwischen Tradition und moderner Realität entstehen. Er ist stolz auf sein Griechentum und plant, seine Herkunftsgesellschaft intensiv zu studieren.

Der Leser/die Leserin mag sich mit Recht fragen, wie sich eine zähe Wolke gegenseitiger Verdächtigungen, die längere Zeit über der Familie gehangen hat, in so kurzer Zeit auflösen kann. In der Tat, diese Lösung überraschte den Berater nicht weniger als die Familie. Die Wirkung der empathischen Intervention des Beraters wurde in diesem Fall vermutlich durch viele Faktoren begünstigt: die schon lange währende, vertraute Zusammenarbeit des Beraters mit dem Ehepaar, die starken emotionalen Familienbande und vielleicht auch die Tatsache, dass Leon, Margaret und Danny schon auf eine günstige Gelegenheit gewartet hatten, mit den Auseinandersetzungen aufzuhören. Die empathische und mitfühlende Botschaft mag wie ein Katalysator auf diese positiven Faktoren eingewirkt haben. Sie war jedoch nicht nur empathisch, sondern sie brachte noch einen anderen Aspekt ins Spiel: Sie schrieb den Zusammenstoß zwischen Leon und Danny um. An die Stelle dämonisierender Beschreibungen führte sie die Möglichkeit einer neuen Beschreibung ein, nämlich das Geschehen als das Resultat unerbittlicher historischer und kultureller Prozesse zu sehen. Leon und Danny waren von bösen Absichten, persönlichen Mängeln und psychischen Verzerrungen entlastet. Beide hatten unter diesen Umständen menschlich und verständlich gehandelt. Die negativen Aspekte, die auftraten, waren nicht gewollt, sondern Nebenprodukte des Schicksals. Eine solche Neu-Schreibung der Geschichte, die die Kraft des Schicksals als »größerer Macht« mit einbezieht, ist, wie wir verdeutlichen wollen, das beste Gegenmittel gegen eine dämonische Sichtweise. Wir möchten sie die *tragische Sichtweise* nennen. Beide Sichtweisen, die dämonische und die tragische, erläutern wir in den folgenden Kapiteln kurz und stellen sie dann einander gegenüber.

Dämonische und tragische Sicht

Die Frage, wie eine zwischenmenschliche Situation beschrieben wird, ist entscheidend dafür, wie sie erlebt wird, ja die Art der Beschreibung kann den Unterschied zwischen einer friedlichen Lösung und einer Katastrophe bedeuten. Beschreibungen können offenbar eine enorme Bedeutung gewinnen. Das hat damit zu tun, dass wir Realität nie objektiv abbilden können, dass wir sie vielmehr immer vermittels unserer Beschreibungen wahrnehmen. Alle Lebewesen konstruieren Modelle, innere Landkarten, die jeweils für unterschiedliche Zwecke gültig sind. Diese Landkarten sind durch die innere Struktur des jeweiligen Lebewesens bestimmt, die Umwelt hat keinen direkten Einfluss auf das, was im Gehirn vor sich geht. Für Menschen, also für lebende Wesen innerhalb sozialer Systeme, spielt in diesem Zusammenhang die Sprache eine besondere Rolle. Nur für Menschen eröffnet sich die Möglichkeit eines eigenen »Reichs der Sprache« (Maturana u. Varela, 1987), in dem sie manchmal intensiver leben können als im Reich der Dinge selbst. Dieses In-Sprache-Sein ist nichts Abstraktes, menschliches Leben vollzieht sich kontinuierlich in einer Welt von gemeinsam geteilten und mit-geteilten Bedeutungen. In ständiger Konversation, im Gespräch und im Erzählen von Geschichten halten Menschen ihre Wirklichkeit stabil und bestätigen sich wechselseitig ihre Identität: »Menschen sind unverbesserliche und geschickte Geschichtenerzähler und sie haben die Angewohnheit, zu den Geschichten zu werden, die sie erzählen. Durch Wiederholung verfestigen sich Geschichten zu Wirklichkeiten, und manchmal halten sie die GeschichtenerzählerInnen innerhalb der Grenzen gefangen, die sie selbst erzeugen halfen« (Efran et al., 1992, S. 115).

Alles, was wir denken und über uns selbst wissen, ist aus Erzählungen entwickelt, in sie sind wir als Kinder hineingewachsen und heute bedienen wir uns ihrer, so wie wir, meist ohne es zu wissen, von ihnen bestimmt werden. Die Art und Weise, wie Geschichten erzählt werden, hat eine große Bedeutung für die Gestaltung von Wirklichkeit und damit für die Qualität unserer Erfahrung. Aber wie entstehen die Geschichten, und vor allem, was für eine Art von Wirklichkeitsbeschreibung legen sie uns nahe? Das Interessante – und auch Schwierige – ist, dass wir uns der Konstruktionsprinzipien nicht bewusst sind, durch die wir die Geschichten bauen, mit denen wir unsere Wirklichkeit beschreiben. Sie entstehen nicht im luftleeren Raum, vielmehr sind wir über sie aufs Engste mit den Wurzeln und Prämissen unserer Kultur verbunden. Das Wort *Prämissen* spielte schon in den vorhergehenden Kapiteln eine Rolle und in der Tat interessiert uns besonders, was die stillschweigenden Vorannahmen sind, die in unser Denken einfließen und unser Erleben von uns selbst und vom anderen bestimmen.

Wenn wir etwa an Eskalationen denken: Welche stillschweigenden Vorannahmen müssen zwei Menschen miteinander (!) teilen, um so in Konflikt zu geraten, dass sie einander umbringen könnten? Beispielsweise solche wie: »Es kann nur einen Sieger und einen Verlierer geben!«, »Es gibt eine richtige Sicht der Dinge und wer sie anders sieht als ich, kann nur dumm, krank oder böse sein!«, »Der Andere ist schlecht, ich bin gut!« – und vielleicht eine gewisse Lust daran, diese Gedanken auch noch mit Begriffen von Absolutheit zu besetzen: »Der andere ist *abgrundtief* schlecht, ich bin *absolut* im Recht«, »Wenn ich jetzt nachgebe, werde ich *total* vernichtet, der andere trägt den Endsieg davon!«

Durch alle Zeiten war die Vorstellung der Menschen von ihrer eigenen Natur hauptsächlich durch Religion beeinflusst. Unsere Annahmen – Prämissen – über den Menschen, über die Seele und über die Gründe für Leiden und Glück waren zumeist eng an die vorherrschenden religiösen Strömungen gekoppelt, in denen zumindest im christlich-jüdisch-islamischen Kulturkreis Bilder vom Wirken des Bösen in der Welt eine große Rolle spielten. In der christlichen Kultur sind die Bilder vom Sieg über das Böse ein Herzstück der Erzählung – allerdings verbunden mit dem Gebot der Feindesliebe in der Bergpredigt. Im Verlauf der kulturellen Umbrüche in den letzten zwei Jahrhunderten ist der Einfluss der Religion in der westlichen Welt drastisch zurückgegangen und hat einer Vielzahl säkularer Theorien über die menschliche Natur und ihre Ziele Platz gemacht. Populäre Versionen jeweils vorherrschender psychologischer Theorien haben dabei einen weitgehenden Einfluss gewonnen. Die Kultur der Gegenwart ist einer zunehmenden Psychologisierung, Pädagogisierung und Therapeutisierung aller Lebensbereiche unterworfen (vgl. Omer u. von Schlippe, 2004, S. 19ff.). Die Psychologie ist in die Art eingedrungen, wie Menschen im vertrauten Kontakt miteinander oder mit sich selbst in Augenblicken der Abgeschiedenheit reden, psychologische Begriffe sind weit verbreitet in der Familie, der Schule und manchmal sogar in der Wirtschaft und Politik.

Das ist natürlich kein negativer Vorgang. Psychologische Beschreibungen stellen uns eine Vielzahl von Möglichkeiten bereit, uns und unsere soziale Welt zu reflektieren; sie können uns helfen, bewusster zu leben und unsere Beziehungen glücklicher zu gestalten. Doch haben wir auch hier es mit »Risiken und Nebenwirkungen« des Fortschritts zu tun.

Neben einer gewissen Verunsicherung, die die vielen, heute gängigen, teils widersprüchlichen Alltagstheorien bedeuten, vermuten wir, dass einige der problematischen Themen und Denkgewohnheiten, die den religiösen Vorstellungen über das Böse entstammen, auch in die moderne Psychologie eingeflossen sind. Das gilt besonders für Darstellungsformen, die in popularisierte Versionen psychologischer Theorien eingegangen sind, die also für die Allgemeinheit besonders eingängig waren. Das, was wir eine psychologisch basierte »dämonische Sicht« der menschlichen Natur nennen, beeinflusst so das Denken und Handeln von modernen Menschen und bestimmt zumindest zu einem großen Teil die Wahrnehmung zwischenmenschlicher Phänomene in der Öffentlichkeit, ja ein ganzer Zweig der Presse lebt davon, Menschen zu »Monstern«, »Dämonen« oder »Hexen« zu stilisieren. Heutzutage wird dies eher in psychologischen als in religiösen Termini beschrieben. Die breite Resonanz auf diese Beschreibungen legt die Vermutung nahe, dass viele Leser dies genau so lesen wollen! Offenbar sind einfache und schlichte Ordnungsmuster sehr attraktiv, vor allem wenn man sich auf der »richtigen Seite« glaubt. Doch die Versuchung, einer psychologisch basierten dämonischen Sicht nachzugeben, hat weit reichende Implikationen für die Wahrnehmung des Menschen von sich selbst, von seinem Gegenüber und von zwischenmenschlichen Beziehungen, insbesondere von Konflikten.

Wir werden eine alternative Sicht der menschlichen Natur beschreiben, die auf anderen Vorannahmen beruht und die wir »die tragische Sicht« nennen. Beide Sichtweisen handeln vom Problem des Leidens. Die dämonische Sicht postuliert, dass Leiden von bösen Eigenschaften und Absichten kommt. Das Böse kann sich in Missbrauch, Vernachlässigung, Perversion, Gier oder verschiedenen Formen von schädlicher Verschwörung manifestieren. Die Welt »tragisch« oder »akzeptierend« zu sehen, geht demgegenüber von der Annahme aus, dass Leiden ein untrennbarer Teil des Lebens ist. Fehlbarkeit ist ein Bestandteil des menschlichen Lebens, »böses« und »gutes« Verhalten gehören zu den möglichen Facetten der Verhaltensspielräume eines jeden Menschen: »Ich bin ein Teil jener Kraft, die stets das Böse will und Gutes schafft«, sagt der Teufel in Gestalt von Mephistopheles zu Faust in Goethes gleichnamiger Tragödie und weist damit auf die Verbundenheit dieser Polaritäten hin. Leiden bedarf keiner Erklärung im Sinne einer externen spezifischen Ursache, Leiden ist nichts anderes als die gefühlte Seite menschlicher Fehlbarkeit, Verletzlichkeit und Sterblichkeit.

Wenngleich wir, in der Begrenzung dieses Buches, der kulturellen und geistesgeschichtlichen Reichhaltigkeit der dämonischen und tragischen Sichtweisen nicht gerecht werden können, wollen wir doch einige ihrer historischen Manifestationen erwähnen.

– Eine *dämonische Sicht* besteht aus dem Glauben, böse Mächte seien für menschliches Leiden verantwortlich zu machen und ein umfassender Kampf gegen sie sei die einzige Möglichkeit, die Menschheit zu retten. Der Sieg über die Mächte des Bösen meint bei weitem mehr als einen begrenzten Sieg über ein Leiden: Er stellt die verlorene Unschuld der Gesellschaft und des Individuums wieder her und führt so zu Erlösung. Die dämonische Sicht schließt somit den Glauben an eine völlige Unschuld und Reinheit ein. Der Kampf gegen das Böse zielt auf die Wiedererlangung des verlorenen Paradieses ab. Einige wohlbekannte historische Beispiele dieser Spaltung sind: der Kampf zwischen Licht und Finsternis in der zoroastrischen Religion, die Polarität von Geist und Materie in den neoplatonischen und gnostischen Philosophien, der christliche Gegensatz zwischen

Gott und Satan. Und es gibt die völlig weltlichen Versionen der dämonischen Sicht wie etwa die marxistische Aufteilung der Welt in Ausbeuter und Ausgebeutete, die Aufspaltung zwischen reinen und unreinen Rassen bei den Nazis, die totale Verdächtigungsmentalität des Kalten Krieges. In ihrer radikalen Form ist die dämonische Sicht gewöhnlich selten explizit, am ehesten findet sie sich vielleicht in religiösen Sekten, die die krasse Leitunterscheidung von gut und böse für die Grenzziehung zwischen innen und außen nutzen, um ihre Mitglieder in eine besondere Bindung zu zwingen. Ähnliches gilt wohl auch für sektenartige Strukturen in manchen psychologischen Konzepten (z. B. Hemminger, 1989). Jedoch zeigt sich unter Stress, etwa in einer heißen Konfliktsituation oder beim Auftreten akuter sozialer oder kultureller Umwälzungen, wie dämonisierende Prämissen unser Denken in vereinfachende Schemata verführen können, das auf diese Weise schnell einer Radikalisierung unterliegt. Gefühle von Unsicherheit, Angst und Panik scheinen dabei den idealen Nährboden zu bereiten, um auf simplifizierende Beschreibungen und Verhaltensmuster zurückzugreifen.

– Eine *tragische Sicht*, man könnte sie auch *akzeptierende Sicht* nennen, spiegelt das Verständnis wider, dass die Hoffnung auf Erlösung unvermeidlich illusorisch ist. Tatsachen des Lebens wie Altern, Krankheit, Verlust und Tod können nicht verleugnet, eliminiert oder fortgewünscht werden. Genauso ist soziales Leiden – weit entfernt von einer bösen Verschwörung – normalerweise das Ergebnis einer Wechselwirkung von Begehren und Zielen, die alle an sich im Grunde legitim sein können, sich aber oft nicht glücklich miteinander verbinden. Eine der Quellen ist der Buddhismus mit seiner Sicht des Leidens, das sich oft gerade aus dem Versuch der Menschen entwickelt, ihre Lebenswünsche zu verwirklichen. Doch auch in der westlichen Kultur hat die tragische/akzeptierende Sicht eine lange Tradition. Wir finden sie in Bibelworten wie »Gott lässt seine Sonne aufgehen über Gerechte und Ungerechte« (Mt 5,45) und in der griechischen und elisabethanischen Tragödie oder in den Werken von Philosophen wie Epikur, Epiktet, Mark Aurel, Montaigne, Spinoza und Schopenhauer (z. B. Damasio, 2005). Eine wichtige zeitgenössische Quelle der tragischen Sicht ist der französische Denker André Comte-Sponville, dessen Arbeiten (z. B. 2001) als moderne Einführungslektüre in die tragische Sicht angesehen werden können.

In den beiden folgenden Kapiteln sollen einige Annahmen, Kernsätze, die für eine dämonische und für eine tragische Sichtweise kennzeichnend sind, einander gegenübergestellt werden. Was ihre Implikationen für die Beratungsarbeit, für die Konfliktmoderation und für die Psychotherapie sein könnten, soll anschließend weiter ausgeführt werden. Die Auflistung wird zwangsläufig vorläufig und fragmentarisch bleiben, vor allem da sich potentiell unendlich viele Querverbindungen ziehen lassen. Einige davon benennen wir, eine wesentlich größere Zahl – philosophischer, historischer, geistes- und religionsgeschichtlicher Art – müssen wir aus der eigenen Begrenztheit heraus der Leserin/dem Leser überlassen. Nachsicht ist uns dabei ebenso willkommen wie Anregungen, Rückmeldungen und Ergänzungen.

Auf eine Gefahr soll an dieser Stelle hingewiesen werden. Es geht uns weder darum, einen neuen Gegensatz aufzubauen, in dem eine tragisch-akzeptierende Sichtweise »richtig« und eine dämonische »falsch« ist, noch darum, eine dämonische Sichtweise unsererseits zu dämonisieren. Immerhin könnte es gelegentlich so scheinen, wenn wir einen Unterschied besonders akzentuieren. Doch weder wollen wir die von uns kritisierten Autoren in die Nähe von Hexenverfolgung rücken, noch liegt uns daran, das dämonische Denken als die Wurzel allen Übels zu beschreiben. Wir möchten für die Prämissen unseres Denkens sensibilisieren und die Wahrnehmung dafür schärfen, wie sie an der Eskalation von Konflikten beteiligt sind. Wir hoffen, dass dies uns weitgehend ohne Polemik gelingen wird.

Prämissen einer dämonischen Sicht

> Immerhin hat das den Staat zur Hölle gemacht, dass ihn
> der Mensch zu seinem Himmel machen wollte!
>
> Friedrich Hölderlin, 1797–99/1977, S. 35

Dämonisches Denken lässt sich durch eine polarisierende Logik und eine Anzahl spezifischer Annahmen hinsichtlich der Natur des Menschen und des Ursprungs von Leiden charakterisieren. Es wird durch eine Entweder-Oder-Logik geprägt, in der alles, was einem begegnet, unter den Leitunterscheidungen »gut *oder* böse«, »krank *oder* gesund«, »Freund *oder* Feind«, »wir *oder* sie« gesehen wird. Das Zulassen von Vielseitigkeit und Komplexität hingegen gilt als Zeichen von Schwäche.

Entsprechend geht mit diesem Denken auch die Vorstellung der endgültigen Lösung der eigenen Probleme und der Erreichung eines andauernden Glückszustands einher. Die Erlösungshoffnung macht es so attraktiv. Dämonisierendes Denken und die Vorstellung eines zu erreichenden absoluten Glücks können sich dabei auf eine Weise verbinden, die sich für das Wohlergehen des Menschen als sehr hinderlich erweisen kann. Denn wer sich auf die Suche nach absoluten Lösungen für ein Problem macht, ist wenig geduldig mit sich und anderen, wenn sie als Hindernisse bei dieser Suche erscheinen. In diesem Zusammenhang haben wir an anderer Stelle von »Krankheiten der Hoffnung« gesprochen (Omer u. Rosenbaum, 1997), die »Enttäuschungsarbeit« erfordern, um nicht schädlich zu wirken (ausführlicher hierzu auch im folgenden Kapitel). Hoffnung ist ein in der Psychotherapie durchgängig positiv gewertetes Phänomen. Dass es allerdings auch ein Zuviel an Hoffnung geben kann, das zu einem Zwangssystem werden kann, wird deutlich werden, wenn wir uns mit den Prämissen einer dämonischen Sichtweise befassen. Im Folgenden werden sieben Grundannahmen vorgestellt, die eine dämonische Weltsicht charakterisieren.

1. Alles Leiden kommt vom Bösen

Dieses grundlegende dämonische Postulat spiegelt die Weigerung wider, zu akzeptieren, dass Leiden das Ergebnis von Zufall sein kann. Es unterstellt, dass es eine ursächliche Macht für das Leiden geben muss, die man bekämpfen kann und *muss*. Die Hindernisse auf dem Weg zum Glück können und müssen beseitigt werden.

In allen Kulturen und Epochen haben die Menschen versucht, das menschliche Leiden als von einem metaphysischen Prinzip des Bösen stammend darzustellen. Psychologische Varianten dieser dämonischen Annahme erklären Leiden als etwas, das sich etwa aus einem Trauma herleitet, das zur Entwicklung pathologischer Strukturen, destruktiver Triebe und negativer Gefühle geführt hat. Traumatisierende Eltern und andere Missbraucher sind deshalb der moderne Gegenpart zu den bösen Prinzipien alter Zeiten. Dieses Denken impliziert die Annahme, dass die Stärke einer psychischen Schädigung in analoger Intensität einhergeht mit in der Vergangenheit erlittener Vernachlässigung, Deprivation oder Traumatisierung: »Wenn mein Leiden von der Größe X ist, dann muss es auch so sein, dass eine Traumatisierung der Größenordnung X diesem Leiden zugrunde liegt. Nur wenn es gelingt, die gewöhnlich verborgene Schädigung auszugraben, kann die Traumatisierung als verstanden angesehen werden!«

Auf diese Weise wird Leiden erklärbar, sobald ein ihm zugrunde liegendes, passendes Quantum an traumatischer Erfahrung identifiziert wurde. Wegen seiner strukturellen Ähnlichkeit mit den physikalischen Gesetzen der Erhaltung von Materie und Energie könnte man diese Annahme das »Gesetz der Erhaltung des Übels« nennen. Diese Parallele hilft uns, das Attraktive dieser Annahme zu verstehen: Bei einem physikalischen oder chemischen Problem sagen wir, wir hätten die Gleichung gelöst, sobald wir demonstriert haben, dass die Materie oder Energie am Ende dieselbe ist wie am Anfang. Ähnliches mag für die menschliche Sphäre gelten, wir haben das Gefühl, Leiden erklärt zu haben, sobald wir ein ihm vorausgegangenes, passendes Quantum an traumatischer Erfahrung identifiziert haben. Wenn es gelingt zu erklären, dass das, was am Ende vorhanden ist, schon am Anfang da war, wird etwas in uns beruhigt: Die Dinge passen zu der Ordnung, die wir in ihnen vermuten. Diese Annahme hat etwas sehr Zwingendes: Leiden muss doch von einer ihm angemessenen Traumatisierung abhängen. Wie könnte es anders sein?

2. Der Andere ist ein fremdartiges und sich verstellendes Wesen

Dämonisieren bedeutet, andere Personen als von sich selbst ganz und gar verschieden und negativ anzusehen. Wenn man sich bedroht fühlt, sieht man die anderen vielleicht gar als unnatürliche und üble Wesen, die einen insgeheim zerstören wollen. Wenn sie sich anscheinend positiv verhalten, so ist das ein Zeichen ihrer Verstellung und Maskierung. Das völlige »Anderssein« wird besonders deutlich, wenn ganze Gruppen dämonisiert werden. Juden, Hexen und Leprakranke wurden oft als völlig fremdartig angesehen. Neben dieser Fremdartigkeit wurde ein böses Rachegelüst unterstellt, so dass sie als »Brunnenvergifter« der Gläubigen galten (s. z. B. Elon, 2003). Ähnliches gilt für das Phänomen geistiger Erkrankung, das lange als völlig uneinfühlbar und entsprechend bedrohlich galt – die Lösung lag in der Separierung des Fremden (Goffman, 1972, s. a. Erdheim, 1994).

In persönlichen Beziehungen kann sich eine solche Dämonisierung entwickeln, wenn einen Menschen das Gefühl überkommt, der eigentlich vertraute Andere sei auf irgendeine negative Weise *grundsätzlich anders* als man selbst. Dieser Verdacht führt zu einem Zusammenbruch der Empathie: »Ich kann, ja ich darf mich in den anderen nicht hineinversetzen, gar sein Leid nachfühlen, denn das würde mich nur schwächen – außerdem leidet er nicht wirklich, sondern er verstellt sich nur.«

Die verwirrendste Form dieser Zuschreibung von Anderssein tritt bei der Selbstdämonisierung auf: die Person ist davon überzeugt, dass irgendetwas Feindliches, abgrundtief Schlechtes in ihr selbst tätig sei und in ihr gegen ihren Willen wirke. Selbstdämonisierung ist eng mit der Dämonisierung anderer verbunden, denn der innere Feind ist in Wirklichkeit der Vertreter einer destruktiven Macht. War in der religiösen Variante von Dämonisierung der innere Feind ein Agent Satans, so ist der innere Feind psychologisch gesehen ein Introjekt – etwa eines missbrauchenden Elternteils – oder eine dissoziierte und verdrängte traumatische Erfahrung. Etwas Schlechtes ist von außen in die Person eingedrungen und wirkt dort schädigend in ihr weiter.

Eine Klientin, die seit 18 Jahren unter Bulimie litt[1], beschrieb sich selbst so, als habe »das Symptom« sie völlig im Griff. Es sei wie eine Faust, die sie – wie früher die Mutter – im Nacken festhalte und sie mehrmals am Tag zu dem symptomatischen Verhalten zwinge. Es dauerte lange Zeit, bis sie herausfand, dass die Symptomatik besonders dann auftrat, wenn sie sich in Situationen befand, in denen es eigentlich ihr Bedürfnis gewesen wäre, »nein« zu sagen, sie aber stattdessen »ja« sagte. So fand sie eine neue Beschreibung der Störung unter dem Gesichtspunkt des Lösungsversuchs: »Es ist mein eigener, kreativer Weg zwischen ja und nein.« Diese Beschreibung wurde von der Klientin als sehr entlastend erlebt. Zum Abschluss der Therapie trat die Symptomatik immer wieder phasenweise auf, jedoch deutlich verringert, etwa zwei bis drei Mal im Jahr für drei bis fünf Tage. Hierfür fand die Klientin die Bezeichnung: »Ich bin noch einmal den Weg des Symptoms gegangen«, oder: »Manchmal brauche ich es halt noch!« Die gelegentliche »Einladung ans Symptom zur Rückkehr« mache ihr nichts mehr aus. So bestand der Effekt der Therapie für die Klientin in einer »Entdämonisierung« der Symptomatik, die sie schließlich als ihre eigene annahm.

Die Tendenz, einen anderen Menschen als grundsätzlich anders als man selbst anzusehen, tritt vor allen Dingen im Konflikt zutage. Bei einem Kampf erlebt man den *eigenen* Schmerz, die *eigene* Schutzbedürftigkeit und die Gerechtigkeit der *eigenen* Sache, aber nicht den Schmerz der anderen Seite, *ihr* Recht auf Selbstschutz oder die Gerechtigkeit *ihrer* Sache. Je akuter und heißer der Konflikt, desto mehr tendiert man dazu, die Welt in *wir* und *die andern* zu polarisieren. Die Gegner werden dann als Personen angesehen, die ganz und gar aus einem anderen Stoff gemacht sind.

Eine Reihe von psychologischen Texten hat diesen Beschreibun-

---

1 Man beachte die Implikationen dieser »harmlosen« Beschreibung eines passiven Leidens!

gen anscheinend Respektabilität verliehen. Professionelle Begriffe scheinen weit entfernt von Dämonen oder Besessenheit. Und doch finden wir vielfach in der psychologischen Literatur dämonisierende Beschreibungen, durch die Menschen entweder das Gefühl von etwas Unheimlichen in sich selbst oder von bösen Einflüssen durch andere (meist die Eltern) auf sie gegeben wird, einige durchaus aktuelle Beispiele[2]:

»Unsere Eltern haben geistige und emotionale Samen in uns eingesät – Samen, die wachsen, wie wir es tun [...] Während du zum Erwachsenen heranwuchst, wuchsen diese Samen zu unsichtbaren Unkräutern, die auf eine Weise in dein Leben eindrangen, wie du nie hättest ahnen können. Ihre Ranken mögen deine Beziehungen, deine Karriere oder deine Familie geschädigt haben; mit Sicherheit haben sie dein Selbstvertrauen und deine Selbstachtung unterminiert.« (1990)

»Das Problem [...] ist, dass die erschreckende Erfahrung der Vergangenheit [...] im Nervensystem stecken geblieben ist. Wie ein Puppenspieler regiert diese alte Erfahrung die Reaktionen einer Person in jetztzeitigen Situationen.« (1997)

»›Muttervergiftung‹ ist die Einstellung einer Mutter zu ihrem Kind: ›Ich will dich, du darfst leben, ich will dich sogar, aber ich will dich nur so lange, wie du für mich da bist. Du sollst mir dienen‹. Das ist der weit verbreitete narzisstische Missbrauch des Kindes durch die Mutter.« (2004)

Diese Beschreibungen beanspruchen zwar, wissenschaftlich zu sein, doch kann man sich kaum eine wissenschaftliche Studie ausdenken, mit der sie widerlegt werden könnten. Sie sind beschreibende Bewertungen, die die Vorlieben ihrer Autoren widerspiegeln. So finden wir in diesen psychotherapeutischen Erzählformen in hohem Grad traditionelle Denkfiguren des Dämonischen. Darauf kann nicht genug hingewiesen werden: Beschreibungen sind nie harmlos, denn sie bilden nicht das Beschriebene neutral ab. Stattdessen greifen sie in das Beschriebene ein und verändern und gestalten es. Dämonische Beschreibungen können in Beziehungen massiv eingreifen, sie beeinträchtigen und Menschen dazu bringen, einander zu misstrauen, und somit Versöhnung erschweren oder verunmöglichen.

---

2 Wir zitieren sie wieder ohne Nennung der Autoren, um eine unnütze Polemik zu vermeiden.

3. Das Glück ging verloren und kann wieder gefunden werden

Diese Annahme wird in der biblischen Geschichte von Adams Sündenfall verkörpert: Der Mensch war ursprünglich unschuldig und glücklich, aber durch den Einfluss der Schlange, des Bösen, wurde er aus dem Garten Eden verstoßen und verlor seine unberührte Reinheit. Der Sündenfall spiegelt den Verlust der »ursprünglichen Unschuld« wider, einen Vertrauensbruch zwischen Gott und dem Menschen. Seither wartet die Menschheit auf Erlösung in Form der Wiederherstellung des verlorenen Zustands der Reinheit und Glückseligkeit.

Diese Vorstellungen einer ursprünglichen Unschuld manifestieren sich in vielen, auch nicht religiösen Texten. So wird in vielen Utopien die ideale Gesellschaft der Zukunft als die Rückkehr zum verlorenen goldenen Zeitalter beschrieben. Die Träume kommunistischer Führer galten der Vision der »großen Lösung«, der Erreichung des paradiesischen Zustands des Kommunismus, welchen Preis es auch immer koste. Die Idee des verlorenen Glücks zeigt sich hier als hochgefährlich, denn zum Finden einer endgültigen Lösung ist kein Opfer zu schade: »Jeder derartige Krieg bringt uns der glücklichen Periode näher, in der es kein Töten mehr unter den Menschen geben wird«, schrieb die »Prawda« im August 1940 (Suworow, 1996, S. 53). Die Opfer, die nationalistische Träume von einer idealen Gesellschaft forderten, brauchen nicht noch einmal erwähnt zu werden, auch sie folgten der Denkfigur des *endgültig* zu erreichenden Glücks – zumindest für die Angehörigen der passenden Rasse oder Klasse.

Das Paradies der Romantiker sah den Weg zum Glück darin, zum natürlichen Zustand des unschuldigen Wilden zurückzukehren. Abrams (1971) prägte den Ausdruck des »natürlichen Supernaturalismus«, um die idealisierte spirituelle Biographie der Romantik zu kennzeichnen, die nahezu unausweichlich den Stationen von ursprünglicher Glückseligkeit (1), Fall (2), Bekehrung (3), Selbstreinigung (4) und Erlösung (5) folgt. Wie im religiösen kosmischen Zyklus decken sich Ende und Anfang und das Ziel ist das wiedererlangte Paradies.

In der Psychologie sind Varianten dieses romantischen Zyklus immer wieder beliebt. Das Kind wird oft als unschuldig und gut gesehen, ein Zustand, der nur durch das simple Nichtbegreifen und die Vernachlässigung seiner Bedürfnisse durch die Eltern verloren gehe. Der Mensch könne jedoch wieder ganz werden, indem er den Kontakt zum »vergessenen Kind« in sich wiederherstelle. So geht beispielsweise eine psychologische Autorin davon aus, dass jedwede menschliche Destruktivität das Ergebnis einer Pervertierung der ursprünglichen kindlichen Unschuld durch elterlichen Missbrauch sei. Dieser Missbrauch forme ein tiefes verborgenes Geheimnis, das, wenn es enthüllt werde, auf eine persönliche und soziale Erlösung hinführt:

»Ich war überrascht als ich entdeckte, dass ich ein missbrauchtes Kind gewesen war, dass ich von allem Anfang meines Lebens an keine andere Wahl hatte, als völlig mit den Bedürfnissen und Gefühlen meiner Mutter einverstanden zu sein und meine eigenen zu ignorieren [...] Nur dank des Schmerzes des Kindes in mir erfasste ich gänzlich, was so viele Erwachsene ihr Leben lang abwehren mussten, und mir wurde auch klar, warum es ihnen nicht gelang, sich der Wahrheit zu stellen und anstatt dessen ihre Selbstzerstörung in einem gigantischen atomaren Maße zu planen, ohne auch nur die Absurdität von dem, was sie taten, zu erkennen. Das sind dieselben Menschen, die, wie wir alle, die Welt als unschuldige Kinder betraten, mit den ursprünglichen Zielen des Wachsens, in Frieden Lebens und Liebens – niemals um Leben zu zerstören [...] Ich erkannte die zwingende Logik dieser Absurdität, nachdem ich das fehlende Puzzlestück gefunden hatte: das Geheimnis der Kindheit, das bislang eng bewacht war.« (1981)

Die Annahme einer ursprünglichen Unschuld, die durch falsche Erziehung zerstört wird, hat vielfach auch ihren Weg in die Alltagspsychologie gefunden. Vor allem in ihrer popularisierten Form haben diese Ideen eine gefährliche Seite. Sie können die Grundlage für eine Auseinandersetzung zwischen Menschen bilden, die durch niemals auszuräumende Vorwürfe und kontinuierliches Misstrauen geprägt ist. Wer sich selbst so beschreibt, dass er durch die Schuld eines anderen aus dem Paradies vertrieben wurde, ist oft zutiefst böse auf diesen anderen. Häufig ist dann die einzig mögliche Idee, mit diesem Zorn umzugehen darin, diese andere Person (z. B. Mutter oder Vater) zu zwingen, »endlich« die »Wahrheit« zuzugeben, um »endlich« Genugtuung zu erlangen.

Die Attraktivität der Unschuldsannahme ist verständlich. Sie lässt Raum für Hoffnung, denn was verloren gegangen ist, kann vielleicht wieder erlangt werden. Historisch hat sie durchaus eine positive Rolle gespielt, indem sie dazu beigetragen hat, für die Misshandlung von Kindern zu sensibilisieren und dagegen zu kämpfen. Wenn jedoch die Hoffnung auf Glück mit der Idee einer Radikalkur um jeden Preis verbunden wird, wenn der Glaube an die Unschuld des Kindes um den Preis der Dämonisierung der Eltern erkauft wird, ist der Schaden einer solchen Beschreibung wesentlich größer als der Nutzen.

4. Die Ursachen des Leidens sind tief verborgen

In der traditionellen dämonischen Sicht liegen die Ursachen des Leidens immer in abgründigen Tiefen. Was an der Oberfläche liegt, ist nicht von Belang. Entsprechend neigt man dann dazu, nur »tief liegende« Dinge als »wirklich« anzusehen, während das, was »an der Oberfläche« liegt, lediglich Symptome sind, die wenig bedeuten. Äußerliche Handlungen seien daher nur die Hülle – was von Bedeutung sei, seien die destruktiven Kräfte darunter. Diese Kräfte sind selbst für ihren »Wirt« versteckt. In dieser Annahme wird impliziert, dass wir aus getrennten Bereichen bestehen, von denen nur die weniger wichtigen, die weniger »realen« dem Bewusstsein zugänglich sind. Die eigentliche Kontrolle über das Individuum liegt in den »tiefer liegenden« Schichten der Seele. Diese Sicht der Seele ist sowohl für die traditionellen wie auch für die psychologischen Versionen der dämonischen Sicht von grundsätzlicher Bedeutung.

Die Metapher der Tiefe ist bis heute eine sehr bestimmende Größe in psychologischen Beschreibungen, und das auch in einem positiven Sinn. Die sich aus der Tiefenmetapher ergebende psychotherapeutische Praxis ist die Aufarbeitung und Bewusstmachung tiefliegender Konflikte, die – auch gegen psychische Widerstände – ans Licht geholt werden. Der therapeutische Prozess gleicht in dieser Sicht einer langen Wanderung durch diese Seelenlandschaften, die Therapeutin ist ein enger Begleiter auf dieser Reise (von Schlippe, 2004). Die daraus abgeleiteten praktischen Konzepte wurden und werden von vielen Menschen als hilfreich und wohltuend erlebt und wir hoffen, dass unsere Gedanken nicht dahingehend missverstanden werden, dass wir diese therapeutischen Qualitäten dämonisieren wollen. Wir wollen hier jedoch dafür sensibilisieren, dass auch mit solchen Beschreibungen mögliche Risiken einhergehen *können*, die Tiefenmetapher zeigt sich nicht als »nebenwirkungsfrei«. So kann alles, was näher dem Bewusstsein liegt, eher als »oberflächlich« und somit weniger wichtig, wahr oder wert betrachtet werden. Das Eigentliche sei ja unbewusst. Ein Versuch, die eigenen Handlungen zu verändern, ohne sich mit den tiefen Gefühlen »darunter« abzugeben, erscheint dann nur als mechanisches »Rumplätschern in Äußerlichkeiten«.

Im täglichen Leben manifestiert sich diese Annahme in der allgemeinen Verwendung des Beiworts »wirklich«. Was jemand »wirklich« fühlt, »wirklich« will oder »wirklich« ist, wird als etwas ganz anderes angenommen, als was diese Person bewusst fühlt, will oder zu sein glaubt. Man könnte diese Einstellung als eine alles durchdringende Verdächtigung charakterisieren: Es ist einer Person nicht möglich, sich willentlich oder bewusst »wirklich« zu offenbaren; die »wirkliche« Person kann sich nur unabsichtlich verraten. In den ersten Kapiteln hatten wir auf das Problem der »doppelten Kontingenz« verwiesen: Wir können einander nicht in den Kopf sehen. Die Prämisse, dass das *Eigentliche* im Menschen nicht das sei, was er offen kommuniziert, sondern das, was darunter ist, kann in eine Beziehung, die auf Vertrauen angewiesen ist, ein Moment von Misstrauen hineinbringen, das keiner Lösung mehr zugänglich ist.

5. Das Aufdecken der verborgenen Kräfte bedarf einer besonderen Form von Wissen

Die Haltung der alles durchdringenden Verdächtigung, die für die dämonische Sicht charakteristisch ist, kann sich auf der individuellen, der sozialen oder sogar der metaphysischen Ebene manifestieren. Auf der individuellen Ebene zeigt sie sich bei der Suche nach heimtückischen Wegen, auf denen dunkle Triebe und verdrängte Erinnerungen das Leben von Menschen kontrollieren. Auf der gesellschaftlichen Ebene wird sie offenbar, wenn versteckte

Verschwörungen irgendwelcher Gruppen aufgespürt werden, die die Kontrolle über die Gesellschaft übernehmen wollen. In metaphysischer Hinsicht rechnen wir hierzu das Bemühen, die bösen Mächte zu demaskieren, die sich verbunden haben, um die Welt zu erobern.

Um diese Winkelzüge aufzuspüren, muss man lernen, ihre verschleierten Zeichen und unabsichtlichen Enthüllungen zu entdecken. Von einigen Leuten glaubt man, dass sie über eine besondere Kenntnis und Schärfe im Durchdringen oberflächlich positiver Erscheinungen bis auf die darunter liegende versteckte Realität verfügen. In der Vergangenheit zählten zu diesen Spezialisten die Inquisitoren oder Exorzisten, die die Zeichen der Anwesenheit von Hexen, Ketzern und Dämonen aufzudecken und zu entziffern imstande waren. Für diejenigen, die nicht über das erforderliche Wissen verfügten, wurden von »Spezialisten« Listen von Symptomen zur Verfügung gestellt, die die Anwesenheit böser Mächte verraten konnten. Solche Listen wurden von der Inquisition zurzeit der großen Hexenjagden bei der Bevölkerung in Umlauf gebracht (Ginzburg, 1991, Ginzburg et al., 1992).

Psychologen und Psychiatern wird auch heute teilweise die Fähigkeit zugeschrieben, das Verborgene im Inneren aufzuspüren. Psychologen werden allgemein als Spezialisten des Unbewussten angesehen, vor denen nichts verborgen werden kann. Mit Hilfe ihres speziellen Instrumentariums, so glaubt man, hätten Psychologen Zugriff auf die mentalen Inhalte, die dem Klienten unbekannt sind. Bei einer Diskrepanz zwischen dem Urteil des Klienten und dem des Psychologen, so das Klischee, ist das des Letzteren vorzuziehen.

Darüber hinaus kann sich diese Annahme auch zwischen engen Interaktionspartnern zeigen. In Interaktionen, die von Dämonisierungen geprägt sind, finden sich vielfach festgefahrene Muster, sogenannte geeichte Kommunikationsschleifen. Sie sind dadurch gekennzeichnet, dass der andere bereits meint zu wissen, was der eine hatte sagen wollen, ehe er oder sie den Mund öffnet (oder kurz danach). Sogar Versuche der Richtigstellung werden möglicherweise zurückgewiesen, weil das eigene »Wissen« ganz sicher ist. Satir (1990) beschrieb eine Reihe von Elementen dieser »geeichten Schleifen«, etwa das »Gedankenlesen«: Die Interpretationen eigener Beobachtungen wird unhinterfragt für wahr gehalten. Teiläquivalenz bedeutet, dass nur ein Teil der kommunikativen Botschaft für das Ganze genommen wird. Das erklärt die oft sehr große Geschwindigkeit, in der diese Muster ablaufen: Man reagiert zum Beispiel nur auf mimische Signale, ohne den Inhalt zu beachten: »Als ich sah, wie er die Augenbrauen runzelte, wusste ich schon, was kommen würde ...« Wenn dann eine übermäßige Generalisierung dazukommt, in der die jeweils aktuelle Erfahrung undifferenziert auf die gesamte Wirklichkeit bezogen wird (»Nie machst du das ...«, »Immer bist du so, das ist mal wieder typisch ...«), dann können sich Teufelskreise ergeben, in denen sich die Konfliktpartner heillos verfangen können (Schulz von Thun, 1981).

6. Schuldeingeständnis und Beichte sind die Vorbedingungen für eine Heilung

In früherer Zeit galt die Beichte als Mittelpunkt des Reinigungsprozesses. Die Fertigkeiten des traditionellen Seelsorgers, die als Instrument für eine Wiederherstellung des wahren Geistes eingesetzt werden, bestanden aus einer ausgewogenen Mixtur milder Väterlichkeit und drohender inquisitorischer Haltung. In der religiösen dämonischen Sicht gab es einen fundamentalen Unterschied zwischen dem Sünder, der gebeichtet hat, und dem, der nicht gebeichtet hat: Ersterer kann gerettet werden, während Letzterer verloren ist. Eine lediglich formale Beichte reicht jedoch auch heute nicht aus. Um wirkungsvoll zu sein, muss die Beichte von Herzen kommen, also »wirklich« sein und von Reue über das eigene Fehlverhalten begleitet sein (vgl. Annahme 4).

Im psychologischen Bereich kann das Erlangen von Einsicht der religiösen Beichte ziemlich nahe kommen. Gewöhnlich besteht es darin, dass die vormals verleugneten negativen Gefühle eingestanden werden. Man nimmt an, dass die Person durch dieses Eingestehen reif für eine Heilung wird. Die Versuche der Ehegatten, Eltern und Psychotherapeuten, den entsprechenden Andern (Ehegatten, Kind oder Klient) zur Anerkennung seiner negativen Gefühle und Einstellungen zu bewegen, werden oft von der Überzeugung geleitet, der andere sei nicht nur negativ motiviert, sondern auch, bewusst oder unbewusst, darauf versessen, die eigenen Motive zu leugnen. Nur wenn diese Leugnung überwunden werde, gebe es wahre Hoffnung auf eine Änderung. Beichte und Einsicht können natürlich von profunder spiritueller und persönlicher Bedeutung sein. Wenn sie jedoch aus einer psychodämonischen Position betrieben werden, können sie die Beteiligten in paradoxe kommunikative Situationen bringen – denn wer kann schon entscheiden, welche Beichte »wirklich« von Herzen kommt und welche nur ein Lippenbekenntnis ist?

Für die Person, die sich ihrer negativen Gefühle und Absichten noch nicht bewusst ist, muss dem Erlangen von Einsicht eine Periode der Befragung und Selbstprüfung vorausgehen. Die Bewusstwerdung kann dabei entweder plötzlich oder schrittweise erreicht werden. So kann sich bei einer religiösen Prüfung der Dämon plötzlich manifestieren – zur schrecklichen Überraschung des Betreffenden. Oft wird er sich nach und nach bewusst, wie der Dämon sich seiner verwundbaren Stellen bemächtigt hat, um sich in seinen inneren Nischen einzunisten. Durch dieses zunehmende Verständnis wird der Betreffende reif für die Beichte. Er gibt dann vielleicht zu, dass er das Eindringen des Dämons dadurch begünstigte, dass er in Sünde gelebt hat.

Im psychologischen Prozess ist die Abfolge oft ähnlich: Der Helfer konfrontiert den Klienten mit Anzeichen eines Benehmens, die auf das Vorhandensein verdrängter Erinnerungen hinweisen. Die vormals unerkannte Seite der Persönlichkeit taucht manchmal als plötzliche Erleuchtung auf, zum Beispiel unter Hypnose oder in einer stürmischen therapeutischen Erfahrung.

Einen Blick auf die dramatischen Konsequenzen, die sich aus diesen Prozessen ergeben können, liefert der »Fall von Paul Ingram«. Die manchmal nebulöse Grenze zwischen dem religiösen Prozess des Reifwerdens für die Beichte und dem psychologischen des Einsicht-Erlangens wurde in diesem berühmten und widersprüchlichen Gerichtsverfahren völlig aufgehoben:

Paul Ingram war ein angesehenes Mitglied seiner Gemeinde. Er hatte zwei Töchter und zwei Söhne und war ein sehr religiöser Mann. Im Verlauf einer von der Kirche gesponserten therapeutischen Gruppenerfahrung wurde seine

Tochter Erika von lebhaften Bildern sexuellen Missbrauchs durch ihren Vater und viele andere Männer in Verbindung mit einem satanischen Kult überschwemmt. Sie erinnerte sich auch an andere Mädchen, die missbraucht wurden, und an Babys, die geboren und geopfert wurden. Bei einer Gelegenheit wurde sie sogar dazu gezwungen, das Fleisch ihres ermordeten Babys zu essen. Ein paar Monate nach ihrer Entdeckung wurde ihre Schwester Julia sich ebenfalls einer Reihe von Ereignissen sexuellen Missbrauchs durch ihren Vater bewusst. Die Schwestern erstatteten Anzeige bei der Polizei, und der Vater wurde sofort verhaftet. Kurz nach seiner Verhaftung versuchten sein Pastor und ein Psychologe, ihn davon zu überzeugen, dass es unwahrscheinlich sei, dass seine Töchter, die er als gläubige Christinnen aufgezogen hatte, schamlos logen. Es wäre viel wahrscheinlicher, dass er von einer »satanischen Täuschung« geblendet war, die ihn daran hinderte, sich seiner eigenen Sünden zu erinnern. Ingram wurde ermutigt zu beten und GOTT zu bitten, ihm die Augen über seine verbogenen Handlungen zu öffnen. Jeder kleinste Hinweis zu dem, was er getan hatte, musste wahr sein, denn GOTT würde ihm nicht Stein geben, wenn er IHN um Brot gebeten hätte. Ingram wurde in einen entspannten Zustand versetzt und ermutigt, seine Erinnerungen rückwärts fließen zu lassen. Er erwies sich als empfängliches Objekt für diese Art mentaler Übung, und schon am nächsten Tag präsentierte er ein detailliertes schriftliches Geständnis zu den satanischen Ritualen, die er offensichtlich jahrelang durchgeführt hatte. Er feuerte seinen Verteidiger und bekannte sich aller Anklagen für schuldig. Im Lauf weiterer Sitzungen wurden die Namen anderer Teilnehmer vorgebracht. Keiner der anderen Teilnehmer wurde gerichtlich belangt, da sich die Beweislage in ihren Fällen als völlig unzuverlässig erwies. Die Behauptung der Töchter, sie hätten wiederholt abgetrieben und ihre Körper seien voller Narben, wurde durch eine medizinische Untersuchung widerlegt. Von den zahlreichen Leichen, die, ihrem Bericht zufolge, angeblich im Garten begraben worden waren, wurde keine Spur gefunden. Ingram wurde nur aufgrund seines unterzeichneten Geständnisses ins Zuchthaus geschickt.

Dies war der erste Gerichtsfall, bei dem angeblich massive Verdrängung nicht nur bei den Opfern, sondern auch beim Täter vorgefallen war. Richard Ofshe, ein Autor, der den Pulitzer-Preis[3] gewonnen hatte und der als Expertenzeuge von der Staatsanwaltschaft berufen wurde, erhielt die Erlaubnis, Ingram zu befragen (Ofshe, 1992). Beeindruckt von der suggestiven Art der Treffen zwischen dem Geistlichen, dem Psychologen und Ingram, entschloss sich Ofshe, ein klinisches Experiment durchzuführen: Vor dem Treffen mit Ingram traf er sich mit den Töchtern und fragte sie, ob ihre Brüder nicht bei den Ritualen involviert gewesen seien und ob sie veranlasst gewesen seien, einen Bruder-Schwester-Inzest auszuführen. Sie verneinten das. Ofshe traf sich mit Ingram und sagte ihm, als Untersucher satanischer Kultvorgänge studiere er

---

3 Für die Veröffentlichung der kriminellen Aktivitäten der Suchtselbsthilfegemeinschaft *Synanon*, die sich ursprünglich der Hilfe zum Entzug für Drogenabhängige einsetzen wollte.

den Fall noch einmal und er wünsche zu überprüfen, ob Ingram nicht wichtiges Beweismaterial ausgelassen hätte. Dann fragte er Ingram, ob seine Söhne jemals gezwungen worden seien, Inzest mit seinen Töchtern zu begehen, was dieser verneinte. Dann suggerierte Ofshe, dass dies vielleicht passiert wäre, obgleich sich weder er noch seine Töchter daran erinnerten. Wie der Psychologe und der Geistliche forderte er Ingram auf, zu meditieren und um Erleuchtung über den Geschwisterinzest zu bitten. Am nächsten Tag präsentierte dieser ein detailliertes Geständnis zu Vorfällen, bei denen seine Söhne und Töchter zum Inzest gezwungen worden waren. Ofshe konfrontierte ihn mit den Aussagen seiner Töchter, aber Ingram bestand auf seiner Version. Das Experiment hatte gezeigt, dass es mit der passenden Fragetechnik für Ingram zu glauben möglich war, er sei der Handlungen schuldig, die er nicht begangen hatte. Nach ein paar Monaten besann sich Ingram um und entschloss sich, sein unterzeichnetes Geständnis zu widerrufen. Diese Entscheidung kam zu spät. Ingram blieb 14 Jahre im Zuchthaus, bis er im April 2003 vom Gouverneur des Bundesstaates Washington begnadigt wurde.

7. Heilung besteht in der Ausrottung des verborgenen Übels

In der religiösen dämonischen Sicht stammen böse Akte aus bösen Wurzeln, deren Quelle letztendlich der Teufel ist. Der Sünder kann nur gerettet werden, wenn die versteckten Wurzeln eliminiert werden (Levack, 1992). In der psychologischen Entsprechung dieser Sicht resultieren schädigende Symptome und psychische Leiden aus anderen pathogenen Quellen. Und wieder ist eine wirkliche Heilung nur möglich, wenn das Pathogene diagnostiziert und psychologisch eliminiert wird. Diese Sichtweise findet sich seit langem auch in psychologischen Konzepten wieder. Viele Laien sind zu dem Schluss gekommen, dass alle ihre Probleme traumatische Wurzeln haben, die aufzudecken und auszulöschen sie erhoffen. Es gibt eine enge Verbindung zwischen dieser Annahme und der Entweder-Oder-Logik, die typisch für die dämonische Denkweise ist. Wenn die ultimative Quelle aller negativen Akte der Teufel ist und man nur Entweder-Oder-Lösungen zulässt, würde jede partielle Lösung oder jeder Kompromiss bedeuten, dass man mit dem Teufel im Bunde ist und bleibt. Partielle Besserungen könnten dann in Wirklichkeit schlimmer sein als überhaupt keine Lösung, denn die böse Quelle in der Seele würde unberührt bleiben, während sich gleichzeitig die gefährliche Illusion entwickeln könnte, dass der Zustand sich verbessert hätte. Die Illusion der Besserung würde dazu führen, dass man nicht mehr achtsam wäre und somit dem Teufel erlaubte, sein Werk ungestört zu verfolgen.

Ähnliche Prozesse können in der Psychotherapie beobachtet werden. Versuche der Verbesserung oder der Symptomerleichterung werden oft mit Misstrauen betrachtet, denn das »wirkliche Problem«, so wird vermutet, bleibe unangetastet. Therapeuten, die partielle Ziele verfolgen, können sich mit der Beschuldigung anderer Professioneller konfrontiert sehen, Klienten einem Risiko auszusetzen, indem sie sie nur symptomatisch, nur »kosmetisch« behandeln.

In der Vergangenheit wurde einer von uns Autoren, der Hypnosetherapie zur Gewichtsabnahme anbot, öffentlich der professionellen Unverantwortlichkeit beschuldigt. Diese Beschuldigung kam von einem bekannten Therapeuten, der behauptete, die symptomatische Behandlung von Gewichtsproblemen könnte einen schizophrenen Ausbruch herbeiführen. Auch wenn sich das Konstrukt der »Symptomverschiebung« als Mythos herausgestellt hat (Bandura, 1969), wird doch eine »symptomatische Behandlung« vielfach immer noch stirnrunzelnd als eine minderwertige Therapie angesehen.

Eine weitere Parallele zwischen den religiösen Prozeduren des Exorzismus einerseits und psychologischen Techniken anderseits kann sowohl bei der Kontaktaufnahme mit multiplen Persönlichkeiten im Individuum als auch für das Abreagieren traumatischer Erfahrungen gezogen werden. Das psychologische Auffinden traumatischer Erfahrungen oder das Kontaktieren anderer innerer Persönlichkeiten beginnt oft mit einer ritualisierten Befragung. Hypnose oder Narkoanalyse[4] sind oft dazu verwendet worden, solche Prozeduren zu ermöglichen. Hypnotische Techniken wie »Fingerbefragung«, induzierte Träume, Altersregression oder Symptomfokussierung[5] sind gebräuchliche Instrumente, die angeblich verdrängten Erinnerungen wieder ins Bewusstsein zu heben. Manchmal reagiert der Klient auf diese Verfahren, indem er tatsächlich die vermutete oder reale Erfahrung wieder durchlebt oder indem er einen oder mehrere seiner anderen Persönlichkeitszu-

---

4 Die Induktion eines Suggestionszustands mittels einer Droge.

stände (sog. *alter*) verkörpert. Bei anderen Gelegenheiten reagiert der Klient ruhig und informiert den Therapeuten nur durch Fingerbewegungen oder Murmeln von Wörtern. Gewöhnlich ermutigt der Therapeut den Klienten, seine Gefühle zu äußern, da allgemein angenommen wird, dass der Erfolg der Therapie in direktem Verhältnis zu der Intensität des emotionalen Ausdrucks steht. Wenn ein *alter*, ein anderer innerer Zustand also, kontaktiert worden ist, findet oft ein Dialog mit ihm statt. Dabei wird der Versuch unternommen, ihn zustimmen zu lassen, seinen Gastgeber in Zukunft in Ruhe zu lassen. Das wird manchmal durch eine Verhandlung erreicht: Dem *alter* wird beispielsweise dafür gedankt, dass er seine Dienste zur Verfügung gestellt hat, die dem Klienten gestatten, sein Trauma zu überleben und die Aufmerksamkeit auf die verborgene Vergangenheit zu lenken. Wenn jedoch der *alter* ein Repräsentant des Missbrauchers ist, gleicht der Prozess eher einer Austreibung. Eine andere Ähnlichkeit ist die Erwartung, dass das verdrängte Trauma oder der *alter* sich hartnäckig weigert, exponiert und ausgetrieben zu werden. Dieser Widerstand spiegelt sich während des ganzen Erlebens im akuten Leiden der Person wider.

Zum Abschluss dieses Abschnitts über die den dämonischen Beschreibungen zugrunde liegenden Prämissen möchten wir betonen, dass wir uns zwar vielfach auf tiefenpsychologische Überlegungen bezogen haben, dass dies aber keinen Angriff auf die Psychoanalyse darstellen soll (keine Dämonisierung!). Tiefenpsychologisches Gedankengut eignet sich vielleicht besonders zu dämonisierenden Übertreibungen, doch gehen wir davon aus, dass die Positionen der meisten Psychoanalytiker, vor allem der Gegenwart, von einer dämonischen Sicht weit entfernt sind. Ja, ein Therapieziel wie das, dem Klienten zu helfen, die Personen seiner Welt

---

5 Fingerbefragung: Dem Klienten wird gesagt, dass seine Finger sich automatisch bewegen« werden, um »ja« und »nein« auf die Fragen des Therapeuten zu signalisieren. Bei induzierten Träumen wird er aufgefordert, in einen traumartigen Erfahrungszustand zu versinken. In der Altersregression soll er erleben, wie die Zeit rückwärts fließt, bis zu dem Alter, in dem der vermutliche Missbrauch geschah. Symptomfokussierung: Der Klient wird gebeten, sich auf ein bestimmtes Symptom oder Körpergefühl zu konzentrieren und diesem zu gestatten, ihn zu der Zeit zurückzugeleiten, in dem es zum ersten Mal aufgetreten ist.

ohne Projektionen zu sehen und neurotisches Leiden in »gewöhnliches Leid« (Freud) zu überführen, ist explizit entdämonisierend.

Freud selbst stand philosophisch und moralisch ohnehin eher einer tragischen Position nahe, wie sie im kommenden Kapitel skizziert und von uns vertreten wird. Er sah Leiden als unvermeidbaren Teil des Lebens und den Prozess der Heilung als den eines Erkennens und Zurechtkommens mit den eigenen dunklen Seiten; neurotisches Leid sollte sich im Lauf der Therapie in gewöhnliches Leid verwandeln (Sulloway, 1979). Viele Vertreter der psychoanalytischen Tradition haben sich explizit gegen eine verdächtigende Haltung gegenüber Klienten ausgesprochen. Ein bedeutsamer Vertreter ist hier Kohut (1976, 1999). Für ihn sind selbst die am irrationalsten erscheinenden Aspekte der Entwicklung eines Klienten als signifikante Leistungen zu sehen, schwierige Lebenssituationen zu bewältigen. Einflussreiche Psychoanlytiker wie Spence (1982) und Schaffer (1983) haben die Vermessenheit einiger Positionen in Frage gestellt, die das psychoanalytische Modell wie eine »Röntgenaufnahme des Unbewussten« verstehen und daraus den Vorrang vor den Erfahrungen und Behauptungen des Klienten ableiten.

Prämissen einer tragischen Sicht

> Es sitzt ein Vogel auf dem Leim,
> Er flattert sehr und kann nicht heim.
> Ein schwarzer Kater schleicht herzu,
> Die Krallen scharf, die Augen gluh.
> Am Baum hinauf und immer höher
> Kommt er dem armen Vogel näher.
> Der Vogel denkt: Weil das so ist
> Und weil mich doch die Katze frisst,
> So will ich keine Zeit verlieren,
> Will noch ein wenig quinquilieren
> Und lustig pfeifen wie zuvor.
> Der Vogel, scheint mir, hat Humor.
>
> Wilhelm Busch

Eine tragische Sicht des menschlichen Lebens und zwischenmenschlicher Beziehungen mag auf den ersten Blick enttäuschen. Sie macht keine Heilungsversprechen, im Gegenteil. Eher legt sie nahe, die Welt so zu nehmen, wie sie ist – und damit richtet sie sich gegen Vorstellungen, die Welt von Grund auf verändern zu können. Wie Welsch (1991) zeigt, ist die Moderne vom Denken in »großen Entwürfen« gekennzeichnet, verbunden mit dem Glauben – und dem daraus angeleiteten unerschütterlichen Optimismus –, eine gute Welt schaffen zu können, manchmal unter großen Opfern, manchmal unter Aufgabe des eigenen Lebens für die nachfolgende Generation. Eine tragische Weltsicht steht diesem Denken skeptisch gegenüber. Alle Versuche großer Lösungen für die Probleme dieser Welt haben das Leiden eher vergrößert als es zu beenden. Sie haben oft drastisch und dramatisch in das Leben von Menschen und Völkern eingegriffen, nicht selten mit dem erklärten Ziel, einen neuen Menschen zu erschaffen. In der tragischen Sicht wird eher die Begrenztheit aller Versuche gesehen, die

Welt zu verbessern, sie sieht eher die grundsätzliche Unverfügbarkeit eines Menschen für einen anderen – es wird nie eine endgültige Lösung geben. Neben einer gewissen Enttäuschung kann auch das tröstliche Moment einer solchen Sicht deutlich werden: Wenn es keinen absoluten Sieg gibt, dann gibt es auch keine absolute Niederlage. Der Verzicht auf totale, »große« und endgültige Beschreibungen kann einhergehen mit der Möglichkeit, jeweils eine andere, »kleine« Beschreibung zu finden, getreu dem Wittgenstein'schen Wort, dass alles, was beschrieben wird, auch anders beschrieben werden kann. Einen solchen *konstruktiven Fatalismus* sehen wir als alles andere als unbegrenzten Bewältigungsoptimismus an, es ist vielmehr der Versuch, die verlorengegangene Kunst des Tröstens und des Trostes auch in die professionelle Praxis wieder hineinzubringen.

Wir stellen nun sechs Grundannahmen vor, die eine tragische Weltsicht charakterisieren.

1. Leiden ist ein wesentlicher und unausweichlicher Teil des Lebens

Diese scheinbare Binsenweisheit ist das Gegenteil der grundsätzlichen dämonischen Prämisse, nach der alles Leiden vom Bösen kommt. Wenn man Leiden als einen wesentlichen Teil des Lebens betrachtet, so bedeutet das, dass nichts dafür *völlig* verantwortlich gemacht werden kann. Folglich kann auch nichts die *völlige* Beseitigung des Leidens bewirken. Leiden geht mit menschlicher Fehlbarkeit, Verwundbarkeit und Sterblichkeit einher. Diese Sichtweise impliziert keine passive Einstellung: Verbesserungen und Selbstschutz sind nicht nur möglich, sondern auch eine Pflicht. Die Annahme, Leiden sei ein Wesenszug des Lebens, beleuchtet die Haltung, die wir als *konstruktiven Fatalismus* bezeichnen. Während die dämonische Sicht unbegrenzte Lösungen anstrebt und das Übel ein für allemal auslöschen will, spiegelt die Position des konstruktiven Fatalismus die Bereitschaft, sich Verbesserungen zu widmen, während man gleichzeitig die inhärente Begrenzungen der menschlichen Bedingungen akzeptiert.

In der klassischen Tragödie wird Leiden als das Ergebnis von

Schicksal verstanden. Schicksal liegt nicht in den Händen der Menschen. Es ist das Zusammenfließen von Faktoren, durch die Umstände und Persönlichkeit Hand in Hand gehen, um das tragische Ergebnis zu bewirken. So hätte, unter anderen Umständen, Macbeths Persönlichkeit zu einem besseren Leben führen können beziehungsweise ein Mann mit einer anderen Persönlichkeit als Macbeth hätte unter denselben Umständen ohne Makel bleiben können. Schicksal ist keine personale Macht. Es ist weder gut noch böse und enthält überhaupt keine Absichten. Schicksal ist deshalb genau so sehr das Gegenteil von Satan wie von Gott. So könnte ein Konzept wie »Schicksal« oder einfach nur »Pech« oder »Unfall« in wohltuender Weise in der beratenden Arbeit mit Menschen verwendet werden – als Mittel gegen die Tendenz, anderen oder sich selbst die Schuld an dem Vorhandensein von Leiden zu geben.

Zu verstehen, dass in vielen Situationen das Endresultat nicht in den eigenen Händen liegt, kann sowohl entmutigend wie befreiend sein. In unserer kontrollorientierten Kultur tendiert man dazu, die entmutigende Seite zu vergrößern: Alles was einen Mangel an Kontrolle impliziert, ist negativ besetzt. In dem Glauben, dass Kontrolle immer wünschenswert und möglich ist, steckt eine Illusion, die »Illusion der Kontrolle«. Im Gegensatz dazu haben wir oft erlebt, dass Menschen meist positiv auf den Gedanken reagieren, dass ihre Kontrollmöglichkeit begrenzt ist. Manchmal äußern sie sichtlich Erleichterung, wenn sie dies realisieren. Dieser Übergang von der Quälerei der dauernden Kontrolle zur Erleichterung des Akzeptierens wird auch in der biblischen Geschichte über König David beschrieben:

Und der Herr schlug das Kind, das Urias Frau David geboren hatte, so dass es todkrank wurde. Und David suchte Gott um des Knäbleins willen und fastete, und wenn er heimkam, lag er über Nacht auf der Erde. Da traten herzu die Ältesten seines Hauses und wollten ihn aufrichten von der Erde; er aber wollte nicht und aß auch nicht mit ihnen. Am siebenten Tag aber starb das Kind. Und die Männer Davids fürchteten sich, ihm zu sagen, dass das Kind tot sei; denn sie dachten: Siehe, als das Kind noch am Leben war, redeten wir mit ihm, und er hörte nicht auf uns; wie könnten wir ihm nun sagen: Das Kind ist tot! Er könnte ein Unheil anrichten. Als aber David sah, dass seine Männer leise redeten, merkte er, dass das Kind tot sei, und sprach zu seinen Männern: Ist das Kind tot? Sie sprachen: Ja. Da stand David von der Erde auf und wusch sich und salbte sich und zog andere Kleider an und ging in das Haus des

HERRN und betete an. Und als er wieder heimkam, ließ er sich Speise auftragen und aß. Da sprachen seine Männer zu ihm: Was soll das, was du tust? Als das Kind lebte, hast du gefastet und geweint; nun es aber gestorben ist, stehst du auf und issest? Er sprach: Als das Kind noch lebte, fastete ich und weinte; denn ich dachte: Wer weiß, ob mir der HERR nicht gnädig wird und das Kind am Leben bleibt. Nun es aber tot ist, was soll ich fasten? Kann ich es wieder zurückholen? Ich werde wohl zu ihm fahren; es kommt aber nicht wieder zu mir zurück. (Samuel II,12)

Das Paradoxon, dass die Akzeptanz dessen, was man nicht ändern kann, eine positive Kraft sein kann, ist ein Hauptmerkmal der tragischen Haltung. Interessanterweise schließt das Akzeptieren des Schicksals nicht das Handeln aus.

Wenngleich die moderne Psychologie gewöhnlich mit einem optimistischen Ethos der Veränderung und der Kontrolle identifiziert wird, gilt dies doch für viele einflussreiche Psychologen nicht. Freud sah Leiden als etwas der menschlichen Bedingung Innewohnendes an. Konflikte waren für ihn nicht nur als unvermeidbar, sondern auch vielfach unlösbar und Kompromisslösungen alles, was erreichbar sei (Rieff, 1979; Sulloway, 1979). Das klientenzentrierte Therapiekonzept von Carl Rogers (Zusammenfassung bei Eckert u. Kriz, 2005, S. 329ff.) stellt explizit den Verzicht auf Kontrolle ins Zentrum der therapeutischen Arbeit. In der zwischenmenschlichen Begegnung soll jeder Ratsuchende die Möglichkeit haben, sich selbst tiefer zu finden, ohne vom anderen in irgendeiner Weise kontrolliert zu werden – die Partner sind dann wechselseitig Katalysatoren zum Wachsen in Freiheit. Wie Eckert und Kriz betonen, war (und ist) diese Sicht für das klassisch-abendländische Weltbild eine »weltfremde« Provokation: »Glaubte man dort doch (und hielt dies auch noch für eine ›wissenschaftliche Tatsache‹), dass Ordnung und Veränderung nur über Ordnen beziehungsweise ordnende Intervention erreicht werden können« (S. 330). Ein zentraler Begriff in diesem Konzept ist demgegenüber die »Selbstaktualisierung«, ein von Goldstein geprägter Begriff, der darunter die selbstorganisierte Realisierung und Entfaltung inhärenter Potentiale versteht (Eckert u. Kriz, 2005). Rogers geht davon aus, dass unter bestimmten, sorgfältig definierten Bedingungen das Gegenüber das Potential der eigenen Selbstaktualisierung ausschöpfen kann und so zu konstruktiven Lösungen findet, die für ihn persönlich Gültigkeit haben (z. B. Rogers, 1978, 1981).

In dem Konzept der »zeitbegrenzten Therapie« *(time-limited therapy)* von Mann (1973) stellt die Fähigkeit, Begrenzung und Enttäuschung zu akzeptieren, das Kennzeichen einer reifen Person dar. Die Hoffnung, dass alle Probleme gelöst und alle Ziele erreicht werden können, lässt Menschen oft mit ihrem Dasein hadern. Hoffnung kann da trügerisch sein, wo sie mit Erwartung auf Kontrolle verbunden ist (Omer u. Rosenbaum, 1997). Die zeitbegrenzte Therapie ist dementsprechend ein Intensivkurs in »konstruktiver Enttäuschung«. Das zentrale Thema dieser Therapie ist die Formulierung eines tragischen Konflikts zwischen dem eine Person am stärksten dominierenden Wunsch und seiner unvermeidbaren Frustration. Mann behauptet, dass der zentrale Wunsch eines jeden Menschen unausweichlich vergeblich ist, weil solche Wünsche im Grunde unstillbar sind: Menschen, die sich persönliche Sicherheit ersehnen, finden heraus, dass sie nie wirklich sicher sind, diejenigen, die nach Macht streben, werden immer mehr Macht begehren und diejenigen, die romantische Liebe wollen, wünschen sich, dass die Liebe noch viel romantischer sei. Die *time-limited therapy* dauert zwölf Sitzungen, eine Begrenzung, die notwendigerweise Enttäuschung beinhaltet, da der Hauptkonflikt in einer solch kurzen Sequenz nicht vollständig besprochen oder gelöst werden kann. Außerdem ist bei nur zwölf angesetzten Sitzungen Trennung von Anfang an ein Thema: Gleichgültig, wie angenehm der Klient sich fühlen mag, der Schatten des Endes ist schon am Anfang gegenwärtig. Das Fazit dieser »tragischen Therapie« ist zu lernen, wie man die Begrenzung der Therapie und die des Lebens akzeptiert. Mann war vermutlich der erste Therapeut, der die tragischen Begrenzungen der menschlichen Bedingung zu einem zentralen therapeutischen Instrument machte.

Der Wert der Akzeptanz als therapeutische Einstellung ist von Stephen Hayes und seinen Kollegen in dem Buch »Acceptance and Commitment Therapy« (Akzeptanz und Verpflichtung; 2003) hervorgehoben worden. Auch aus ihrer Sicht muss es nicht den Verzicht auf die Möglichkeit bedeuten, ein besseres Leben zu führen, wenn man die weit reichenden Begrenzungen unserer Hoffnungen auf Kontrolle akzeptiert. Im Gegenteil, die Akzeptanz geht mit der

Einstellung einer *kreativen Hoffnungslosigkeit* einher, in der die Person zunehmend bereit ist, partielle Verbesserungen anzustreben, ohne der Illusion anheimzufallen, sie könne den eigenen mentalen oder physischen Zustand völlig kontrollieren. Die Ähnlichkeit zu unserem Begriff des *konstruktiven Fatalismus* ist offensichtlich. Die Haltung der kreativen Hoffnungslosigkeit ist weit entfernt von Passivität: Hayes und Mitarbeiter betonen, dass die Akzeptanz des Unvermeidbaren Hand in Hand geht mit einer klaren Verpflichtung zum verbessernden Handeln. Wie diese Autoren werden wir die *Dialektik von Akzeptanz und Aktion* in den Mittelpunkt dieses Buches stellen. Wir glauben, dass die *tragische Weisheit* darin besteht, eine Synthese zwischen den beiden zu erreichen.

2. Schlechte Handlungen können positiven Eigenschaften entstammen

Diese Annahme ist konträr zum dämonisierenden Denken, bei dem schädigende Handlungen direkt mit negativen inneren Eigenschaften verbunden werden. In der tragischen Perspektive können selbst Handlungen, die zu sehr negativen Konsequenzen führen, von Eigenschaften stammen, die von positivem Wert sind oder waren. Sie waren vielleicht zu einem bestimmten Zeitpunkt des Lebens sehr wichtig, sind aber heute erstarrt, überzogen und von den veränderten Lebensumständen abgekoppelt. Diese Vorstellung wird im Konzept der Hybris verdeutlicht, das eine zentrale Rolle in der klassischen Tragödie spielt. *Hybris* bedeutet, dass genau durch die Eigenschaften, die zum Erfolg geführt haben, eine unkritische Haltung befördert wird, die zum Desaster führt. Dies lässt sich an der Geschichte von Ödipus zeigen. Seine königliche Verantwortung, seine Wahrheitsliebe und die Gewissheit, dass er alle Rätsel lösen könne (schließlich hatte er die Sphinx besiegt!), brachten ihn dazu, mit aller Macht zu versuchen, das Geheimnis herauszufinden, das ihn schließlich zerstörte. Hybris, wenn auch nicht unbedingt unter diesem Namen, ist ein wohlbekanntes Phänomen: Es ist die Weigerung, die eigenen Grenzen zu akzeptieren, und der Glaube, dass die positiven eigenen Kräfte oder »der gute Stern« Trumpfkarten sind.

Die Gefahren des allzugroßen Erfolgs sind uns aus verschiedenen Bereichen gut vertraut. In der Weltgeschichte zählen Napoleon und Hitler zu den berühmtesten und berüchtigsten Opfern ihrer eigenen Selbstüberschätzung. Aber Hybris hat auch unzählbare tagtägliche Opfer. Nicht wenige Familienunternehmen sind beispielsweise daran gescheitert, dass die intuitiven Unternehmensstrategien der Gründer »zu erfolgreich« waren und so im Erfolg das Maß angemessenen Wachstums nicht mehr im Blick blieb (Burlingham, 2005) beziehungsweise dass fehlende Selbstreflexion dazu führte, dass sich die Führungspersönlichkeit gegen eine Irritation ihres Selbstbildes immunisierte und so vergangene Erfolgsmuster nicht mehr hinterfragte (Nagel u. Wimmer, 2002, S. 40f.). Wenn der Mensch vergisst, wie begrenzt seine Macht ist, wie sehr sein Wissen Stückwerk ist und wie labil sein Glück, dann ist er in Gefahr.

Die Einsicht, dass die Handlungen eines Menschen nicht notwendigerweise Ausdruck seiner guten oder schlechten Eigenschaften sind, kann Empathie befördern. Wenn man daran glaubt, dass im Kern selbst des am irrationalsten erscheinenden Verhaltens ein menschliches, verstehbares Streben nach Wachstum und Entwicklung liegt, dann kann versucht werden, sich damit zu verbinden. Das Geheimnis der therapeutischen Empathie ist genau dieser Versuch, den positiven menschlichen Kern hinter unpassenden Verhaltensformen zu finden und auszudrücken. Diese Haltung ist weit entfernt davon, nur passiv das Leiden des Klienten widerzuspiegeln. Sie bezieht sich auf die adaptive Seite des Verhaltens eines Klienten, selbst wenn dieser sich problematisch oder ungebärdig verhält (Rogers, 1981, Kohut, 1999, Satir, 1990). Das bedeutet nicht, dass die Handlungsweisen des Klienten gut geheißen werden, sondern dass ihre adaptive Seite nicht geringer gesehen wird als die potentiell schädigende. Anstatt mit einer psychodämonischen Logik nach der negativen Essenz hinter scheinbaren positiven oder neutralen Handlungen zu suchen, hält die tragisch-akzeptierende Therapeutin nach der positiven menschlichen Seite hinter den augenscheinlich negativen Manifestationen des Klienten Ausschau.

3. Der Andere ist uns ähnlich

Aristoteles schrieb den therapeutischen und reinigenden (kathartischen) Wert der Tragödie der Tatsache zu, dass sie Mitleid und Furcht erzeugt: Mitleid mit den Leiden der tragischen Figur und Furcht, dass ein ähnliches Schicksal unser eigenes sein könnte. Somit reinigt das tragische Drama durch Identifikation. Wenn die tragische Figur als eine grundsätzlich andere Person wahrgenommen werden würde, könnte der Zuschauer das Geschehen so nicht mitverfolgen und die heilende und reinigende Funktion der Tragödie käme nicht zustande. Der Prozess der Dämonisierung geschieht durch Nicht-Identifikation – der Andere wird mehr und mehr als grundverschieden von uns angesehen (vgl. Kapitel »Prämissen einer dämonischen Sicht«). Im Gegensatz dazu wirkt die Katharsis der Tragödie durch Überwindung der Fremdheitserfahrung; wir werden sozusagen selbst zu Macbeth, Othello, Ödipus und Medea.

Um das Bild des anderen als feindlichem Fremden aufrechtzuerhalten, muss man annehmen, dass hinter jeglichen scheinbar positiven oder neutralen Handlungen negative Absichten, Motive und Gefühle schlummern. Das Verborgene gilt somit realer als das Manifeste (Erdheim, 1994). Für die tragisch-akzeptierende Haltung sind jedoch Gedanken, Gefühle und Handlungen gleichermaßen real, es gibt nichts »dahinter« oder »darunter« (höchstens »daneben«). Ödipus denkt, fühlt und handelt vollständig zu jedem Zeitpunkt seiner tragischen Laufbahn. Zu behaupten, dass die Geschichte »in Wahrheit« bedeute, dass Ödipus von seinem Unbewussten beherrscht wurde und dass seine Gedanken und Handlungen nur Anhängsel seiner verdrängten Triebe waren, würde das Tragische in dem Drama völlig auflösen. Dadurch dass wir seinen Handlungen, Gedanken und Gefühlen einen gleichwertigen Wirklichkeitsstatus zumessen, können wir den Anderen als menschliches Wesen wahrnehmen, der uns auch in seinen schlimmsten Verfehlungen im Grunde ähnlich ist.

4. Es gibt keinen privilegierten Einblick in die Erfahrungswelt eines anderen

Die tragische Identifikation wird unmöglich, wenn der äußere Betrachter *besser* als der tragische Charakter weiß, was seine oder ihre »wahren« Gefühle sind. Wüsste der äußere Betrachter, dass Ödipus »in Wahrheit« seine Mutter hatte heiraten wollte oder dass Macbeth »wirklich« jedermann umbringen wollte, gäbe es keine Identifikation und keine Tragödie. Die Annahme eines privilegierten Einblicks in die Erfahrungswelt des Anderen würde das Ende jeder Art empathischer Identifikation bedeuten. Dagegen ist eine dämonische Sichtweise ohne Dämonenheiler oder Experten, die über ein Röntgenbild der Seele des Anderen verfügen, nicht denkbar.

Wieder verweisen wir hier auf die Tradition der Humanistischen Psychotherapie, die schon früh Akzente in diese Richtung gesetzt hat. In der Tradition der europäischen Existenzphilosophien steht hier die unmittelbare Begegnung im Vordergrund, die Bereitschaft, sich auf eine unvertraute Welt einzulassen, »um dem Anderen in seinem Personsein wahrhaftig begegnen zu können« (Schmidt-Lellek, 2006). Das ist etwas ganz anderes als die Suche nach dem Verborgenen, Uneinfühlbaren und Unheimlichen im anderen. Nur von innen her kann der Mensch in seiner Zeitlichkeit und Endlichkeit begriffen werden (Zusammenfassung bei Eckert u. Kriz, 2005, S. 329ff.).

Um sich mit dem Anderen zu identifizieren, ist es notwendig, ihm Schritt für Schritt zu folgen. Im Drama begegnet man den Hexen zusammen mit Macbeth, lauscht ihren beschwörenden Prophezeiungen, fürchtet sich vor ihren schrecklichen Folgen, zögert vor der Tat, wird in den Strudel der blutigen Akte hineingezogen und entwickelt nach und nach Gefühle von Entsetzen und Verzweiflung. Natürlich kennt der Zuschauer die Geschichte meist schon vorher, aber er weiß nicht besser als Macbeth, welcher Art dessen Gedanken, Wünsche und Gefühle von Augenblick zu Augenblick sind. Selbst Tiresias, der blinde Prophet, weiß, was kommen wird, aber weiß nicht besser als Ödipus, was Ödipus erlebt. Wüsste man es besser, würde die Identifizierung in sich zusammenfallen. Das gilt genauso für Psychotherapeuten wie Ehemänner, Ehefrauen, Eltern und Kinder: Es ist unmöglich, sich mit jemandem zu identifizieren, wenn man glaubt im Besitz eines privilegierten Einblicks in die verborgenen Nischen des Geistes eines anderen zu sein. Die Vorstellung: »Ich weiß besser als du, was du wirklich empfindest!«, hat mit Empathie nichts zu tun. Ein äußerer Beobachter mag einen breiteren Kontext im Sinn haben, mehr Lebenserfahrung oder eine bessere Intuition, was die Zukunft angeht; die Annahme jedoch, man kenne die innere Erfahrung des anderen besser als er selbst, kann zur Verdrehung jeden Dialogs führen. Niemand kann behaupten Gedanken, Gefühle oder Erinnerungen des Anderen zu kennen.

Dennoch ist der Glaube an einen privilegierten Einblick in den anderen (vgl. die fünfte dämonische Annahme im vergangenen Kapitel) bis heute für viele Menschen eine tief verwurzelte Denkgewohnheit. Man glaubt fest, man sei in der Lage, die Gedanken des Anderen lesen zu können (oder umgekehrt). Die natürliche Reaktion darauf ist Ärger. Was in der Psychotherapie als »Widerstand« bezeichnet wird, mag vielfach mit der berechtigten Indignation über den beanspruchten privilegierten Einblick eines Therapeuten zu tun haben. Das gilt auch für den Ärger, der von vielen Eheleuten oder Heranwachsenden empfunden wird, wenn der Partner oder ein Elternteil Behauptungen über ihre »wirklichen« Gefühle geltend machen.

Wenn man diese Grundhaltung ernst nimmt, bedeutet das, sich in jeder zwischenmenschlichen Situation davor zu hüten, die eigene Sicht von der Erfahrung des Anderen über die des Anderen zu stellen. Eine Beraterin mag ihren Eindruck von dem, was sie glaubt, das der Klient empfinde, in Worte fassen. Sie kann dabei sehr gute Formulierungen finden, vielleicht sogar bessere als die des Klienten. Dennoch braucht es die innere Zustimmung des Klienten, damit es zu einer Passung seiner inneren Erfahrungswelt mit der ausgedrückten therapeutischen Empathie kommt.

5. Radikale Lösungen vergrößern oft das Leiden

Die größten Tragödien erwachsen oft aus den größten Träumen. Versuche, das Böse auszurotten, werden oft von dem Gefühl begleitet, die Erlösung sei nahe. Paradoxerweise kann sich der Versuch, das Leiden zu beenden, indem man seine vermeintliche Quelle ausschaltet, als verheerend erweisen. Die Tragödie als künstlerische Kategorie verleiht dieser schicksalhaften Ironie Ausdruck: Sie beschreibt die entscheidenden Unterfangen des Protagonisten als zerstörend anstatt erlösend. Eine ähnliche Ironie kann viele Tragödien des realen Lebens charakterisieren, bei denen die Aufspaltung in Gut und Böse und der Verdacht, etwas würde verborgen, einen missionarischen Eifer erzeugt. Die sich daraus ergebende militante Einstellung verschlimmert häufig die Situation erheblich – und ein Blick in die aktuelle weltpolitische Lage macht schnell eine ganze Reihe Beispiele für solche Vorgänge deutlich, in denen die vermeintliche Lösung zum eigentlichen Problem geworden ist. Prinzipiell »Wurzelbehandlungen« zu bevorzugen und ein weniger radikales Vorgehen herabsetzend als »kosmetisch« zu bezeichnen, spiegelt diese dämonische Prämisse wider.

Bei einem unserer Fälle drängte eine junge Frau ihre Eltern zu einer radikalen Aknebehandlung durch plastische Chirurgie. Mit Hilfe des Hausarztes und einer talentierten Kosmetikerin gelang es den Eltern und dem Therapeuten, sie anstatt dessen zu einem Programm symptomatischer und kosmetischer Verbesserung zu überreden.

In diesem Sinn werden wir im nächsten Kapitel versuchen, die therapeutische Selbstbeschränkung zu rehabilitieren. Tatsächlich ist unsere Arbeit in dieser Richtung keineswegs erstmalig. In der Geschichte der Psychotherapie ist die Idee der völligen Heilung als therapeutisches Ziel mehr und mehr bescheideneren Zielen gewichen wie subjektives Unwohlsein zu verringern und zu lernen, mit Begrenzungen zu leben. So wurde schon früh in der Verhaltenstherapie die abwertende Konnotation des Begriffs »symptomatische Behandlung« kritisiert. Es konnte gezeigt werden, dass die verhaltenstherapeutische Behandlung von Symptomen, anstatt eine »Symptomverschiebung« hervorzurufen, oft zu einem »Welleneffekt« führte, also mit Verbesserungen in unbehandelten Bereichen einherging (Bandura, 1969). In der personenzentrierten Gesprächspsychotherapie liegt der Schwerpunkt auf einem nicht manipulativen Beziehungsangebot des Therapeuten an den Klienten, der dadurch in die Lage versetzt werden soll, zu sich selbst eine gewährende und die eigenen Grenzen akzeptierende Beziehung aufzunehmen (Eckert u. Kriz, 2005). Die lösungsorientierte Therapie sieht trotz ihres Namens ihr Ziel nicht im Finden großer und endgültiger Lösungen, vielmehr wird das Ziel in der minimalen Verbesserung gesehen, die für den Ratsuchenden signifikant sei (de Shazer, 1989). Und doch, bis heute sind die Bilder von einer »wirklichen Heilung« in der Diskussion lebendig, besonders in populärpsychologischen Alltagstheorien. Man könnte vermuten, dass da, wo sich diese Rhetorik besonders manifestiert, dämonische Prämissen am aktivsten sind.

6. Die Allgegenwärtigkeit des Leidens erfordert Akzeptanz, Mitleiden und Trösten

Akzeptanz, Mitleiden und Tröstung könnten aus einer dämonischen Weltsicht als etwas angesehen werden, das eine Haltung der Passivität und Resignation widerspiegelt. Mitleiden wird als herablassend empfunden, Trost als unechter Ersatz für wahre Lösungen. Die »tragische Triade« von Akzeptanz, Mitleiden und Trösten erscheint dann als Unfähigkeit, einen Grad des technischen Fortschritts oder die Tiefe einer Heilung zu erreichen, die sie überflüssig machen würde. Wer nach der dämonischen Logik eine endgültige Lösung sucht, für den sind Akzeptanz, Mitleid und Trost besonders dann fehl am Platz, wenn sie auf ein Objekt der Verdächtigung gerichtet sind. So wurden derartige Haltungen als Ergebnis satanischer Täuschung interpretiert, deren Ziel es war, den Eifer des Gläubigen zu verringern. Die Gläubigen wurden im »Hexenhammer«, der Abhandlung über Hexen, die zum Handbuch der Inquisition wurde, davor gewarnt, eine unangebrachte mitleidige Haltung gegenüber Hexen einzunehmen. Solch eine Einstellung konnte nur vom Teufel eingegeben sein und würde zur schlimmst vorstellbaren Sünde führen, die praktisch selbst Hexerei wäre (Nesner, 1999).

Akzeptanz, Mitleid und Trost sind die entscheidenden Stationen auf dem Weg, den eine tragische Sicht nahelegt. Zu den herausstechenden Momenten im tragischen Drama gehören die abgeklärten Augenblicke, wenn die Akzeptanz des Protagonisten die Schicksalserfahrung von der antagonistischen zur liebevoll annehmenden Kraft umwandelt. So sagt Lear zu Cordelia auf ihrem Weg in den Kerker:

> »… Komm, laß uns ins Gefängnis gehen!
> Vögeln im Käfig gleich woll'n wir dort singen.
> Wenn du dort meinen Segen willst, dann knie ich
> Nieder vor dir und bitt dich um Verzeihung.
> So woll'n wir leben, beten, singen und
> Lachen und alte Märchen erzählen
> Und über goldene Schmetterlinge lachen
> Und arme Kerle hören, die da plaudern
> Vom Hofklatsch, und wir plaudern dann mit ihnen,
> Wer siegt und wer verliert, wer drin ist und wer draußen.
> Wär'n wir Gott's Engel, und wir überdauern
> In unsrer Kerkerwände Schutz die Rotten
> Und Bündnisse der Großen, die verebben
> Und fluten, wie der Mond steht.«
>
> William Shakespeare, König Lear (V, iii)

Die Triade von Akzeptanz, Mitleid und Trost ist schon seit Urzeiten als hilfreich für Helfer wie für Leidende angesehen worden. Sie hat demgegenüber vergleichsweise wenig Aufmerksamkeit in der psychotherapeutischen Literatur erregt.[1] Ein wichtiger Schritt in dieser Richtung war das erwähnte Modell von Hayes et al. (2003). Die Autoren verglichen die Versuche von Menschen, ihre eigenen negativen Seelenzustände auszurotten, mit den Anstrengungen von jemandem, der in ein Loch geraten ist und durch Graben wieder herauskommen will. Solche Unterdrückungsversuche gehen vermutlich damit einher, dass jemand seine eigenen negativen inneren Zustände als völlig inakzeptabel erlebt. Versuche, diese ne-

---

1 Akzeptanz ist oft als angemessene therapeutische Haltung gegenüber dem Klienten diskutiert worden. Jedoch ist der Akzeptanz der eigenen Grenzen und der eingeschränkten Besserungsmöglichkeiten weit weniger Aufmerksamkeit geschenkt worden.

gativen Zustände in sich selbst zu kontrollieren, können dazu führen, dass die ganze Aufmerksamkeit eines Menschen negativ gebunden wird und sich verfestigt. Wer akzeptiert, dass keine endgültige Lösung erzielbar ist, kann bereit sein zum Mitleid (auch mit sich selbst) und ist so viel eher in die Lage, die negativen Emotionen positiv zu beeinflussen. Natürlich verschwinden sie nicht einfach, wenn man anfängt, sie anzunehmen. Doch die Erfahrung des Trostes lässt sie leichter werden, und die Person leidet weniger.

Das Buch von Hayes et al. ist eine Schatzkiste voller Metaphern, Übungen und Modellen, die helfen, eine flexible Haltung der Akzeptanz zu entwickeln. Dabei sind die Autoren weit davon entfernt, passive Resignation zu unterstützen, und erweisen sich als unerschütterlich darin, an Verbesserungen zu arbeiten. Ihre Haltung drückt sich beispielsweise in ihrem Versuch aus, im Klienten eine Bereitschaft zu fördern, sich Zielen zu verpflichten und sich von ihnen anziehen zu lassen. Die Verpflichtung hat jedoch eine tragische Note, denn sie bringt es mit sich, dass man auch seine Begrenzungen akzeptiert.

Eine Reihe der beschriebenen dämonischen und tragischen Prämissen sind in der folgenden Fallgeschichte erkennbar, mit der wir das Kapitel abschließen. Wir werden uns in Kommentaren zwischendurch immer wieder darauf beziehen. Diese sind jeweils kursiv gesetzt.

Fallgeschichte 4: »Wer will ein Monster als Mutter haben?«

Nachdem Ralph sein zweites Studienjahr in Computerwissenschaften mit besten Noten beendet hatte, hatte er das Gefühl, keine Energie oder Lust zum weiteren Studieren zu haben. In zwei Therapien, denen Ralph sich unterzogen hatte, fühlte er sich akzeptiert und verstanden, aber er glaubte nicht, dass ihm geholfen wurde. Nachdem er seiner enttäuschten Mutter gesagt hatte, dass er nicht zurück zur Universität gehen würde, bat er sie um Geld für eine weitere Beratung. Sie stimmte zu.

Ralph nahm im Erstgespräch mit dem Berater keinen Augenkontakt auf, und seine Stimme und Körperhaltung vermittelten den Eindruck von jemandem, der mit sich selbst spricht. Er habe das Gefühl, ein unbegabter Schwindler zu sein, mit einem enormen Bedürfnis, anerkannt zu werden. Jede Ermutigung tat er als wertlos ab. Seine Lehrer und Kommilitonen hielten ihn für clever, aber sie hätten keine Vorstellung von der Mühe, die ihm schon die kleinste Aufgabe mache. Alle Schlauheit und alles Talent in der Familie seien seiner älteren Schwester zugefallen. Sie sei als Akademikerin so brillant, wie seine Mutter es sich immer für ihn erhofft habe. Sie sei zudem hübsch, gesellig und glücklich verheiratet.

Ralphs Mutter war Kunstlehrerin. Sie und sein Vater hatten sich scheiden lassen, als Ralph dreizehn war; sein Vater hatte sofort wieder geheiratet. Ralph beschrieb seine Mutter als eine kontrollierende und kritische Person; seinen Vater als großzügig und gelassen, obgleich die Beziehung zu seiner neuen Frau diese Eigenschaften einschränkten. Die Mutter habe versucht, Ralph zu warnen: Seine fortdauernde Bindung an seinen Vater sei ein Fehler. Ralph werde schon noch merken, dass sein Vater nie etwas für ihn übrig gehabt habe, er werde Ralph nach seinem Tod nicht einen Cent hinterlassen. Ralph hatte das Gefühl, dass ihr Hass auf seinen Vater sie blind machte und auch ihre Beziehung zu ihm verzerrte.

Er glaubte, er sei depressiv und habe keine Selbstachtung, weil seine Mutter ihn nie geliebt oder geschätzt habe. Sie habe nur gewollt, dass er ihre Träume erfülle oder dass er eine »Neuauflage« seiner Schwester sei. Seine frühesten Erinnerungen waren die der Kälte, wenn er sie enttäuscht hatte. Als er heranwuchs, seien ihre Forderungen immer aggressiver geworden. Sie ermutige ihn nie, wenn es ihm schlecht gehe; im Gegenteil, sie werde dann äußerst bissig. Um dem die Krone aufzusetzen, leugne die Mutter ihre negativen Gefühle sogar vor sich selbst. Jedoch, gerade in dem Ton, mit dem sie ihre negativen Gefühle ihm gegenüber verneine, spüre er ihren Abscheu. Abgelehnt zu werden und zu erleben, wie die Ablehnerin ihre Ablehnung leugnete – das sei die Quelle all seiner Schwierigkeiten.

Sowohl Ralph wie auch seine Mutter beschuldigen eine andere Person ihrer Leiden: Ralph beschuldigt seine Mutter und die Mutter beschuldigt Ralphs Vater. Ralph empfindet, dass sein Leiden völlig der Ablehnung seiner Mutter zuzuschreiben sei: Sie sei so ablehnend ge-

wesen, wie er sich elend gefühlt habe. Der dämonische Ton dieser Zuschreibung wird verstärkt durch Ralphs Überzeugung, seine Mutter leugne ihre Gefühle, was ihre Ablehnung anbelangt. Die Anschuldigungen Ralphs und seiner Mutter führen zu einer beidseitigen Eskalation: Beide versuchen, den anderen von seiner beziehungsweise ihrer Sicht zu überzeugen, und da der andere unüberzeugt bleibt, verdoppeln sie jeweils die Anstrengungen. Diese eskalierende Spirale ist typisch für Interaktionen, die den Regeln der dämonischen Sicht folgen.

Ralph sagte, das Verhalten seiner Mutter strafe ihre Erklärungen Lügen. Sie sage, sie erwarte nichts von ihm, fahre aber fort, das Äußerste von ihm zu erwarten. Wegen seiner Drohungen, das Studium abzubrechen, habe sie gelernt, so zu reagieren, als wäre »befriedigend« eine gute Note. Aber er wusste, dass sie das gar nicht glaubte, er glaube es auch nicht. Darüber hinaus habe er das Gefühl, nicht einmal diese befriedigenden Noten zu verdienen.

In der dämonischen Logik ist nichts so, wie es scheint. Ausgedrückte Akzeptanz ist keine »wirkliche« Akzeptanz, zufrieden sein mit »befriedigend« ist kein zufrieden sein und selbst die befriedigenden Zensuren sind nicht, was sie zu sein scheinen. Das Negative, das unter der Wirklichkeit verborgen liegen soll, macht alle positiven Vorgänge ungültig.

Ralph lebte allein, kam aber jeden Freitag in das Haus seiner Mutter. Diese wöchentlichen Zusammenkünfte wurden durch Anfälle gegenseitiger Beschuldigungen stark beeinträchtigt. Ralph warf ihr ihren Mangel an Liebe vor und sie beschuldigte ihn, sich an ihr für seine eingebildeten Krankheiten zu rächen. Vor kurzem hatte Ralph ihr gesagt, er werde nicht zu einem Feiertagsessen kommen. Er sagte, es wäre für ihn sinnlos zu kommen, denn seine Schwester würde alle Liebe auf sich ziehen, er würde deprimiert sein und sowieso die ganze Feierlichkeit zerstören. Schließlich, nachdem die Mutter ihn wiederholt gebeten hatte, willigte er ein zu kommen. Er kam in finsterer Laune an und als er die Unzufriedenheit seiner Mutter bemerkte, fragte er sie, ob sie es nicht besser gefunden hätte, wenn er nicht gekommen wäre. Sie bejahte und das verletzte ihn noch mehr. Sie gab also ihren Hass auf ihn zu! Wenn es nach ihr gegangen wäre, hätte sie es vorgezogen, ihn nicht dabei zu haben. Jetzt werde er sie dazu bringen, ihre wahren Gefühle offenzulegen! Er fing an, mit ihr zu streiten, und fand, dass die Art, wie sie mit ihm argumentierte, der konkrete Beweis für alle seine Behauptungen war.

Beide befanden sich in einer paradoxen Situation, die für die Mutter die Form hatte: »Du bist verdammt, wenn du es tust, und verdammt, wenn du es nicht tust!«, und für Ralph darin bestand, dass er nichts wirklich glauben konnte, außer der negativen Antwort. Das erinnert an die alten Hexenproben. Wenn die »Hexe« die Wasserprobe (bei der sie ein paar Minuten lang unter Wasser gehalten wird) überlebt, ist ihre Schuld bewiesen und sie wird auf dem Scheiterhaufen verbrannt; wenn sie ertrinkt, zeigt sie damit ihre Unschuld, aber sie ist tot.

Erst in seinen vorangegangenen Therapien habe Ralph »endgültige Klarheit« darüber gewonnen, wie sehr er als Kind abgelehnt worden sein müsse. Der letzte Therapeut war so überzeugend in seiner negativen Sicht der Mutter gewesen, dass Ralph sich plötzlich selbst dabei entdeckte, dass er dafür sprach, dass seine Mutter so schlimm nun auch wieder nicht gewesen sei!

Der neue Berater erkundigte sich nun nach gelegentlichen positiven Reaktionen der Mutter und nach den Umständen, unter denen sie vorkamen. Ralph sagte, sie benehme sich erträglich ihm gegenüber, wenn er sich gut fühle, aber sie sei extrem abweisend, wenn er deprimiert sei. Herabsetzend fügte er hinzu, dass seine Mutter behaupte, sie versuche nur, ihn aus seiner Depression herauszuholen. Der Berater sagte, es sehe so aus, als fühle sie sich sehr bedroht von seiner Depression: Sie reagiere wie in Panik.

Die dämonische Logik ist prinzipiell und schwarz-weiß: Die innere Einstellung der Mutter kann nur entweder liebevoll oder abweisend sein; es gibt keine mittlere Position. Die tragische Sicht ist kontextuell, schattiert und vielseitig: Je nach den Umständen könnte sie akzeptierender oder zurückweisender sein. Außerdem könnte das, was wie Zurückweisung aussah, eine panische Reaktion auf Ralphs Depression sein. Der Therapeut versuchte, eine Verschiebung von der dämonischen zur tragischen Sicht zu ermöglichen: Die Reaktionen der Mutter könnten, selbst wenn es für Ralph schmerzlich wäre, verständlich sein, wenn sie im Kontext gesehen würden.

Nach und nach gab es während der Beratungssitzungen einen Wandel bei Ralphs Aufmerksamkeitsfokus, und er begann, über das Leben seiner Mutter zu sprechen. Ihr jüngerer Bruder war aus der Schule ausgestiegen und später auch aus der Arbeit. Die Eltern hatten ihn immer für zart und sensibel gehalten, deshalb hatten sie ihn zu Hause bleiben lassen in der Hoffnung, er würde sich berappeln. Stattdessen vertiefte sich seine Depression. Er arbeitete sporadisch, zog sich zurück und lebte bis in die Gegenwart hinein bei seiner Mutter. Er war nicht die einzige depressive Person in der Familie. Der Vater der Mutter war durch eine Reihe von depressiven Episoden gegangen und war jahrelang medikamentös behandelt worden. Die Frage, ob Ralph nicht etwas von dem depressiven Zug der Familie abbekommen hatte, bejahte er: Er war schon immer traurig gewesen und hatte wiederholt über Suizid nachgedacht. Der Berater fragte, ob diese depressive Tendenz nicht vielleicht die Reaktionen der Mutter verschärft habe: sich einem Kind gegenüber zu sehen, das sie an ihren eigenen Bruder und Vater erinnerte, hatte vielleicht bei ihr das dringende Bedürfnis hervorgerufen, das zu befürchtende Ergebnis zu verhindern. Der Ehrgeiz der Mutter wäre so gesehen eine verständliche Form von Engagement und Liebe. Obgleich diese Möglichkeit Ralph faszinierte, war er doch nicht bereit, sie zu akzeptieren. Eine tragische Um-Schreibung des Bildes der Mutter musste noch verschoben werden.

Obgleich sich Ralph zu dieser Zeit weigerte, an einer gemeinsamen Sitzung mit seiner Mutter teilzunehmen (bei seinen früheren Therapien hatten sich solche Sitzungen als verheerend erwiesen), stimmte er zu, dass sich der Berater allein mit ihr traf. Der folgende Dialog wiederholte sich in verschiedenen Formen bei den drei Sitzungen, die der Berater mit der Mutter wahrnahm:

Mutter: Er will Aufmerksamkeit und er will Rache. Er nimmt die Märtyrerposition ein, um mich für alles Übel zu bestrafen, das ich ihm vermeintlich zugefügt habe. Er sieht nur die negative Seite von allem. Das gibt ihm das Recht, Schuld zuzuweisen und aufzugeben. Wann immer etwas Gutes geschieht, konzentriert er sich so sehr auf das Negative, dass er schließlich aufgeben muss. Sein Pessimismus ist nur eine Ausflucht, um sich aus der Verantwortung zu stehlen. Immer zerstört er jede positive Gelegenheit, bloß um weiter zu beschuldigen, sich zu beklagen und aufzugeben. In dem Augenblick wo er das Haus betritt und aussieht, als ob er von seiner eigenen Beerdigung kommt, weiß ich, was mich erwartet. Ich bin immer die Schuldige: Ich hätte ihn nie geliebt, nie akzeptiert und hätte immer seine Schwester vorgezogen.

Berater: Wie reagieren Sie auf seine Anschuldigungen?

Mutter: Ich versuche, ihm zu zeigen, dass es nicht so ist. Dass ich ihn genau so viel liebe wie sie. Aber er will das nicht akzeptieren!

Berater: Ich glaube, dass er die falschen Schlüsse zieht, aber vielleicht nimmt er etwas wahr, was es gibt – in der Art, wie Sie ihre Zuneigung zu ihm ausdrücken. Ich könnte mir vorstellen, wenn man seine ständige Traurigkeit und Ihre Furcht einbezieht, dass in der Interaktion, die sich zwischen Ihnen beiden entwickelt hat, ein Unterschied zu der Beziehung zwischen Ihnen und Ihrer Tochter besteht. Vielleicht interpretiert Ralph das als einen Mangel an Liebe?

Der Berater schlägt eine Alternative vor zu der Richtig-Falsch-Dichotomie der Mutter hinsichtlich Ralphs Meinung von ihr. Seine Schlussfolgerungen mögen falsch sein, aber er versuche, sich empathisch auf das innere Erleben beider Seiten einzustellen (das entdämonisierende Gesprächsmodell wird im folgenden Kapitel ausführlicher beschrieben).

Mutter: Was meinen Sie?

Berater: Ich nehme an, dass Sie es mit ihrer Tochter leichter hatten. Ihr Sohn war ein schwieriges Kind, oft elend, wütend und gereizt. Sie konnten ja gar nicht umhin, anders auf ihn zu reagieren.

Mutter: Aber er glaubt, ich hätte seine Depression verursacht!

Berater: Ja, das glaubt er, und vielleicht wird er das auch in Zukunft glauben. Wir wissen jedoch, dass eine Depression viele Hintergründe hat. Seine früheren Erfahrungen mögen einer sein, aber vielleicht nicht einmal der wichtigste. War er als Kind sehr anders als jetzt?

Mutter: Nein, er war immer traurig und wütend. Und immer sehr empfindlich, wenn er von anderen Kindern abgelehnt wurde oder von der Kindergärtnerin, von jedermann. Er war immer unsicher, selbst wenn er gute Zensuren bekam.

Berater: Ich verstehe, er war so von früher Kindheit an. Er war oft niedergeschlagen und Sie haben sich verständlicherweise hilflos und frustriert gefühlt. Ich schätze, dass Sie bei Ihrer Familiengeschichte sicherlich sehr erschreckt waren angesichts Ralphs depressiver Tendenzen. Sorge, Frustration und sogar Ärger mussten einfach aufkommen. Und wie würde Ralph reagieren? Mit Frustration und Ärger! Ein vermutlich für Sie beide sehr schlimmer Kreislauf, stelle ich mir vor.

Mutter: Versteht er das?

Berater: Nein, und ich fürchte, er wird es auch nicht, jedenfalls für einige Zeit. Eine depressive Person ist zunächst nicht in der Lage, mehr als den eigenen Schmerz zu sehen. Wenn Ihnen ein Zahnarzt einen Zahn aufbohrt, können Sie nicht besonders gut über jemand anders nachdenken. Der Schmerz allein zählt. Deshalb ist die Wahrscheinlichkeit, dass Ralph schon jetzt die Dinge anders sieht, ziemlich gering.

Mutter: Was kann man tun?

Berater: Ich bin nicht sicher. Ganz offenbar helfen Ihre Versuche nicht, ihn davon zu überzeugen, dass Sie ihn genauso lieben wie Ihre Tochter. Vielleicht können Sie ihm sagen, dass sie tatsächlich ihm gegenüber angespannter (oder: weniger entspannt) waren. Wenn er hört, dass seine Wahrnehmung richtig war, bedeutet das ja nicht, dass Sie Schuld haben.

Mutter: Ich habe Angst vor seiner Reaktion. Er könnte wüst toben, wenn ich zugäbe, dass ich immer angespannter bei ihm war.

Berater: Vielleicht wird es Ralph schwer fallen, das zu hören, aber er bekommt so eine Bestätigung, dass seine Empfindungen nicht völlig ohne Grund waren.

Die Mutter meinte, dass sie die Anwesenheit des Beraters bräuchte, um ihm das sagen zu können. Ralph verweigerte aber noch immer eine gemeinsame Sitzung. Doch die Spannung in ihrer Beziehung zu Ralph begann nachzulassen. Ralph fand einen Job in einem Supermarkt. Anfangs war die Mutter wütend darüber, dass Ralph, anstatt zur Universität zurückzukehren, seiner »selbstzerstörerischen« Neigung folgte *(der Glaube an einen »selbstzerstörerischen Trieb«, der gegen das eigene bessere Wissen agiert, ist ein typisches Konstrukt dämonischer Logik).* Der Berater sagte, Ralphs Entscheidung sei vielleicht vernünftig. Sein Hauptproblem sei nicht das Studium, sondern seine Tendenz, in Konfliktsituationen aufzugeben. Der neue Job könnte Ralph eine Möglichkeit bieten, Alternativen auszuprobieren. Der Berater verpflichtete sich gegenüber der Mutter, Ralph zu helfen, die neue Situation zu diesem Zweck zu nutzen. Die Mutter hörte auf, Ralph wegen seiner Entscheidung zu bedrängen. Das führte zu einer weiteren Verminderung der Spannung zwischen den beiden. Nach und nach stimmte Ralph einer gemeinsamen Sitzung zu.

Am Anfang dieser Sitzung war Ralph trübsinnig und still. Die Mutter öffnete sich nach und nach. Sie sagte, sie empfinde sich als totale Versagerin. Ihre ganzen Hoffnungen, sie könne Ralph aus seinen Schwierigkeiten heraushelfen, bereiteten ihm nur noch mehr Schmerz. Nichts, was sie getan habe, schien je hilfreich gewesen zu sein. Jahrelang hatte Ralph gesagt, dass ihre Beziehung zu ihrer Tochter anders gewesen sei. Sie habe das immer verneint. Sie habe jedoch darüber nachgedacht und glaube, dass er in gewisser Weise Recht habe. Nicht, dass sie ihn weniger liebe, aber sie habe Angst vor ihm. Sie wolle ihn damit nicht anklagen, sondern nur etwas zugeben. Sie liebe ihn genauso sehr, wie seine Schwester, aber die Beziehung sei eine andere gewesen: schwieriger, angespannter, weniger angenehm. Es sei wahr, dass sie wütend sei. Die Wut entspringe ihrem Gefühl des Versagens und der Frustration. Es stimme, dass sie immer viel von ihm erwartet hatte. Sie könne nicht nichts erwarten, wenngleich sie wisse, dass das nicht hilfreich sei. Sie fühle sich dann voller Anspannung, die sich Ralph mitteile. Deshalb fühle sie sich immer wie unter einer Lupe, schlimmer, wie unter einem Mikroskop. Nach kurzem Schweigen sagte Ralph, sehr ruhig, dass er sie wirklich wie unter einem Mikroskop ansehe. Überraschenderweise lachten beide. Dann sagte die Mutter, sie sehe ihn auch wie unter einem Mikroskop.

Der Bericht der Mutter spiegelt eine sich entwickelnde tragische Perspektive: Keiner von ihnen hatte negative Motive, stattdessen schienen die Schwierigkeiten zwischen ihnen tragischerweise aus guten Absichten zu erwachsen. So wurde es für die Mutter möglich, über ihre schädlichen Reaktionen zu sprechen, ohne Schuld auszuteilen oder auf sich zu nehmen. Deutlich wird auch, wie unter der Bedingung von Misstrauen und Anspannung beide Seiten einander aufs Genaueste beobachten.

Ralphs Beziehung zu seiner Mutter verbesserte sich weiterhin langsam. Aber dann geschah etwas Trauriges, das die Beziehung erheblich belastete: Ralphs Vater starb. Ralph entschloss sich, die Trauerwoche für seinen Vater in seinem Apartment zu verbringen. Am Ende der Woche schien Ralph in Depression zu versinken. Er ging nicht zur Arbeit zurück, weigerte sich, das Haus zu verlassen, und war wie besessen von der Vergangenheit, der Scheidung und dem irreparabeln Schaden, den die Mutter bei ihm angerichtet habe. Die Mutter, die ihn täglich während der Trauerwoche mit Nahrung versorgt hatte, begann ihn zu drängen, sich zusammenzureißen. Sie erwähnte dann ein weiteres Mal ein Tabuthema: das väterliche Testament. Ralph werde bald herausfinden, was der Vater ihm hinterlassen hatte! Sie versuchte, Ralph aufzurütteln, indem sie sagte, sie nehme ihm sein Selbstmitleid nicht ab. Er beschuldigte die Mutter der Gefühllosigkeit und Ablehnung. Es kam zur Eskalation. Er versuchte, sie physisch daran zu hindern fortzugehen, und forderte sie auf, offen zuzugeben, dass sie ihn nie gemocht habe. Sie ohrfeigte ihn und ging. Er versank tiefer und tiefer in Groll. Der dämonische Zyklus schien sich wieder durchgesetzt zu haben.

Eine Woche nach dem Zusammenstoß mit seiner Mutter fand Ralph heraus, dass sie Recht gehabt hatte: Sein Vater hatte ihm nichts hinterlassen! Zuerst konnte Ralph es nicht glauben. Nach und nach jedoch fand er einen Weg, an der Vorstellung festzuhalten, dass der Vater ihn trotz allem geliebt hatte, und zwar, indem er an ihn als einen schwachen Mann dachte, der unfähig gewesen war, seine Position im Leben gegen zwei starke Frauen zu verteidigen. In der Beratung wurde die zeitlich unangemessene Erwähnung des väterlichen Testaments durch die Mutter und die Eskalation mit der Ohrfeige besprochen und in eine tragische Richtung umgedeutet: Die Mutter hatte zuerst versucht, Ralph auf die bittere Wahrheit vorzubereiten, und war dann in Panik verfallen, als sie sah, wie Ralph in eine Depression sank. Zu dem Zeitpunkt sagte Ralph zu dem Berater, die negativen Beschreibungen seiner Mutter in den vorigen Therapien hätten ihn schon immer zum Widerspruch gereizt. Er fügte hinzu: »Wer will schließlich ein Monster als Mutter haben?«

Ralphs Einstellung gegenüber seiner Mutter und besonders die Einstellung der Mutter ihm gegenüber wurden milder. Gelegentlich verfiel er noch immer in Apathie und die Mutter wurde wütend. Aber die Schärfe war nicht mehr da. Der Mutter gelang es sogar, durch ihre gelegentlichen Wutausbrüche ein paar positive Ergebnisse zu erreichen: Sie überredete Ralph, antidepressive Medikamente zu nehmen (was dem Berater nicht gelungen war) und sich eine Wohnung zu kaufen. Selbst Ralph gab zu, dass die Wutanfälle seiner Mutter bei diesen Gelegenheiten einen positiven Einfluss gehabt hätten. Nach zwei Jahren ging Ralph wieder zurück auf die Universität und beendete sein Studium.

Entdämonisierende Dialoge

Frau N. hatte gemeinsam mit ihrem Mann an einer Paartherapie teilgenommen. Ein Nachbefragungsprojekt hatte erlaubt, die Therapie als erfolgreich einzustufen, auch wenn eine Neigung zu bestimmten extremen Einschätzungen und entsprechenden Handlungsweisen immer noch zu beobachten war. Fünf Jahre nach der Nachbefragung erfuhr der Therapeut, dass das Paar sich getrennt hatte, die Trennung verlief, wie nicht anders zu erwarten, dramatisch. Unter den Kämpfen hatte besonders der gemeinsame 11-jährige Sohn zu leiden. Er hatte vor kurzem eine lebensbedrohliche Krankheit entwickelt und es drohte eine Schwerstbehinderung. Frau N. beschrieb sich als am Ende ihrer Kräfte und bat um ein Gespräch.

Zunächst erzählt sie viel, steht unter ungeheurem Druck. Ihr Mann habe den Kontakt völlig abgebrochen, er wolle sein Kind nicht mehr sehen, besonders schlimm sei es, dass er keine Rechnung zahle (der Sohn ist über ihn versichert). So stünden komplizierte und teure Hilfsmittel abholbereit im Sanitätshaus, die dem Sohn im Rollstuhl mehr Spielraum ermöglichen würden, doch sie könnten nicht ausgeliefert werden, da eine Reihe von vorhergehenden Rechnungen noch nicht bezahlt seien. Nachdem einige praktische Optionen durchgesprochen wurden, wird überlegt, welches Ziel das Gespräch noch haben könne. Frau N. wünscht sich, eine neue Perspektive auf das Geschehen zu bekommen und dadurch nicht mehr ganz so stark emotional davon gefangen zu sein. Im Therapieraum steht ein besonderes, selbstgebautes Familienbrett. Es ist in der Mitte unregelmäßig gespalten, so lässt es sich zu einem Ganzen fügen, aber auch in zwei Hälften aufstellen. Sie trennt sofort die beiden Hälften, auf der einen Seite steht der Mann, eine schwarze Figur, allein, auf der anderen Seite sie und der Sohn sowie einige andere Personen und Figuren. Das Brett ist gespalten und sie in ihren Beschreibungen auch, während sie spricht: Ja, der Mann ist ganz schwarz, der ist total böse. Therapeut: »Dann ist er ja wie der Teufel!« – Sie: »Er ist der Teufel.«

In diesem Moment kommt dem Therapeuten eine spielerische Idee. Er fordert sie auf, ein »Symbol für das Menschliche« an ihrem Mann in die Objektskulptur einzubringen. Sie vehement: »Das hat er nicht, da gibt es nichts Menschliches mehr!« Therapeut: »Wenn Sie bei dieser Beschreibung bleiben, vergiften Sie sich auch selbst!« Nach langem Zögern sucht sie eine Muschel und setzt sie neben den Mann. Schlagartig verändert sich die Gesprächsqualität. Statt zu überlegen, wie sie es nun schaffen könne, ihrem Mann »den Rest zu geben«, wie sie vorher gesagt hatte, kommen andere Bilder in ihr hoch, interessanterweise Bilder davon, wie ihr Mann spielt: wie ausgelassen er im Urlaub mit seinen Kindern getobt hatte, gerade mit dem jüngsten. Und ihr wird klar, wie wichtig es ist, dass diese guten Bilder da sein dürfen, und wie gefährlich die Neigung zur Dämonisierung nicht nur für sie, sondern auch für ihren Sohn ist. Das Gespräch endet mit ihrer Entscheidung, mit ihrem Sohn die Fotoalben der Urlaube anzuschauen und das Bild ihres Mannes als lebendigem Menschen in ihm wach zu halten – auch und gerade in einer Zeit, in der das Kind viel von seiner anderen Seite mitbekommen hat.

Wie im Kapitel »Vertrauen und dämonische Erfahrungen« bei der Fallgeschichte 3 (das griechische Familienunternehmen) lässt sich auch hier fragen: Kann eine rigide dämonische Sicht durch so wenig aufgelöst werden? Was ist das Lösungsmittel? Diese Fragen beschäftigen uns in den folgenden Kapiteln.

An dieser Stelle soll keine neue »tragische Therapie« vorgestellt werden, die sich den Hunderten von Methoden anschließt, von denen das Feld bereits überflutet ist. Aus dem Begriff »tragisch« könnte auf düstere und pessimistische Aussichten geschlossen werden – auch das wäre nicht in unserem Sinn. Wir wollen eher versuchen, Facetten eines Dialogs zu systematisieren, die in Gesprächen jeder therapeutischen Orientierung vorkommen können. Sie setzen eine Sensibilität des Beraters für dämonische Beschreibungen voraus, wie sie in den vorangegangenen Kapiteln geweckt werden sollte. Natürlich sprechen Ratsuchende nicht immer in explizit dämonischen Ausdrücken. Jedoch können die Umrisse einer dämonisierenden Logik nach und nach erkennbar werden, wenn man auf die Prämissen achtet, die hinter der Beschreibung eines Problems, der eigenen Person, der nahen Vertrauten und der Gegenspieler liegen könnten, nicht zu vergessen die erhofften Lösungen. Das Bild, das auftaucht, mag durch Schwarz-Weiß-Beschreibungen gekennzeichnet sein, der Ton verdächtigend und feindselig, die Haltung militant und radikal, die phantasierten Mittel drastisch und die Ziele ebenfalls auf einen Sieg oder auf totale Wiedergutmachung ausgerichtet.

Entsprechend darf es nicht das Ziel dieses Buches sein, den Ehrgeiz zu wecken, die dämonische Sicht im Geiste des Klienten durch eine tragische zu ersetzen – immer wieder besteht die Gefahr, sich selbst in dämonisierenden Beschreibungen zu verfangen: Einen

Glauben »mit der Wurzel herauszuziehen« ist ein dämonisches Ziel, nicht ein tragisches, deshalb sprechen wir auch von »entdämonisierenden« und nicht von »antidämonisierenden« Beschreibungen. Das Ziel sollte bescheidener formuliert werden, es kann darin bestehen, Zweifel zu säen, ob die scheinbar perfekte Logik einer dämonischen Ansicht tatsächlich die einzige Beschreibungsmöglichkeit bleiben muss. Wenn ein Ratsuchender beginnen kann, ein nuancierteres Bild zu entwickeln, wenn die Suche nach radikalen Lösungen gemildert wird, wenn Raum gewonnen wird für innere Stimmen, die vorher unterdrückt worden waren, wenn Verdächtigungen nachlassen und Anzeichen von Mitgefühl auftauchen – dann ist die Beschreibung schon nicht mehr so total, dann kann sich die dämonische Sicht in Richtung auf eine tragische Haltung bewegen. Bei all dem versuchen wir, Ratsuchende darin zu unterstützen, den Blickpunkt der eigenen Aufmerksamkeit wegzulenken von dem vermuteten negativen Kern des Problems (»dem inneren Feind«) hin auf die Umstände, die kleineren, aber sich addierenden Modifikationen zugänglich sind. Der entdämonisierende Dialog richtet sich somit unweigerlich auf kleine Schritte und partielle Erfolge.

Der Terminus *tragisch* hat in diesem Buch nicht die Konnotation von einer »Katastrophe« oder einem »grausamen Schicksal«, sondern eher die Assoziation von »akzeptierend«, also die Welt so zu nehmen, wie sie ist, und sich in Richtung kleinerer Verbesserungen in ihr zu bewegen. Deshalb ist auch der emotionale Ton des entdämonisierenden Dialogs, den wir vorschlagen, keinesfalls düster oder pessimistisch. Wir verwenden den Begriff »tragisch« eher in der künstlerischen und philosophischen Bedeutung. In diesem Sinn kamen das Tragische und das Komische im Verbund auf die Welt. Die antike Maske, der »Januskopf«, zeigt ein tragisches Profil auf der einen Seite und ein komisches auf der anderen. Bei Theaterereignissen im klassischen Griechenland wurde eine Trilogie von Tragödien immer mit einer Komödie abgeschlossen. Bei Shakespeare sind das Tragische und das Komische untrennbar miteinander verwoben. Gleichermaßen hat die tragische Sicht oft eine komische Dimension.

Bei einem Gespräch mit einem sterbenden Klienten war einer von uns überrascht, als er und der Klient laut lachten, obgleich sie über das bevorstehende Ende sprachen. Da machte der Therapeut die Bemerkung: »Die Tatsache, dass wir lachen, bedeutet nicht, dass die Situation witzig ist!« Und wieder brachen beide in Gelächter aus.

Die dämonische Aussicht zeigt sich in verschiedenen Facetten: in der Beschreibung des Problems (»Da ist etwas in mir, das mich zerstört«), in der festlegenden Beschreibung von sich selbst und vom anderen (»Er ist ein Sadist, und ich bin ein Masochist«), in der negativen Interpretation von Handlungen (»Das tut sie, um mich zu demütigen«), in der radikalen Zieldefinition (»Wir wollen eine Wurzelbehandlung, ein für allemal«) und in der einseitigen Bewertung von Fortschritten (»Das war nur eine kosmetische Verbesserung«). Bevor wir uns mit den Möglichkeiten beschäftigen, diese verschiedenen Facetten zu modifizieren, möchten wir drei Instrumente hervorheben, die in therapeutischen Dialogen und im Besonderen in entdämonisierenden Dialogen bedeutsam sind: *Reframing, Fragen und Metaphern.*

Reframing

»Reframing« bezieht sich in der psychotherapeutischen Literatur auf Angebote des Beraters oder der Beraterin, die Wirklichkeit auf eine neue Weise zu beschreiben, so dass ein Aha-Effekt entsteht. Die Beziehung zwischen der inneren Landkarte des Klienten und den Vorkommnissen in seinem Leben wird verändert (von Schlippe u. Schweitzer, 1996, 2005). So kann ein Phänomen, das als rein negativ angesehen wurde, nicht nur derart »reframed« werden, dass auch eine positive Seite davon erkennbar ist, sondern dass vielleicht sogar gerade das beklagte Ereignis als besondere positive Chance erscheint. Es geht allerdings nicht darum, »auf Biegen und Brechen« positiv zu werden, sondern eher um die Bereitschaft, die im Gespräch entstehenden Inhalte und Beschreibungen, immer wieder zu hinterfragen, immer wieder in einem anderen Licht wahrzunehmen. Es ist damit weniger eine Technik als vielmehr eine Form, kontinuierlich eine bestimmte Haltung zu vermitteln: Wenn wir Realität gemeinsam miteinander erzeugen und der

Sinngehalt der wahrgenommenen Realität von der eingenommenen Perspektive abhängt, dann kann ein Geschehen dadurch einen anderen Sinn ergeben, dass es in einen anderen Rahmen gestellt wird.

In einem Gespräch klagt der Vater über seine beiden Töchter: »Ich finde es unerträglich, sie haben ständig Streit! Die Türen knallen und wie die miteinander reden, furchtbar!« – »Wie war das bei Ihnen zu Hause?« – »Oh, da gab es das nicht. Mein Vater war so streng, er hat uns hart geschlagen, mein Bruder und ich mussten uns verbünden und fest zusammenstehen! Darum finde ich das ja auch so schlimm, dass die beiden so anders sind.« – »Sie waren damals also so eine Art Notgemeinschaft. Sind Sie denn auch so streng?« – »Nein, ich weiß, wie es ist, geschlagen zu werden, und darum habe ich mir geschworen, meine Kinder nie zu schlagen, und das habe ich auch geschafft.« – »Dann könnte man ja fast sagen, dass es ein ›Kompliment‹ ist, wenn Ihre Töchter sich ständig streiten. Sie zeigen, dass sie jedenfalls keine Notgemeinschaft bilden müssen, sondern dass sie in Ruhe lernen können, wie man harte Auseinandersetzungen führt.« Der Gesichtsausdruck des Vaters kippt um in Verblüffung: »So habe ich das noch nie gesehen – ja, stimmt, es ist ein Kompliment an mich, ein Kompliment!« (aus: von Schlippe u. Schweitzer, 2005, S. 75).

Die spezifischen Akte, die zu einem Reframing führen können, sind vielgestaltig: eine Erweiterung oder Einengung der Problemdefinition, eine Veränderung der Trennlinien in der konzeptuellen Karte des Klienten, eine Veränderung in der Vordringlichkeit verschiedener Lebensbereiche, ein Neufokussieren der Aufmerksamkeit weg von Fehlschlägen hin auf Errungenschaften und so fort. Diese Änderungen führen zu neuen Gefühlen, Zielen und Aktionen – in eine konstruktive Richtung, wie zu hoffen ist. In diesem Abschnitt werden wir uns auf ein besonderes Mittel des Reframings konzentrieren, das einen erheblichen Einfluss entweder in einer dämonischen oder in einer entdämonisierenden Ausrichtung haben kann: das Zusammenfügen (*assembling*) oder Zerlegen (*dismantling*) konzeptueller Einheiten. [1]

Diese eher fremden Ausdrücke beziehen sich auf etwas ziemlich Vertrautes. Das Zerlegen eines Konzepts lässt sich in dem Satz zei-

---

[1] Die Besprechung dieses Themas ist hier stark beeinflusst von der Arbeit des belgischen Philosophen und Juristen Chaim Perelman (1982). In der Psychologie hat Kelly (1986) eine umfassende Theorie, ein Bewertungsverfahren und einen therapeutischen Dialog entwickelt, in denen er sich auf das Zusammenfügen und Zerlegen von Konstrukten konzentriert.

gen: »Deine Liebe sind nur Worte, aber kein Gefühl« (das Konzept »Liebe« wird zerlegt in das kontrastierende Paar: »Liebe als Worte« gegen »Liebe als Gefühl«). Das Zusammenfügen einer konzeptionellen Einheit zeigt sich in dem Satz: »Für mich ist, wie du andere Frauen ansiehst, dasselbe wie sie einzuladen, mit dir ins Bett zu gehen« (die unterschiedenen Konzepte »wie du Frauen ansiehst« und »sie einzuladen, mit dir ins Bett zu gehen« werden zusammengefügt in zum Gesamtkonzept »eheliche Untreue«).

Eine dämonisierende Sicht verwendet konzeptuelles Zerlegen, um die Welt in »gut« und »böse«, »wir« und »sie«, »Freund« und »Feind« zu spalten. Natürlich ist *per se* nichts falsch an der Verwendung solch polarisierter Konzepte. Wir würden umkommen, könnten wir nicht Freund von Feind unterscheiden oder Essen von Gift. Dämonisches Polarisieren beinhaltet jedoch eine rigide, verdächtigende und feindselige Geisteshaltung. Betrachten Sie die folgenden kontrastierenden Statements:
a) »Die übermäßig kontrollierende Mutter ist besonders schwer zu fassen, weil ihre Kontrolle als Liebe verkleidet daherkommt.«
b) »Selbst der größte Schurke hat ein Körnchen Gutes in sich.«

Beide Zitate sind ähnlich konstruiert. In beiden wird das zentrale Konzept (die Mutter, der Schurke) in zwei kontrastierende Aspekte zerlegt: unverhohlen und versteckt; und positiv und negativ. Jedoch ist die erste Haltung dämonisierend, die zweite entdämonisierend.

Beim Zerlegen eines Konzepts werden zwei verschiedene Aspekte hervorgehoben, um ein kontrastierendes Paar zu schaffen. Die Psychologie strotzt vor solchen Polaritäten: subjektiv/objektiv, Prozess/Inhalt, bewusst/unbewusst, Körper/Geist, kognitiv/emotional, Natur/Sozialisation und so weiter. Diese Zerlegungsaktivität geschieht gewöhnlich so automatisch, dass sie kaum bemerkt wird, so häufig, dass die Doppeldeutigkeit als *wirklich vorhanden* in der Welt angenommen wird.

Dadurch, dass vergessen wird, dass das Zerlegen das Werk unseres Geistes ist und man stattdessen annimmt, es sei die getreue Abbildung der Wirklichkeit, neigt man dazu, jede andere konzeptuelle Landkarte als fehlerhaft oder sogar als perverse Verzerrung anzusehen.

Das Zerlegen ist ein wichtiges Werkzeug, um Widersprüche aufzulösen. Die Aussage über die überkontrollierende Mutter handelt von zwei offensichtlich widersprüchlichen Motiven: Fürsorge gegen Kontrolle. Es ergibt sich ein Konflikt mit der Frage: Welches von beiden ist das »wirkliche« Motiv? Das Zerlegen des Konzepts in »scheinbar fürsorglich« gegen »in Wirklichkeit kontrollierend« löst den Konflikt so, dass die Kontrolle als »tiefer« und deshalb »wirklicher« definiert wird. Es gibt eine offensichtliche Verbindung zwischen dieser besonderen Art des Zerlegens und der dämonischen Annahme, dass das Verborgene »wirklicher« sei als das Manifeste. Im Gegensatz dazu ist die zweite Aussage entdämonisierend, weil das »Körnchen Gute« gleichberechtigt neben die Schlechtigkeit gestellt wird. Ihr Kern besagt nicht *entweder* gut *oder* böse, sondern *sowohl* gut *als auch* böse. Meist tendiert eine tragische Sicht zu Zerlegungen der Art sowohl-als-auch, während eine dämonisierende Sicht häufiger zu der Art entweder-oder greift. Andere Beispiele solcher Entweder-oder-Zerlegungen sind: »Entweder du bist *für* mich oder *gegen* mich!«, »Dies ist ein Kampf auf Leben und Tod!«, »Make it or break it!«, »Jetzt werde ich sehen, ob sie mich liebt oder nicht!«

Im entdämonisierenden Dialog kann der Berater Umdeutungen vorschlagen, die die dämonischen Zerlegungen des Klienten abschwächen, indem er sie von Entweder-oder- in Sowohl-als-auch-Formulierungen umwandelt.

Ein Vater kritisiert seinen adoleszenten Sohn, der sich weigert, in seiner Scheidungsauseinandersetzung für ihn einzustehen: »Er muss sich entscheiden! Entweder ist er auf meiner Seite oder gegen mich! Wenn er gegen mich ist, will ich ihn nicht mehr sehen!« Der Therapeut könnte eine positivere Zerlegung vorschlagen, indem er sagt: »Vielleicht ist er gegen Sie in seinen Gedanken, aber für Sie mit seinen Gefühlen« oder »Vielleicht ist er zwischen Ihnen beiden hin und her gerissen und ist deshalb sowohl für Sie als auch gegen Sie.«

Der Satz »Selbst der übelste Schurke hat ein Körnchen Gutes in sich« bietet einen zusätzlichen Vorteil für ein entdämonisierendes Zerlegen der Sowohl-als-auch-Art. Es wird nicht mehr der Andere als »im Kern böse« angesehen, sondern der Böse ist »im Kern menschlich«. Es ist allgemein bekannt, dass ein Mensch am meisten von einer Kritik profitiert, wenn er empfindet, dass sie aus Respekt und Wertschätzung geäußert ist.

Eine Mutter beklagte sich darüber, dass ihre Kinder sie nicht respektierten, obgleich sie ihnen ständig ihre bedingungslose Liebe gebe und ihnen jeden Wunsch erfülle. Der Berater antwortete: »Ich bin sicher, dass Ihre Kinder viel emotionale Nahrung davon bekommen. Vielleicht jedoch enthalten Sie ihnen aber auch eine entscheidende Erfahrung vor: Kinder müssen das Gefühl haben, es fehle ihnen etwas, um zu lernen, wie man mit Frustration fertig wird. Vielleicht verursachen Sie einen ›Mangel an Mangel‹ dadurch, dass Sie ihnen so viel zukommen lassen. Dieser Mangel könnte in ihrem Leben fehlen.«

In diesem Reframing wird das Geben der Mutter zerlegt in eine positive Komponente (emotionale Nahrung) und eine negative (Vorenthalten der notwendigen Erfahrung des Mangels). Das Verhalten der Mutter ist *sowohl* emotional nährend *als auch* vorenthaltend. Die negative Komponente ist leichter zu akzeptieren, weil sie mit der positiven verbunden ist.

Während das Zerlegen von konzeptuellen Einheiten hilft, verschiedene Seiten in etwas zu sehen, das vorher ungeteilt aussah, kann das Zusammenfügen konzeptueller Einheiten dazu beitragen, etwas, das vorher voneinander unabhängig erschien, als Teil eines großen Ganzen zu sehen. Der wütende Vater in dem Scheidungsbeispiel sagte von seinem Sohn: »Die Tatsache, dass er nicht zu sagen bereit ist, dass ich im Recht bin, zeigt, dass er mich nicht respektiert!« Der Vater ordnet den spezifischen Akt des Sohnes (»nicht bereit zu sagen, dass ich im Recht bin«) in ein größeres negatives Ganzes ein, nämlich in das Fehlen an Respekt. Diese Einordnung vergrößert die negative Bedeutung des Verhaltens seines Sohnes. Der Therapeut kann eine alternative konzeptuelle Einheit vorschlagen: »Die Tatsache, dass er eine eigenständige Stellung bezieht, zeigt ein grundsätzliches Vertrauen in Ihre Beziehung.« Diese entdämonisierende Erwiderung deutet die Sicherheit des Sohnes um als Teil eines größeren positiven Ganzen: sein sicheres Vertrauen in die Beziehung.

Fallgeschichte 5: »Schlampige Vorspeise ...«

Rachel und Gordon, die beide über vierzig waren, als sie sich trafen, suchten auf Gordons Initiative Rat wegen eines »sexuellen Problems«. Sie beide meinten, dass Rachels sexuelles Verlangen

Gordon gegenüber gering war. Rachel war glücklich über die Liebe zwischen ihnen und spielte die Bedeutung von Sexualität in ihrer Beziehung herunter. Sie empfand, dass ihre Liebe zu Gordon, trotz der geringen Sexualität, weit besser war, als die lieblose Sexualität, die sie mit anderen erlebt hatte. Gordon jedoch fürchtete, dass Rachels Mangel an Leidenschaft verdrängte Gefühle der Feindseligkeit gegenüber Männern allgemein und ihm als Mann im Besonderen widerspiegelte. Er machte Rachels Mangel an Lust zu einem Teil eines größeren Ganzen: die Zurückweisung von ihm als Mann. Die Gleichung »Mangel an Lust = Ablehnung« brachte ihn dazu, eine Entweder-oder-Forderung an Rachel und an die Beratung zu stellen: »Wenn wir das Sexproblem lösen können – gut! Wenn nicht – müssen wir uns trennen.« Der Mangel an Sexualität erhielt auf diese Weise eine dämonische Bedeutung, die alle versteckten negativen Facetten der Beziehung repräsentierte. Gordons Ultimatum, Sex oder Trennung, spiegelt eine typische dämonisierende Haltung wider: Nur wenn man den »Dämon« (Rachels vermeintliche Abwehr und Feindseligkeit gegenüber Männern) loswürde, könnte ihre Beziehung gedeihen.

Der Therapeut sprach mit dem Paar länger über ihr gemeinsames Leben und erfuhr, dass sie beide Freude am physischen Kontakt hatten, dass es viel Umarmen und Küssen gab und dass sie Essen, Trinken und gemeinsame Reisen liebten. Sie verband auch die Freude an darstellender Kunst, der sie einen großen Teil ihrer Freizeit widmeten. Er fasste seine Einschätzung zusammen: »Ich habe den Eindruck gewonnen, dass es viel Liebe zwischen Ihnen gibt. Ich sehe auch, dass Sexualität sehr wichtig für Sie ist. Zugegeben, sie ist bei weitem nicht vollkommen, aber auf der anderen Seite besitzen Sie eine Menge von etwas, um das Sie andere Leute beneiden würden: Sinnesfreude. Jeder Einzelne von Ihnen, und Sie beide zusammen, sind sehr sinnesfrohe Menschen. Das ist etwas viel weitergehendes als Sexualität. Es hat zu tun mit dem genussvollen Kontaktaufnehmen des Körpers und der Sinne mit der Welt. Sinnesfreude kann sogar ohne ausdrückliche Sexualität gedeihen, während simple und mechanische Sexualität völlig ohne Sinnesfreude sein kann. Ich schlage vor, dass wir im Augenblick alle direkten Versuche, Ihre Sexualität zu beeinflussen, beiseite stellen: Genau so wenig, wie Sie sich zwingen können einzuschlafen, können Sie sich zwingen, sexuelle Lust zu verspüren. Lassen Sie uns versuchen, diesen weitergehenden Bereich, in dem Sie so einen Vorsprung haben, zu bereichern – den Bereich der Sinnesfreude, der meiner Ansicht nach der Bedeutendere von beiden ist. Lassen Sie uns hoffen, dass, während er sich vertieft, Ihr Sexualleben schließlich auch einen Gewinn daraus zieht, aber selbst, wenn das nicht so ist, wird Ihr Leben reicher sein.«

Das Zerlegen von »Sexualität« in die Teile »Sexualität« und »Sinnesfreude« war Teil einer entdämonisierenden Formulierung. Anstatt sich ausschließlich auf die tiefe negative Bedeutsamkeit der niederen Sexualität zu fokussieren, beleuchtete diese Sichtweise die positive Sinnesfreude des Paars. Wie üblich in der Sexualtherapie wurde das Paar aufgefordert, direkten sexuellen Kontakt zu vermeiden und sich auf Handlungen wie Partnermassage, Sauna, gemeinsames Baden und dergleichen zu konzentrieren. Bei den Sitzungen versuchte der Therapeut wieder und wieder, die Gleichung »Mangel an Sexualität = Zurückweisung« zu zerlegen, und gab zahlreiche Gegenbeispiele von *sowohl* Liebe *als auch* Abwesenheit von Sex, wie in Platons »Symposion«, Dante und Beatrice, Heloise und Abelard. Für dieses kultivierte und kunstliebende Paar waren diese Beispiele hilfreich und ließen sie wertschätzen, was an ihrer Beziehung besonders war.

In Einzelsitzungen mit Rachel erfuhr der Therapeut, dass sie in der Vergangenheit Beziehungen gehabt hatte, die meistens sexueller Natur gewesen waren und in denen sie viel Lust verspürt hatte. Sie betrachtete diese Beziehungen als »schlampenhaft«, sah aber die Beziehung mit Gordon als »rein« an. Sie beschrieb sich als jemand, der am »Madonna- und Hurenkomplex« litt. Für sie war die Situation streng getrennt in entweder-oder: Sie war entweder eine Schlampe oder rein. Der Therapeut schlug vor, dass sie sich in einem Entspannungszustand an stimulierende Vorgänge aus der Vergangenheit erinnerte. Sie tat das und fand, dass ihre »schlampenhaften« Erinnerungen sie erregten, wenngleich sie dabei kein Verlangen nach ihren damaligen Partnern empfand. Der Therapeut schlug vor, dass sie diese Erinnerungen nutzen sollte, um sich zu erregen, wenn sie mit Gordon zusammen war. Sie wendete ein: »Ich will unsere Beziehungen nicht verunreinigen. Das ist fast so, als nähme ich einen anderen Mann mit ins Bett. Das ist ein Akt der

Ausbeutung und des Verrats.« Der Therapeut antwortete: »Wenn Ihnen die Idee nicht passt, dann werfen Sie sie fort. Aber wenn Sie Ihre ›schlampigen‹ Erinnerungen nutzen können, ihre jetzige Liebe zu aufzuwärmen und sie so zu bereichern – dann kann das eine positive Ausbeutung und eine Art ›guter Verrat‹ sein.« Der Therapeut versuchte, die dämonische Zerlegung »*entweder* schlampig *oder* rein« zu ersetzen durch ein entdämonisierendes Zusammenfügen von »*sowohl* schlampig *als auch* liebend«. Er war froh, aus ihrem lausbübischen Lächeln schließen zu können, dass sie diese Idee nicht kurzerhand verwarf. Später sagte sie, dass die Erinnerungen ihr als Aperitif dienten, der die Palette für das Mahl vorbereitete.

Die Verwendung eines *Oxymorons* (ein »Selbstwiderspruch«) wie »positive Ausbeutung« oder »guter Verrat« kann in einem entdämonisierenden Dialog hilfreich sein. In diesem Fall erwies sich Rachel als geschickte entdämonisierende Köchin, indem sie sich eine Mahlzeit aus ihrer »schlampigen Vergangenheit« und ihrer Erfahrung einer »liebevollen Beziehung« bereitete. Rachels Kochmetapher spiegelt für uns eine entdämonisierende Verschiebung in ihrer Einstellung wider.

Dieses Kapitel und das nächste enthalten viele Beispiele des Zusammenfügens und Zerlegens konzeptueller Einheiten. Genau weil diese Aktivitäten so üblich sind, neigen wir dazu, sie nicht wahrzunehmen. Wir laden die Leser dazu ein, aktiv Ausschau zu halten nach dämonischen wie entdämonisierenden Varianten, um die Fähigkeit zu fördern, sie zu identifizieren und zu benutzen.

Entdämonisierende Fragen

Eltern gewalttätiger Kinder fragen sich oft, was sich *hinter* dem aggressiven Verhalten des Kindes versteckt. Diese Frage vermittelt die dämonische Annahme, dass das Verhalten des Kindes die externe Manifestation eines verborgenen Problems ist (eines »inneren Feindes«, etwa seines schlechten Charakters, einer Krankheit oder Ähnliches), das ans Licht gebracht und ausgelöscht werden muss. Eine davon verschiedene Frage – »Wann gelingt es dem Kind, auf nicht gewalttätige Weise zu agieren?« – übermittelt dagegen die Annahme, dass das Verhalten des Kindes von den Umständen abhängt und nicht notwendigerweise das Vorhandensein negativer verborgener Mächte reflektiert. Eine solche Anwendung entdämonisierender Fragen wird im nächsten Beispiel illustriert.

Fallgeschichte 6: Nachvollziehbare Wutausbrüche

Michelle, eine alleinerziehende Mutter, beschrieb ihr Problem mit ihrem 17-jährigen Sohn. Er brüllte sie gewöhnlich an, verfluchte sie und stellte auf höchst offensive Weise Forderungen. Die Ausbrüche weckten in ihr Befürchtungen, er sei psychisch krank, leide vielleicht an einer Persönlichkeitsspaltung oder einem unbewussten Hass auf Frauen. Das, meinte sie, könnte erklären, warum er noch keine Freundin hatte.

Therapeut: Tritt dieses Verhalten auch bei anderen Frauen auf?
Michelle: Nein. Im Gegenteil, er ist bei meinen Freundinnen ganz charmant.
Therapeut: Dann ist das Verhalten wahrscheinlich nicht das Ergebnis eines verdeckten Hasses auf Frauen. Behandelt er Sie immer so?
Michelle: Nein. Manchmal ist er sehr nett zu mir.
Therapeut: Das zeigt vielleicht, dass wir es nicht mit einem grundsätzlichen Hass Ihnen gegenüber zu tun haben, sondern mit einem begrenzteren Problem. War er schon immer so?
Michelle: Nein. Bis er vierzehn war, war er kooperativer.
Therapeut: Und was geschah, als er vierzehn war?
Michelle: Wir zogen in eine andere Stadt. Eine Menge hat sich geändert.
Therapeut: Vielleicht ist die heutige Situation eher die Folge von Anpassungsschwierigkeiten als ein permanenter Charakterzug. Was geschieht nach den Ausbrüchen?
Michelle: Das kann einige Tage so weiter gehen, aber dann ist er gewöhnlich zerknirscht, und manchmal entschuldigt er sich sogar.
Therapeut: Dann denkt er also nicht, dass er das grundsätzliche Recht hat, wie ein Tyrann um sich zu schlagen. Das weist darauf hin, dass er moralisch empfindet und ihm schmerzlich bewusst ist, dass er Sie verletzt hat. Gibt es irgendwelche besonderen Umstände, bei denen er gewöhnlich um sich schlägt?

Die Diskussion brachte Michelle dazu, einige Situationen zu identifizieren, die gewöhnlich mit seinen Ausbrüchen verbunden waren. Sie erwog die Möglichkeit, dass ihr Sohn manchmal in Wut ausbrach, wenn er das Gefühl hatte, dass sie versuchte, ihn zu »dirigieren«, wenn er es nicht erwartete. Sie sagte, sie fürchtete so sehr, dass ein gradliniges Vorgehen ihn zu einem Wutausbruch bringen könnte, dass sie ihn oft lieber indirekt beeinflusste. Dieser Dialog verschaffte ihr Erleichterung und führte zu einigen Teillösungen, die die Beziehung verbesserte.

Metaphern

Eine dämonische Sicht verlässt sich stark auf anstachelnde Bilder und Metaphern, ja manchmal berauschen sich Personen, die sich in der dämonisierenden Beschreibung befinden, geradezu an drastischen und dramatischen Bildern. Wenn von »Gift«, vom »Dolchstoß«, vom »Verrat« gesprochen wird, der »hinterrücks« erfolgt, geht das mit extremen emotionalen Reaktionen einher, die Dämonisierung heizt sich durch die verwendeten Bilder sozusagen noch auf. Glücklicherweise lassen sich Bilder auch zur Entdämonisierung nutzen, um die Leidenschaft abzukühlen, den Antrieb auf unerbittliche Aktionen zu verlangsamen und die Aufmerksamkeit wieder auf Teillösungen zu lenken. Metaphern, die Objekte des täglichen Lebens nutzen, können dabei besonders effektiv sein – vielleicht weil sie mit ihrer tatsachenbehafteten Solidität gegen die dämonische Tendenz angehen, das Manifeste zugunsten des Verborgenen zu ignorieren. Eine dieser Metaphern ist die des *therapeutischen Bolzens*. Diese Metapher wurde bei der Behandlung posttraumatischer Klienten verwendet (Alon, 1985) als Hilfe zur Neufokussierung der Aufmerksamkeit vom Negativen und Traumatischen hin zu den kleinen, aber sich addierenden positiven Veränderungen im Leben.

Fallgeschichte 7: Bolzen und Mutter voneinander lösen

Gideon, der bei seinem Militärdienst verwundet und traumatisiert worden war, wiederholte ständig die hoffnungslosen Aussagen: »Es gibt keine Chance, dass es mir je wieder besser geht!«, »Die Verwundung ist jenseits von Hilfe!«, »Worte können mein Gehirn nicht entknoten!« Er sah sein Problem derart, dass das Trauma so tiefverwurzelt in seinen Geist eingepflanzt war, dass keine Behandlung es jemals erreichen konnte. Der Therapeut unterbrach die Klagen, indem er aus dem Schubfach einen großen Bolzen herausnahm, der tief in einer Schraubenmutter steckte. Zeit und Witterung hatten Bolzen und Mutter in einen schweren rostigen Klumpen verwandelt. Der Therapeut fragte Gideon: »Wie würden Sie die Mutter und den Schraubenbolzen auseinander kriegen?« Gideon, der Mechaniker war, wurde durch die Frage spontan angesprochen. Er wendete den Bolzen in den Händen, untersuchte ihn von allen Seiten und sagte:

Gideon: Erst einmal müssen Sie ihn 24 Stunden in Rostlöser legen. Dann spannen Sie ihn in einen Schraubstock, fassen die Mutter mit einem Schraubenschlüssel und fangen an, ihn ganz vorsichtig zu drehen.
Therapeut: Warum vorsichtig?
Gideon: Wenn man ihn zu stark dreht, kann das Gewinde überdreht werden.
Therapeut: Und was ist der schwierigste Teil?
Gideon: Der Anfang. Das Öl kann nicht ganz eindringen, und Sie brauchen mehr Kraft und mehr Vorsicht für die erste Drehung.
Therapeut: Und dann?
Gideon: Dann, wenn das Öl nach und nach reinkriecht, wird es leichter. Soll ich die Schraube für Sie lösen?
Therapeut: Nein, danke. Ich hab sie rausgeholt, weil ich dachte, dass Sie ein wenig wie dieser Bolzen sind. Man hat Sie ins Krankenhaus gebracht, dann gab es Rehabilitationsmaßnahmen. Sie sind eine lange Zeit aus dem Zyklus des täglichen Lebens heraus gewesen. Ihre Geschicklichkeit bei der Arbeit, zu Hause, mit Freunden ist eingerostet. Sie muss geölt werden, Sie brauchen einen Schraubenschlüssel, Sorgfalt und Geduld. Wie Sie sagen, der Anfang ist am schwierigsten. Sie müssen vorsichtig, aber kraftvoll vorgehen. Aber wenn sich erst etwas bewegt, wird es leichter.

Der Bolzen wurde immer dann wieder erwähnt, wenn Gideon sich selbst in Frage stellte. Am Ende einer längeren, aber positiv verlaufenen Therapie sagte Gideon zum Therapeuten, dass der Bolzen ihm den Anstoß gegeben habe, der die Besserung eingeleitet habe. Ein Teil der Wirkung der Metapher liegt in ihrer Trivialität: Über Rost zu reden, über Öl, Gewinde, Schraubenschlüssel und Schraubstöcke ist weit entfernt von den Tiefen der traumatisierten Seele. Diese »Trivialisierung« ist typisch für viele entdämonisierende Metaphern (siehe z. B. die Schneeball-Metapher weiter unten).

Das Modifizieren dämonischer Bewertungen

In Fortsetzung des vorhergehenden Kapitels sollen hier weitere Möglichkeiten diskutiert werden, wie entdämonisierende Dialoge geführt werden können und welche Hilfsmittel für die Gesprächsführung zur Verfügung stehen.

Die Einschätzung des Problems

Oft ist das, was Menschen dazu bewegt, für sich Rat zu suchen, gar nicht so sehr das objektive Problem selbst, sondern die negative Bedeutung, die sie ihm zuschreiben. Je schlimmer die zugeschriebene Bedeutung ist, umso tiefgründiger, wird vermutet, ist der Zustand hinter dem Problem. Es wurden zum Beispiel mehrere Menschen mit ähnlichen Beschwerden behandelt. Drei Frauen litten an unkontrollierbarem Weinen. Die erste betrachtete ihr Weinen als eine natürliche Reaktion auf den Tod ihrer Mutter, war aber durch die Tatsache beunruhigt, dass das Weinen in peinlichen Situationen auftrat. Die zweite sah ihr Weinen als ein beunruhigendes Zeichen dafür an, dass sie die Kontrolle über sich selbst verlor. Für die dritte war ihr Weinen ein Beweis für die unheilbare Grausamkeit ihres Mannes. Die Beschwerde an sich war bei allen Fällen gleich, aber die ihnen zugeschriebenen negativen Bedeutungen waren gänzlich verschieden. Während im ersten Fall das Weinen als Problem der Umstände angesehen wurde, wurde es bei den letzten beiden Fällen als Zeichen eines negativen Prozesses gedeutet. Ein entdämonisierender Dialog konnte deshalb schon vor der Behandlung »des eigentlichen Problems« einige Erleichterung bringen.

Fallgeschichte 8: Dreißig Prozent – ein realistisches Ziel?

Sara, eine äußerst erfolgreiche Anwältin, wurde von ihrem Mann überredet, zu einer ersten anamnestischen Sitzung zu gehen – trotz ihrer Überzeugung, dass ihr Problem unbehandelbar sei. Als Folge einer Kopfverletzung bei einem Unfall hatte sie die Kontrolle über Lachen und Weinen verloren. Ein kleiner Scherz konnte unkontrollierbares Gelächter in ihr auslösen, ein trauriger Kommentar krampfhaftes Weinen. Sie fühlte sich so schlecht, dass sie ihre Arbeit drastisch einschränkte und sogar überlegte, ob sie ihren Beruf ganz aufgeben sollte. Sie begann das Gespräch mit großer Skepsis.

Sara: Ich bin eine direkte Person und verberge meine Meinungen nicht. Seien Sie nicht gekränkt, aber ich glaube nicht, dass Psychotherapie mir helfen kann. Ich bin nur hierher gekommen, um meinen Mann zufrieden zu stellen. Ich verstehe mein Problem in aller Tiefe. Der Ursprung ist organisch; da ist kein psychologischer Faktor mit im Spiel. Das Gehirn kann nicht repariert werden. Jede Behandlung, die Sie mir zukommen lassen können, ist so, als ob Sie Krebs mit Aspirin behandeln.

Therapeut: Sie haben Recht. Angesichts des medizinischen Befunds kann Psychotherapie ihren Zustand nicht heilen. Aber vielleicht kann sie Ihnen eine gewisse Erleichterung verschaffen.

Sara (mit Verachtung): Jetzt werden Sie vorschlagen, ich sollte lernen, mit dem Problem zu leben.

Therapeut: Um antworten zu können, muss ich ein paar Dinge verstehen. Was tun Sie, wenn Sie anfangen zu weinen?

Sara: Ich versuche, darüber wegzukommen.

Therapeut: Wie erfolgreich sind Sie dabei?

Sara: Nicht sehr (Sara fing an zu weinen und versuchte verzweifelt, das Weinen unter Kontrolle zu bringen. Sie beugte sich nach vorn, vergrub ihren Kopf in den Händen und rieb sich hart das Gesicht – ohne Erfolg).

Therapeut: Ist es das, was gewöhnlich im Beisein anderer Leute geschieht?

Sara: Ja! Ich kann das nicht ertragen, so gesehen zu werden, besonders nicht von meinen Klienten.

Therapeut: Es scheint, dass Ihre äußerste Anstrengung, Ihr Weinen zu beenden, es nur noch schlimmer macht.

Sara: Was schlagen Sie vor, dass ich meinen Klienten sage, dass ich völlig daneben bin?

Therapeut: Das ist vielleicht noch nicht mal eine schlechte Idee. Sie weinen sowieso, und der Versuch, es zu verbergen, macht es nur schlimmer.

Sara: Wenn das die Therapie ist, dann will ich sie nicht. Was für andere Ideen haben Sie?
Therapeut: Wenn wir das Problem um 30 Prozent verringern könnten, wäre das einen Versuch wert?
Sara: In meinem Zustand wären sogar 10 Prozent die Mühe wert.
Therapeut: Ich denke 30 Prozent ist ein realistisches Ziel. Wir werden versuchen, 10 Prozent zu reduzieren, indem Sie aufhören, sich so sehr zu bemühen, und weitere 10 Prozent durch Entspannungstechniken. Vielleicht können wir versuchen, um weitere 10 Prozent zu reduzieren, indem wir mit ausgesuchten Klienten experimentieren, denen Sie vertrauen und die bereit sind, sich auf Ihr Problem einzulassen.

Sara erklärte sich bereit, es zu versuchen. Die ersten beiden Maßnahmen brachten eine gewisse Erleichterung. Sie sprach auch mit einigen Klienten, in deren Gegenwart sie sich gut fühlte, und war überrascht, dass diese Sara voller Rücksicht behandelten. Am Ende der Behandlung sagte sie voller Zufriedenheit, dass eine 30-prozentige Verbesserung erreicht worden sei.

Die entdämonisierende Wendung in diesem Fall war das Neufokussieren der Aufmerksamkeit weg vom Kernproblem (»der innere Feind«) auf den Zusammenhang der Umstände, die sich verschlimmernd auswirken. Das Problem als einen »großen Schneeball mit einem kleineren inneren Kern« anzusehen, kann bei der Behandlung vieler Zustände helfen. Jemand, der unter Schlaflosigkeit leidet, wird umso unruhiger, je mehr er sich bemüht einzuschlafen. Schlafgestörte haben oft eine Alles-oder-Nichts-Haltung gegenüber ihrem Problem: »Wenn ich heute Nacht schlafe, wird alles gut sein; wenn nicht, werde ich ein völliges Wrack sein.« Das entdämonisierende Ziel in solchen Situationen ist, den Leidenden aus seiner absoluten Haltung herauszuholen. In einigen Fällen fanden wir es hilfreich, den Klienten mit Schlaflosigkeit folgende Botschaft mitzugeben: »Unglücklicherweise können wir Ihr Schlafproblem nicht direkt lösen. Aber das jetzige Problem ist wie ein riesiger Schneeball, der vielleicht mit einem kleinen Stein anfing und Schnee, Steine, Zweige und Schmutz beim Runterrollen mit sich trug. Ihr Kampf ums Einschlafen und Ihre Furcht vor den Konsequenzen sind Teil dieses größer werdenden Schneeballs. Wir können den Schneeball verkleinern, aber der Stein innen wird wohl bleiben. Eins der Probleme bei Schlaflosigkeit ist, dass sie dem Körper Ruhe vorenthält. Aber es gibt andere Formen der Ruhe – tiefe Entspannung etwa. Deshalb könnten wir, anstatt zu versuchen, der Schlaflosigkeit einen endgültigen K.-o.-Schlag zu versetzen, nach einer effektiveren Art des Ruhens suchen. Ich kann Sie Entspannung lehren. Wenn das zum Schlaf führt – gut. Wenn nicht, werden Sie wenigstens etwas ausgeruhter sein.«

Selbsteinschätzung

Die dämonische Beurteilung führt zu einer pauschalen Verdammung seiner selbst und anderer. Schuld wird nicht als etwas angesehen, das von irgendwelchen fehlerhaften Handlungen stammt, sondern als etwas, das aus einer inneren Wesenheit oder der ganzen Persönlichkeit ausstrahlt. Da bleibt kein Raum für mildernde Umstände. Dieser strenge Urteilsspruch kommt daher, dass ein striktes »Urteil durch Resultate« zur Anwendung kommt. Gemäß diesem Prinzip sind die negativen Resultate einer Handlung der Beweis für die Schuld der Person. Eine noch dämonischere Interpretation ist, dass die negativen Resultate einer Handlung die »wahren« Absichten einer Person erkennbar werden lassen. So werden Fehlgeburten von einigen Therapeuten als Beweis dafür angesehen, dass die Frau »in Wahrheit« das Kind nicht haben wollte, und vorzeitige Ejakulation als Beweis dafür, dass der Mann »in Wahrheit« die Frau frustrieren wollte. Ähnlich sagen New-Age-Anhänger gelegentlich, dass »etwas in dir den Krebs gewünscht hat« oder dass man »sich die Krankheit selbst beigebracht hat«. Die Missachtung der Umstände ist besonders offensichtlich bei Selbstdämonisierungen. So geben manche Menschen ihrer »autodestruktiven« Tendenz die Schuld, wenn es ihnen nicht gelingt, ein Resultat zu erzielen, wie eine Gehaltserhöhung, eine Beförderung oder eine Beziehung mit einem gewünschten Partner. Zum Beispiel berichtete eine Zeichenlehrerin, dass die Anzahl der Leute, die sich für ihre Kurse anmeldeten, plötzlich stark abgenommen habe. Sie glaubte, dass sie schuld an dieser Abnahme sei, weil sie »einen Mangel an Antriebskraft« ausstrahle. Als der Therapeut die mögliche Rolle der ökonomischen Krise für das Absinken erwähnte, kommentierte sie dies abschätzig. Sie fing erst an, die

Umstände in Betracht zu ziehen, als der Therapeut sagte, dass es bei ihm ebenfalls ein Nachlassen der Überweisungen gebe, obgleich er nicht an einem Mangel an Antriebskraft leide.

Um die selbstverurteilende Einstellung des Klienten zu modifizieren, sollte der Therapeut den Ernst des Problems anerkennen, sonst würde der Klient sich brüskiert oder falsch verstanden fühlen. Gleichzeitig kann er das harte Urteil in Frage stellen, das der Klient über sich selbst gefällt hat. In dieser Hinsicht können Therapeuten von den Gerichtsverfahren lernen: Das Gericht zieht immer die Umstände in Betracht, wenn es sein Urteil und seinen Schuldspruch fällt.

Fallgeschichte 9: Schuld dahin, wo sie hingehört

Dina war eine junge Ballettschülerin, die von ihrem bewunderten Lehrer dazu eingeladen wurde, bei ihm privat Unterricht zu nehmen. Er gratulierte ihr zu ihrem Talent und sagte, er werde eine große Tänzerin aus ihr machen. Den schmeichelhaften Bemerkungen folgten Verführungsangebote, die zunehmend zu unverhohlener und aggressiver Sexualität verkamen. Dina hatte Angst davor, den Missbrauch zu unterbinden, weil sie fürchtete, der Lehrer würde sich an ihr rächen. Sie fiel in eine Depression. Nach langer Zeit fasste sie sich ein Herz und beendete die Beziehung, aber die Depression blieb. Sie sah das, was mit ihr geschehen war, als Beweis für ihren Mangel an Rückgrat und für moralischen Masochismus an.

Therapeut: Und wie denken Sie über die Rolle des Lehrers?
Dina: Ich kann nichts über ihn sagen. Er fand einen Schwächling und brauchte ihn. Es ist mein Fehler.
Therapeut: Ich bin anderer Meinung. Wenn irgendjemand schuld ist, dann sind es nicht Sie, sondern Ihr Lehrer. Was er getan hat, ist nichts als sexuelle Ausnutzung seines Status. Übrigens, wenn Sie ihn dafür anzeigen würden, würde er vielleicht ins Gefängnis gehen müssen.
Dina: Aber ich habe doch zugestimmt!
Therapeut: Er hat den Vorteil seiner Position und Macht genutzt, um Sie zu missbrauchen.
Dina: Ich war diejenige, die ihm das möglich gemacht hat. Ich hätte die Dinge kommen sehen und weggehen müssen!

Therapeut: Keine einfache Aufgabe bei dem Zustand, in dem Sie waren. Zuerst waren Sie geschmeichelt und bezaubert von der Art, wie er Sie behandelt hat, richtig?

Dina: Richtig.

Therapeut: Sie waren zwanzig und unerfahren im Umgang mit Männern. Sie dachten, er sei der perfekte Lehrer. Sie glaubten ihm. Die Verführung vollzog sich in unmerklichen Schritten. Zuerst war es »nur« Kaffee, dann »nur« der Besuch in seinem Studio, dann »nur« Bühnenfotos, dann »nur« Aktfotos. Kein Schritt als solcher schien schlimm. Als Verführung könnte es nur im Rückblick aussehen.

Mit dem Beleuchten der »mildernden Umstände« half der Therapeut Dina schrittweise, sich selbst in einem mehr verzeihenden Licht zu sehen. Ihre Depression begann sich zu klären. Man könnte sich vielleicht fragen, ob Dinas Freispruch nicht um den Preis der Dämonisierung des Lehrers erkauft war. In der kritischen Haltung des Therapeuten gegenüber dem Tanzlehrer wurde versucht, die sachliche Seite zu benennen und die Schuld an den Ort zu bringen, wohin sie gehört.

Bei der Selbstdämonisierung ist der Betroffene oft der Strafverfolger, Inquisitor, Richter und Henker zugleich. Das Gerichtsverfahren ist eine hilfreiche Metapher, weil sie diese Rollen streng auseinander hält. Aus diesem Grund könnte die Institution eines therapeutischen Gerichtsverfahrens eine entdämonisierende Neubewertung des Selbst ermöglichen.[1]

Fallgeschichte 10: Die Verhandlung

Samuel war Mechaniker in einem Panzercorps. Während sein Team ein Fahrzeug in Ordnung brachte, wurde Samuel ans Telefon gerufen. Er verließ die Werkstatt, und als er zurückkam, sah er, dass das Fahrzeug von der Hebebühne gefallen war und einen Teamkameraden zu Tode gequetscht hatte. Samuel hatte das Gefühl, er trage die volle Schuld und er sei derjenige, der eigentlich

---

[1] Therapeutische Gerichtsverfahren sind in der Literatur gelegentlich erwähnt worden (z. B. Greenberg u. Witzum 2001). Wir haben ein detailliertes Beispiel in Omer u. Alon (1997, S. 160ff.) vorgestellt.

hätte sterben müssen. Seine Reaktion verschlimmerte sich, als er aufgerufen wurde, vor der Untersuchungskommission, die das Unglück untersuchte, auszusagen: Seine Schuldgefühle veranlassten ihn, sich selbst vor der Kommission zu beschuldigen und zu vermeiden, ernste Sicherheitsmängel zu melden, für die seine Vorgesetzten verantwortlich waren. Eine kurze Zeit nach dem Unfall wurde bei Samuel eine posttraumatische Belastungsstörung diagnostiziert, und er wurde aus dem Reservedienst entlassen. Sein Zustand verschlechterte sich bis zu einer partiellen Lähmung der Beine ohne identifizierbare physische Ursache, und er entwickelte ein schweres Stottern. Albträume in der Nacht und Schreckensvisionen am Tag raubten ihm jede Ruhe. Er verweigerte eine psychologische Behandlung, ihm wurde aber zum Teil durch die sensible Fürsorge der Hausärztin geholfen. Diese Ärztin sprach einen von uns an mit der Bitte um Unterstützung. Obgleich Samuel keinerlei Psychotherapie wünschte, stimmte er einer Konsultation zu, weil sie darauf bestand. Während der Sitzung starrte er gelegentlich vor sich hin ins Leere und erblickte mit Entsetzen den Geist des toten Mannes, der mit ausgestreckten Armen auf ihn zukam, um ihm die Augen herauszureißen. Schuld zermalmte ihn und er verweigerte alle »mildernden Umstände«.

In der Diskussion mit der Ärztin entstand der Gedanke an eine therapeutische Gerichtsverhandlung. Da Samuels vermeintliches Verbrechen in der Armee stattgefunden hatte, würde es zu der Verhandlung passen, dass sie auch in der Armee stattfinden würde. Aber wer in der Armee würde damit zu tun haben wollen? Die Ärztin und der Therapeut dachten an einen gemeinsamen Freund, den hochrangigen Kommandanten eines Armeekorps, der ausgebildeter Mediziner war. Die beiden gingen zu ihm und erklärten, dass sie für ein therapeutisches Gerichtsverfahren einen General brauchten, mit dem Büro eines Generals und dem Auftreten eines Generals, aber auch mit verständnisvollem Herzen. Der Freund stimmte sofort zu, und von da an agierten die drei als therapeutisches Team. Die Ärztin würde die Rolle der Verteidigung übernehmen, der Therapeut würde der Staatsanwalt sein und der Offizier der Richter.

Im unterstützenden Beisein der Ärztin sagte der Therapeut zu Samuel, dass seine Schuldgefühle eine reale Grundlage hätten: Jemand habe sein Leben verloren und entscheidende Informationen seien den Untersuchern verborgen geblieben, was verhindert habe, dass rehabilitierende Schlüsse gezogen werden konnten. Es sei zwar wahr, dass mehrere Jahre seit dem Vorkommnis vergangen seien, aber jetzt sei ein hoher Offizier gefunden worden, der bereit sei, die Wahrheit der Angelegenheit zu erkunden und sie den zuständigen Stellen zu übermitteln. Wenn Samuel willens wäre, seiner staatsbürgerlichen Pflicht nachzukommen und vor einem hohen Offizier eine Aussage zu machen, dann hätte er Gelegenheit, das zu tun.

Samuel erschrak, aber die Idee war auch attraktiv für ihn. Ein paar Tage lang dachte er darüber nach und stimmte dann schließlich zu. Früh am Tag des Verfahrens kamen Samuel und seine Frau am Tor der großen Kaserne an. Am Eingang wartete ein Militärfahrzeug auf Samuel mit einer speziellen Eintrittserlaubnis für sie beide. Sie wurden zum Büro des Kommandeurs gebracht, wo das therapeutische Team sie schon erwartete. Die Sekretäre brachten sie zu dem großen Konferenzraum, der mit Flaggen, Bannern und Landkarten geschmückt war. Samuel trat ernst ein und stand vor dem Offizier am Ende des Konferenztisches. Er trug einen Anzug und einen Stock, der ihm das Gehen erleichterte. Er wandte sich an Samuel ohne Vorrede: »Ich habe von meinen Freunden gehört, dass Sie in einen ernsten Unfall verwickelt waren, der nicht hinreichend untersucht wurde. Ich bin bereit, die Untersuchung zum Abschluss zu bringen, zu versuchen zu verstehen, was geschehen ist, und die Ergebnisse den zuständigen höheren Stellen zu übermitteln. Sind Sie bereit zu kooperieren?« Samuel stimmte zu. Er erzählte die ganze Geschichte. Der Offizier schrieb seine Worte mit unbeweglicher Miene nieder. Er stellte viele technische und praktische Fragen, ohne die emotionale Seite anzusprechen oder Sympathie zu bekunden. Es war besonders wichtig für ihn zu verstehen, warum Samuel gegenüber seinen Befragern nicht das vollständige Zeugnis abgelegt hatte. Es gab Momente, in denen der Therapeut und die Ärztin dachten, dass der Richter zu streng sei. Die Befragung dauerte eine lange Zeit. Bei einer technischen Frage schlug Samuel vor, zu der militärischen Werkstatt zu fahren, wo der Unfall geschehen war: »Ich kann Ihnen das von Nahem zeigen.« Während der Fahrt und bei der Werkstatt war Samuel unter großem Stress. Er atmete schwer und manchmal legte er die Hand auf seine Brust. Der Therapeut war froh, dass zwei Ärzte anwesend waren. Es ist nicht leicht für einen »Kriminellen«, zum Ort des Verbrechens zurückzukehren. Das Glück half, und Samuel war überrascht, als er entdeckte, dass einige seiner alten Teamkameraden in der Werkstatt waren! Seine Freunde waren glücklich, ihn zu sehen, und sein Gefühl, dass sie auf ihn wütend waren, löste sich auf. Er wurde zu einer weiteren Sitzung eingeladen, um die Untersuchung zusammenzufassen.

Bei diesem Treffen sah Samuel aus wie ein Angeklagter vor seinem Todesurteil. Der Kommandeur fasste die wichtigsten Punkte in allem Umfang zusammen und schloss dann mit den Worten: »Diese Untersuchung richtete sich auf zwei Punkte: den Unfall selbst und die Aussage vor dem Komitee. Was den Unfall anbelangt, befinde ich Sie als nicht schuldig. Eine Anhäufung von Sicherheitsmängeln zusammen mit technischen Fehlern hat den Unfall verursacht. Es ist in solchen Situationen natürlich zu empfinden, dass Sie, anstatt Ihres Freundes, hätten sterben sollen, aber das ist nur ein Gefühl. Sie hätten seinen Tod nicht verhindern können. Als Sie zum Telefon gerufen wurden, wussten Sie nicht, dass das Unglück geschehen würde. Hätten Sie es gewusst, hätten Sie anders gehandelt.« Samuel hatte ähnliche Worte viele Male gehört, aber diesmal kamen sie von einem hohen Offizier, und zwar nach einer sorgfältigen Untersuchung.

»Was die Aussage angeht haben Sie allerdings versagt. Selbst wenn Sie Ihren Freund nicht wieder lebendig machen konnten, hätten Sie dazu beitragen können, die Wahrheit ans Licht zu bringen, die Fakten zu exponieren, die verantwortlich waren, um ähnliche Unglücke zu verhindern. Was Sie jedoch motivierte, war das Gefühl, dass Sie der Hauptschuldige waren, und die Schwierigkeit, Ihre Vorgesetzten zu verraten. Das sind keine negativen Motive. Aber Sie hätten anders handeln können, und die Art, wie Sie gehandelt haben, war falsch. Auf der anderen Seite waren Sie bereit und willens, viele Jahre nach dem Ereignis die Wahrheit ans Licht zu bringen. Sie waren bereit, hierher zu kommen, alte Wunden zu öffnen, eine schwierige Untersuchung zu riskieren; Sie waren bereit, für die Wahrheit zu leiden, die herauskommen würde. Sie haben lange Zeit nachgedacht, bis Sie sich entschlossen haben, und die Entscheidung erforderte eine Menge Mut. Die Untersuchung selbst war schwer für Sie, dennoch waren Sie bereit, sie durchzustehen. Der Mut, den Sie bei dieser Untersuchung bewiesen haben, wiegt Ihr Versagen bei der vorhergehenden Untersuchung auf.« Samuel zeigte eine große Erleichterung. »Ich werde meine Schlussfolgerungen dem Waffenkorps der Armee unterbreiten, damit sie die nötigen Schlüsse daraus ziehen können. Diese letzte Aussage löscht die Fehler der vergangenen aus, und ich komme zu dem Schluss, dass Sie nicht länger schuldig sind, und danke Ihnen für den Mut, den Sie bewiesen haben.«

Der Kommandeur verabschiedete sich von Samuel mit freundlicher Miene. Samuel verließ das Büro mit leichterem Schritt. Es war seine letzte Zusammenkunft mit dem Therapeuten; er sagte zu der Ärztin, dass er ihn nicht mehr aufsuchen wollte. Aber er blieb in Verbindung mit der Ärztin, und durch sie konnte der Fall weiter verfolgt werden. Dem »Gerichtsverfahren« folgte eine Periode andauernder Erleichterung. Eine kurze Zeit nach dem Verfahren wurde Samuel zu einer Familienfreizeit eingeladen. Obgleich er nach dem Unfall alle Angebote dieser Art abgewiesen hatte, stimmte er jetzt zu. Von da an nahm er gelegentlich an Freizeiten teil und hatte Freude an ihnen. Er kehrte zu seinem Beruf als Metallarbeiter zurück und stiftete der Synagoge seines toten Freundes einen kunstvollen Zaun. Sein Schlaf verbesserte sich und die Schreckensvisionen nahmen ab. Vom Kampf des Überlebens ging er über zum Kampf für eine bessere Lebensqualität.

Fortschritte erkennen lernen

Schmerz nimmt die ganze Aufmerksamkeit des Leidenden in Anspruch. Der schmerzerfüllten Person bereitet es Schwierigkeit, leichte Verbesserungen wahrzunehmen, denn der Schmerz überschattet sie. Die dämonische Sicht fügt eine weitere dunkle Schicht hinzu, indem sie begrenzte Verbesserungen als irrelevant gegenüber den vermuteten »wirklichen, tiefen« Prozessen disqualifiziert. So kann selbst angesichts einer offenkundigen Verbesserung der Klient darauf beharren, dass »alles gleich geblieben« sei. Gesprächspartner, die von einem solchen Klienten frustriert sind, mögen zeitweise in gleichermaßen dämonischem Geist reagieren und schlussfolgern, dass der Klient keine Veränderung *wolle*. Aus diesen Gründen ist ein entscheidendes Element für beide Seiten, partielle Verbesserungen erkennen und schätzen zu lernen.

Fallgeschichte 11: Der »explodierende Mann«

Annas Mann Dave hatte die Angewohnheit, bei geringfügigen Anlässen zu explodieren, wobei er drohte auszuziehen, wenn die Dinge so weiter gingen wie im Augenblick. Anna lebte in Furcht vor ihm. Manchmal dachte sie, die Drohungen seien ernst gemeint, aber zu anderen Zeiten dachte sie, Dave benutze sie nur, um sie einzuschüchtern, damit er sich stark und überlegen fühlte. Gewöhnlich kauerte sie sich still hin, schwieg und wartete, dass der Sturm vorüberging, um sich ihm dann mit tränenreichen Entschuldigungen zu nähern (sie nannte das »Kriechen und Betteln«). Dave pflegte sie scharf zu kritisieren, aber nach einer Weile kehrten sie dann beide zu einer Routine zurück – bis zum nächsten Ausbruch. Anna war überzeugt, dass sie sich nicht anders verhalten konnte: Sie konnte nicht leben, ohne sicher zu sein, dass Dave nicht mehr wütend auf sie werde.

Der Berater und Anna bereiteten ein Experiment vor, bei dem Anna eine Zeit lang einige systematische Veränderungen in ihrem gewöhnlichen Verhalten vornehmen sollte, um ihre Hypothese über Daves Absichten und ihre Möglichkeiten des Reagierens zu überprüfen. Sie sollte zwei Veränderungen vornehmen: (a) das »Kriechen und Betteln« auslassen und gleich anfangen, mit Dave normal zu reden, wenn der Sturm vorüber war, und (b) mit ihm über die negativen Auswirkungen seiner Ausbrüche auf sie reden. Die Logik des Experiments war folgende: Wenn Dave wirklich wünschte, sie unterlegen zu halten, um zu beweisen, dass er stark und überlegen war, würde er versuchen, Anna so unter zu Druck setzen, dass sie zum »Kriechen und Betteln« zurückkehren würde, er würde seine bissigen Kritiken verlängern und wütend darauf reagieren, wenn Anna die negativen Effekte seiner Ausbrüche auf sie erwähnt. Das Experiment würde auch Annas eigene Fähigkeit, anders zu reagieren, überprüfen.

Anna: Ich habe getan, war wir verabredet hatten, und es hat überhaupt nicht geholfen.
Therapeut: Wie reagierte er auf das, was Sie taten?
Anna: Er wurde wieder wütend und fing an zu drohen. Er will sich einfach nicht ändern.
Therapeut: Und wie haben Sie reagiert? War Ihre Erwiderung dieselbe wie sonst?
Anna: (überlegend) Nicht genau. Diesmal habe ich nicht geweint oder mich entschuldigt. Irgendwie hatte ich nicht so viel Angst vor seiner Wut.
Therapeut: Halten Sie das für eine Veränderung?
Anna: (zögernd) Ja. Und die Tatsache, dass ich keine Angst hatte, fühlte sich gut an.
Therapeut: Was geschah nach dem Ausbruch?
Anna: Wir haben drei Tage nicht geredet.
Therapeut: Und wie endete das?
Anna: Ich fing wieder an mit ihm zu reden, als ob nichts geschehen wäre.
Therapeut: Fing er wieder an, Sie zu kritisieren?
Anna: Nein. Er reagierte, als ob nichts geschehen wäre.
Therapeut: Das ist eine Veränderung. Sonst absolvieren Sie den »Kriechen und Betteln«-Vorgang, und er erklärt, wie sehr Sie Unrecht hatten.
Anna: Stimmt.
Therapeut: Haben Sie mit ihm über die schlimmen Auswirkungen seiner Ausbrüche auf Sie gesprochen, nachdem Sie den Streit beigelegt hatten?
Anna: Ja. Das fiel mir schwer, weil ich so daran gewöhnt bin, alles zu glätten, um den Frieden aufrechtzuerhalten.
Therapeut: Und wie reagierte er?
Anna: Er hörte ruhig zu und sagte dann: »Ist doch keine große Sache.«
Therapeut: Ist das eine Veränderung?
Anna: Kann sein. Ich war überrascht, dass er nicht wieder wütend wurde. (Lachend) Sie verlangen eine Menge von mir: Änderungen herbeizuführen und sie auch noch zu bemerken.

Diese Aufgabe, Änderungen zu bemerken, wurde einige Male wiederholt. Anna wurde nach und nach fähiger bei dieser Aufgabe. Obgleich Daves Ausbrüche nicht verschwanden, verringerten sich ihre Furcht und ihre Gefühle von Erniedrigung erheblich.

Nichtdämonische Ziele

In der dämonischen Sicht kann eine Heilung nur dann erzielt werden, wenn die »tief liegenden Ursachen« des Leidens eliminiert werden. Nichtdämonische Ziele sind demgegenüber klein und partiell. Sie mögen den Klienten anfangs enttäuschen, besonders wenn er an die Notwendigkeit einer Wurzelbehandlung glaubt. Eine solche Kluft erfordert Verhandlung und »Enttäuschungsarbeit«.

Wir wollen zur Fallgeschichte 4 zurückkehren (»Wer will ein Monster als Mutter haben?«), zu dem Klienten Ralph, der glaubte, er könne sich nicht ändern, bis ihm seine Mutter die Liebe zukommen ließe, die sie ihm nicht gegeben hatte, als er ein Kind war (Kapitel »Prämissen einer tragischen Sicht«).

Ralph: So lange ich gegen die Lügen meiner Mutter anrenne, kann ich aus meiner Depression nicht herauskommen. Sie muss die Dinge sehen, wie sie sind!
    Therapeut: Ich fürchte, das ist etwas, bei dem ich Ihnen nicht helfen kann.
    Ralph: Warum?
    Therapeut: Sie haben jahrelang versucht, die Haltung Ihrer Mutter zu verändern. Es ist Ihnen nicht gelungen. Ich denke nicht, dass ich das besser kann als Sie.
    Ralph: Wie können Sie mir denn dann helfen? Könnten Sie mir wenigstens dabei helfen, mich nicht darum zu kümmern, wie ich behandelt worden bin?
    Therapeut: Nur völlig gefühllose Menschen können gleichgültig gegenüber einer schwierigen Vergangenheit bleiben. Aber wir können vielleicht ein bescheideneres Ziel erreichen. Heute fühlen Sie sich so überwältigt von der Vergangenheit, dass Sie Dinge vermeiden, die Ihnen helfen könnten, sich besser zu fühlen – wie Kontakt zu anderen Menschen. Wenn wir gemeinsam daran arbeiten, dass Sie bisher vermiedene Aktivitäten wieder aufnehmen, könnte der Schatten der Vergangenheit schwächer werden.

Ralph war mit diesem Vorschlag einverstanden. Auf diese Weise kann bereits das Verhandeln über therapeutische Ziele einen entdämonisierenden Prozess in Gang setzen.

Fallgeschichte 12: Schuld und Reue

Sean, ein junger Student, quälte sich mit dem Gedanken an den Schaden, den er bei einem anderen Kind angerichtet hatte, das er vor Jahren schikaniert hatte. Er empfand, dass das, was er getan hatte, unverzeihlich sei, dass es auf einen tiefen moralischen Defekt in seinem Charakter hinwies und dass er leiden müsse, um seine Sünde wieder gutzumachen. Die Selbstquälerei erwies sich jedoch als wirkungslos, denn er hatte nie das Gefühl, genug gelitten zu haben.

Der Therapeut erzählte ihm von der Unterscheidung, die tibetische Buddhisten zwischen Schuld und Reue machen. Schuld ist ein Gefühl, das auf die Vergangenheit gerichtet ist: »Wie schrecklich ist das, was ich getan habe, und was für ein entsetzliches menschliches Wesen bin ich!« Reue ist auf die Zukunft ausgerichtet: »Wie kann ich es vermeiden, wieder zu straucheln, und wie kann ich der Welt etwas Gutes zukommen lassen, um irgendwie das Böse, das ich getan habe, zu kompensieren?« Schuld, sagen die Tibeter, ist nur von Wert, wenn sie zu Reue führt; wenn nicht, ist sie Zeitverschwendung. Sean beschrieb seinen Wunsch nach völliger Wiedergutmachung, indem er Jesaja zitierte: »Wenn eure Sünde auch blutrot ist, soll sie doch schneeweiß werden.«

Der Therapeut kommentierte: »Das mag am Ende aller Tage wahr sein. Inzwischen werden wir zufrieden sein müssen mit: ›Wenn auch deine Sünden blutrot sind, sie werden gelblich weiß werden‹. Es gibt Flecken, die bei der Wäsche nicht völlig verschwinden, aber sie können aufgehellt werden.« Er schlug vor, gemeinsam auf einen Wechsel von vergangenheitsorientierter Schuld zu zukunftsorientierter Reue hinzuarbeiten. Als Sean erst einmal die Idee einer partiellen Verbesserung akzeptiert hatte, wurde er fähig, positive Aktionen zu unternehmen, die sich als wohltuend für andere und ihn selbst erwiesen.

Bescheidene Ziele setzen

»Es ist stärker als ich!«, »Es kontrolliert alles, was ich tue!«, »Ich kann dem nicht widerstehen!«, sagt der Alkoholiker, der cholerische Elternteil, der prügelnde Ehemann oder der Exhibitionist. Dieser Glaube an eine negative Macht, die tief im Inneren der Seele wohnt und Kontrolle über den Menschen gewinnt, ist eine verhängnisvolle Form der Selbstbeschreibung. Ein Hauptrepräsentant dieser vermeintlichen negativen Kraft ist das verdrängte Trauma. Dieser Ansicht nach kann der traumatische Zustand nur geheilt werden, wenn das Trauma gänzlich ins Bewusstsein gehoben und einem Prozess der Abreaktion unterworfen wird. Unserer Argumentation folgend kann diese Prozedur durchaus als eine Art weltlicher Exorzismus angesehen werden. Klassische Filme, wie Hitchcocks »Marnie« oder Redfords »Ordinary People«, in denen mit dem erneuten Durchleben und der Freisetzung des Traumas sowohl das Mysterium als auch das Leiden aufgelöst werden, haben diesen Vorstellungen einen hohen populären Rang verschafft.

Die auf diesen Überlegungen aufbauenden therapeutischen Prozeduren sind in den vergangenen Jahren einer dreifachen Kritik unterworfen worden:
- Das Studium des Erinnerungsvermögens hat gezeigt, dass es keine Möglichkeit gibt festzustellen, was wirklich geschehen ist und was imaginiert ist, wenn vermeintliche Erinnerungen auf diese Weise bewusst gemacht werden.
- Die negative Bedeutung, die eine Person den Ereignissen zuordnet, kann nicht weniger Elend hervorrufen als die Ereignisse selbst.
- Das Wiederbeleben negativer Erfahrungen kann deren Wirkung eher intensivieren, als sie zu verringern.

Diese Kritikpunkte stellen die Notwendigkeit des Vordringens zu dem eigentlichen Trauma bei der Behandlung traumatisierter Klienten in Frage. Zunehmend wird heute in der Traumatherapie ein bescheideneres Ziel verfolgt, nämlich dem Klienten zu helfen, besser mit den akuten gegenwärtigen Reaktionen zurechtzukommen (Bittenbinder, 2000). Dahinter steht eine entdämonisierende Logik: Vielleicht stammt das Leiden nicht so sehr von dem zugrunde liegenden Trauma als von der Tatsache, dass die heutigen Gefühle heftig von allem aufgeweckt werden, was daran erinnert. Statt durch das ursprüngliche Trauma erneut hindurchzugehen, kann es hilfreich sein, das Gefühlsleben ein wenig besser steuern zu lernen. Dann geht es in der Therapie eher darum, mit den Klienten gemeinsam an Wegen zu arbeiten, dass das Trauma nicht das ganze Leben überschattet, sondern dass es als ein Bestandteil der persönlichen Erfahrungen einen inneren Ort bekommt, ohne das ganze Leben zu beeinträchtigen. Das nächste Fallbeispiel zeigt, wie dies mit Hilfe einer hypnotherapeutischen Dissoziationsmethode gelingt, die in der Arbeit mit traumatisierten Klienten eingesetzt werden kann.

Fallgeschichte 13: Die Augenoperation

Will, der in den vorangegangenen Jahren bei einem Terrorangriff verwundet worden war, brauchte dringend eine Augenoperation, weigerte sich aber, sich ihr zu unterziehen. Er war bereits für den chirurgischen Eingriff in der Klinik aufgenommen worden, wurde aber während der Vorbereitungen von Erinnerungen an das Krankenhaus überschwemmt, in dem er mit den anderen Opfern des Angriffs behandelt worden war. Er riss sich die Instrumente ab und rannte aus dem Operationssaal. Er weigerte sich zurückzukehren und sagte, er würde lieber das Augenlicht verlieren, als diese Erfahrung noch einmal durchzumachen. Sein jetziger Therapeut bot Will an, ihm zu helfen, das neue Krankenhaus, in dem er am Auge operiert werden sollte, von den emotionalen Reaktionen zu trennen, die mit dem Terroristenangriff verbunden waren. Will stimmte zu, als ihm versichert wurde, dass kein Versuch unternommen werden würde, ihn sein ursprüngliches Trauma noch einmal erleben zu lassen.

Der Therapeut verhalf Will zu einer tiefen Entspannung und ließ ihn sich vorstellen, er hielte die Fernbedienung eines Videorekorders in den Händen: »Nimm die Fernbedienung in die Hand …, schalte den Rekorder an …, verändere das Bild zu schwarzweiß …, jetzt wieder zu farbig …, mach es röter …, lass es schneller laufen, wie in alten Filmen…, füge eine Musik hinzu, die nicht zu der Geschichte passt. Wenn der Film unangenehme Teile enthält, die du nicht sehen willst, schalte aus. Schiebe jetzt die Kassette mit dem Etikett ›Wills Augenoperation‹ ein. Der Film beginnt und du siehst das Wartezimmer der Augenabteilung der Klinik. Jetzt, wo du dich selbst in der Augenabteilung siehst, stell dir vor, dass dort ein Videorekorder steht, in dem du einen anderen Film sehen kannst, der ›Wills terroristische Erfahrung‹ heißt. Darin kannst du das Krankenhaus sehen, in dem du und die anderen Opfer behandelt wurden, aber die ganze Zeit weißt du, dass du in der Augenabteilung bist und dass du wegen einer Operation, die dein Augenlicht retten wird, hergekommen bist. Das Krankenhaus mit den Terroropfern sieht weit weg aus, undeutlich …, du siehst dort den verletzten Will auf der Trage liegen …, aber du bist hier, in der Augenabteilung, und du kannst Will aus der Ferne in dem Terrorismusfilm sehen. Der Film läuft weiter …, du kannst dich selbst sehen, wie du verwundet wirst …, in Sicherheit gebracht wirst …, wie du im Krankenhaus bist …, aber diesmal nicht ›von innen‹, durch deine Augen, sondern von außen, wie es im Film geschieht. Du kannst den Film unscharf machen, die Lautstärke verringern oder ihn ausstellen, weil du die Fernbedienung in der Hand hast. Du weißt, dass Will im Film Angst hat zu sterben, aber du brauchst diese Angst jetzt nicht zu fühlen, denn du weißt, was der verwundete Will nicht weiß – dass er überleben wird …, und deshalb kannst du den Film mit viel weniger Furcht sehen …, jetzt in der Augenabteilung, weil du auch weißt, dass es eine gute Chance gibt, dass die Behandlung den Teil deiner Schwierigkeiten beseitigen wird, der beseitigt werden kann, und dass sie nur einen kleinen Teil übrig lässt, der nicht beseitigt werden kann, weil du wirklich schwere Dinge durchgemacht hast.«

Die Bereitschaft von Klient und Therapeut, sich mit einem bescheidenen, aber akzeptablen Ziel zufrieden zu geben, gestattete Will nach einigen Sitzungen, die Augenoperation durchzustehen.

Das Prinzip des Reifens

Die dämonische Sicht bringt eine zwingende Notwendigkeit unmittelbarer und entscheidender Aktivität mit sich, denn jede Art von Verschieben oder Zögern könnte die Lage nur schlimmer machen. Beispielsweise sagt eine Frau zu ihrem Freund, der nicht wie versprochen angerufen hat: »Sag mir jetzt, willst du mit mir zusammen sein oder nicht? Wenn nicht, dann lass uns jetzt gleich aufhören!« Ein Arbeiter sagt zu seinem Boss, nachdem der seine Unzufriedenheit über dessen Arbeit ausgedrückt hat: »Ich sehe schon, dass Sie mich nicht mehr brauchen. Also hau ich ab!« Eltern strafen ihr Kind unmittelbar in einer Situation höchsten Affekts, weil es sonst die Idee bekommen könnte, mit seinem Fehlverhalten »durchzukommen«. Bei dieser Sichtweise ist entschiedenes und sofortiges Handeln alles.

Es wird allgemein angenommen, dass Zweifel das Gegenteil von Handeln ist. Bedeutsame Aktionen können jedoch auch der Entschlossenheit entspringen, nicht voreilig zu handeln und einen Zustand der Unentschlossenheit geduldig zu ertragen. Diese Einstellung, die wir das *Prinzip des Reifens* nennen wollen, schließt ein:
– Das Vermeiden der Illusion eines K.-o.-Schlags oder einer Ein-für-alle-Mal-Lösung.
– Akzeptieren, dass viele Faktoren im Spiel sind und dass der eigene Einfluss notwendigerweise begrenzt ist.
– Auf den günstigen Augenblick warten, wenn eine entschlossene Aktion das Gleichgewicht in eine gewünschte Richtung verschiebt.

Das Prinzip des Reifens kontert die dämonische Kombination polarisierten Denkens und militanten Eifers, die sich in Redensarten wie: »Jetzt oder nie!« oder »Angreifen oder kapitulieren!« ausdrücken. Durch die Lupe des Prinzips des Reifens betrachtet, verlieren die beiden Pole ihre absolute und exklusive Bedeutung. Weit entfernt davon, darin Feigheit und rückgratlose Zauderei zu sehen, die eine dämonische Perspektive daraus machen könnte, kann das Prinzip des Reifens eine revolutionäre Haltung einschließen. Das kann in den folgenden Beispielen gesehen werden.

Fallgeschichte 14: Aktives Warten

Außereheliche Beziehungen verursachen oft enormes Leiden für die ganze Familie. Wenn eine Affäre aufgedeckt wird, steigen hitzige Emotionen mit einem höchst destruktiven Potential auf. Eine dämonisierende Haltung gegenüber sich selbst (»Etwas ist in mir, das Männer veranlasst, mich zu verlassen«), gegenüber dem Betrüger (»Er ist sexversessen!«) oder der Beziehung (»Das beweist, dass unsere Ehe krank war!«) kann den Gefühlen von Verlust und Wut eine weitere Schicht hinzufügen. Solche dämonischen Beschreibungen führen zur Eskalation, entwerten alle positiven Elemente und machen einen Dialog unmöglich. Die betrogene Partei wendet sich hilfesuchend an Freunde und Verwandte, bekommt aber oft einen widersprüchlichen Rat: »Sag ihm unverblümt: sie oder ich!« oder »Halt den Mund und ruinier nicht deine Ehe!« Das Prinzip des Reifens bietet eine unkonventionelle Alternative, wie die folgende Geschichte zeigt.

Ida, die bereits in der Vergangenheit mit ihrem Mann Simon in Therapie gewesen war, bat dringend um einen neuen Termin. Sie hatte auf dem Kontoauszug von Simons Kreditkarte Zahlungen für teuere Restaurants und extravagante Hotels entdeckt. Bei einer Unterhaltung mit den Sekretärinnen seiner Anwaltskanzlei erfuhr sie, dass Simon und Shelly, eine junge Anwältin, zusammen zu Gerichtsanhörungen außerhalb der Stadt gereist waren. Ihre Freunde rieten Ida, »ihn aus dem Haus zu werfen«. Ida sagte, dass alles, was weniger als ein kategorisches »sie oder ich!« wäre, ihr das Gefühl geben würde, sie sei nur ein Fußabtreter. Auf der anderen Seite war sie voller äußerster Angst vor den Konsequenzen eines solchen Ultimatums. Dieses Dilemma brachte sie erneut zur Therapie. Sie war eine begabte und erfolgreiche Modedesignerin. Sie war damals wegen Angstzuständen zur Therapie gekommen, die sie mehr und mehr von Simons ständiger Unterstützung abhängig gemacht hatten. Anfangs war er bereit zu helfen, aber nach und nach wurde er zunehmend genervt von Idas endlosen Telefonaten. Er distanzierte sich und vergrub sich in seine Arbeit. Ida fühlte damals sowohl ihre Ehe als auch ihre persönliche und berufliche Unabhängigkeit bedroht. Die Therapie, teils in Einzelgesprächen, teils in Paargesprächen, hatte ihr geholfen, ihr Selbstvertrauen wiederzuerlangen. Diesmal war Ida von Zweifeln geplagt: »Was ist falsch mit unserer Ehe? Wie kommt es, dass ich geglaubt habe, dass er mich liebt? Was hat mich so blind gemacht? War ich ein dummer Trottel? Ist er im Grunde ein Lügner?« Sie schwankte dazwischen hin und her, Simon, sich selbst und ihre Ehe schlecht zu machen.

Therapeut: Welche Art von Hilfe wünschen Sie?
Ida: Ich möchte mich stark fühlen.
Therapeut: Stark, um was zu tun?
Ida: Er muss sich entscheiden. Er muss zwischen mir und ihr wählen.
Therapeut: Welche Schritte glauben Sie unternehmen zu müssen?
Ida: Meine Freunde haben Recht. Ich muss ihm sagen, dass ich Bescheid weiß, ihm meine Beweise zeigen und ihm sagen, dass er sich entscheiden muss. Aber ich bin schwach. Ich habe Angst davor, dass er sich entschließt fortzugehen und ein neues Leben aufzubauen – mit ihr oder einer anderen Frau. Das würde mich total niederschmettern. Ich weiß, dass er anfangen wird, die Beweise anzuzweifeln, und ich werde nachgeben.
Therapeut: Wie glauben Sie, ist das geschehen?
Ida: Vielleicht hat er sich von meiner Unabhängigkeit bedroht gefühlt. Er würde eine Frau vorziehen, die unsicher ist und gehorsam, die ihn blind anbetet und sein Ego füttert. In seinem Alter braucht er auch Beweise seiner Männlichkeit. Also kommt Shelly ins Spiel!
Therapeut: Haben Sie in jüngster Zeit irgendwelche Veränderungen in seinem Verhalten Ihnen oder der Familie gegenüber wahrgenommen?
Ida: Überhaupt nicht. Aber er war in letzter Zeit sehr unter Stress, und ich dachte, das sei so, weil er eine Krise in seiner Arbeit durchmachte. Aber jetzt glaube ich, dass es einen anderen Grund geben könnte. Vielleicht hat er die ganze Zeit schon geplant, mich loszuwerden!
Therapeut: Passt so eine hinterhältige Strategie zu seiner Art?
Ida: Wenn Sie mich vor diesem Sommer gefragt hätten, hätte ich nein gesagt. Er war immer ehrlich und sagte, was er dachte. Aber es stellt sich heraus, dass ich mich getäuscht habe. Er scheint viel verschlagener zu sein, als ich je für möglich gehalten hätte.
Therapeut: Ich möchte Ihnen helfen, Stärke zu finden, aber ich bin nicht sicher, ob ein Ultimatum der richtige Weg wäre.
Ida: Was meinen Sie?
Therapeut: Wenn Sie Recht haben und er mit dieser Frau ausgegangen ist, weil Ihre Beziehung zerrüttet ist oder weil er nur einfach ein Hallodri ist, dann ergibt das, was Sie tun wollen, Sinn: Diese Art von Problem sollte mit einem direkten Angriff angegangen werden. Aber die Frage ist, ob diese Beschreibungen auf seine Motive zutreffen.
Ida: Verstehe ich nicht.
Therapeut: Es ist allgemein bekannt, dass außereheliche Beziehungen auf

ein Problem in der Ehe hinweisen können oder auf einen grundsätzlichen Persönlichkeitsfehler. Aber ich bin nicht sicher, dass das so ist.

Ida: Was könnte es denn sonst sein?

Therapeut: Manchmal gerät man in eine Affäre in kleinen Schritten, von denen keiner als solcher sehr gefährlich aussieht: »Wir trinken ja nur eine Tasse Kaffee zusammen«, »Wir schauen nur das Meer an«. Gewöhnlich ist da die Illusion der Kontrolle: »Wir werden nur einmal miteinander schlafen, und dann ist Schluss.« Langsam verwickeln sich die Dinge, und was am Anfang klein ausgesehen hat, ist jetzt eine riesige Affäre. Als Sie mit 16 angefangen haben zu rauchen, haben Sie sich da gesagt, dass Sie abhängig werden würden? Nein, Sie haben zu sich gesagt, du willst es nur mal versuchen, mal sehen, wie das ist zu rauchen, mal Ihre Kontrolle testen. Es liegt in der Natur der Verführung, dass jeder Schritt an sich nicht als Verführung erfahren wird. Ich weiß nicht, ob es das ist, was mit Simon passiert ist. Aber es könnte so sein. Wie ich ihn so im Gedächtnis habe, würde ein Frontalangriff keine gute Idee sein. Das würde wahrscheinlich die Situation eskalieren und das Problem vertiefen.

Ida: O. k., lassen Sie uns für den Augenblick sagen, dass er verführt worden ist und dass es kein tieferes Problem in unserer Beziehung gibt. Was wäre dann richtig zu tun?

Therapeut: Ich würde vorschlagen, in einer Richtung aktiv zu werden, die erst einmal seltsam erscheinen mag, die ich aber bei einigen Fällen erfolgreich ausprobiert habe. Diese Richtung würde Ihnen einiges abverlangen, aber Sie würden die Chance vergrößern, die Affäre und die Krise zu überwinden.

Ida: Ich bin mir nicht sicher, ob ich in einer gescheiterten Ehe bleiben möchte.

Therapeut: Wenn sie scheitert und Sie wollen sie nicht mehr, will ich Ihnen gern helfen, sie auf die richtige Art zu beenden. Mein Vorschlag wird Sie übrigens sogar für diese Möglichkeit stärken. Aber ich denke, Sie sollten die Ehe nicht fortwerfen, bevor sicher ist, dass sie gescheitert ist.

Ida: Wollen Sie mir sagen, ich soll schauspielern und mich nicht rühren, bis er genug davon hat, seine Assistentin zu vögeln?

Therapeut: Natürlich nicht, doch ich möchte eine Richtung vorschlagen, die weder Kuschen noch Aggressivsein beinhaltet. Der Vorteil dieser Richtung ist, dass sie Ihre Beziehung nicht ruiniert und die Chance neuer Entwicklungen eröffnet. Der harte Teil ist, dass Sie eine Weile unentschlossen bleiben müssen, wo Sie doch jetzt sofort Gewissheit und Entschiedenheit haben wollen. Ich schlage vor, dass Sie Simon um ein Gespräch bitten und ihm sagen: »Ich weiß, dass du eine Affäre mit Shelly hast. Ich weiß das mit Sicherheit, aus weiblicher Intuition. Du brauchst mir nicht zu antworten oder zu bestätigen oder es abzustreiten. Ich frage dich nicht, ob es stimmt, was immer du sagst, wird meine Gewissheit nicht ändern. Frage nicht nach Beweisen. Ich brauche nichts, was über meine Gewissheit hinausgeht. Es ist mir äußerst schmerzlich zu denken, dass du es vorziehst, mit einer anderen Frau zusammen zu sein. Es verletzt mich als Frau zutiefst. Aber das ist mein Problem, und ich kann damit fertig werden. Ich glaube auch, dass unsere Beziehung tief und stark ist. Wenn ich Recht habe, wird sie diese Krise überstehen. Und wenn nicht, werde ich verstehen, dass sie nicht gut und stark genug war, und dann werde ich sie beenden können. Ich weiß, dass ich sehr an dir hänge. Auch wenn ich schrecklich verletzt und wütend bin, ist das, was ich 25 Jahre lang für dich empfunden habe, nicht ausgelöscht. Ich bitte dich um nichts. Ich sage dir nicht, wie du dich ihr gegenüber verhalten sollst, ich fordere nicht, dass du dich jetzt entscheidest. Gefühlsmäßig würde ich dir am liebsten sagen, du solltest sie feuern und aus deiner Kanzlei werfen, aber ich möchte, dass du deine eigene Entscheidung triffst. Ich glaube, dass wenn du meine Gefühle verstehst, du wissen wirst, was zu tun ist, aber du bist frei, so zu handeln, wie du es verstehst. Ich bin verantwortlich dafür, wie ich mit meinem Schmerz umgehen muss. Ich habe Geduld. Eines Tages kann es sein, dass ich meiner Unsicherheit ein Ende setze, aber jetzt entscheide ich mich für nur eine Sache: es dich wissen zu lassen, auf mich aufzupassen und zu hoffen, dass du verstehst.«

Ida: Kommt nicht in Frage! Das sieht er als Erlaubnis an, noch weiter zu gehen und alle Bedenken über Bord zu schmeißen.

Therapeut: Wenn das geschieht, ist es ein klarer Beweis, dass er ein Dummkopf ist, und ich werde Ihnen helfen, sich aus der Ehe herauszukämpfen. In einem gewissen Sinne machen wir ein wissenschaftliches Experiment: Wenn sich sein Verhalten Ihnen gegenüber bessert und Sie Anzeichen dafür sehen, dass er in einem echten Dilemma ist, dann ist unsere Richtung gerechtfertigt. Wenn er Sie weiter missachtet, sogar noch offener, dann ist er kein wirklicher Partner, und unser Experiment hat uns dazu verholfen, eine größere Bereitschaft für die zukünftige Auseinandersetzung zu erlangen.

Ida: Das klingt bei Ihnen so leicht. Diese verrückte Idee passt irgendwie zu dem, was ich mir selbst wünsche, aber ich weiß nicht, ob ich das so handhaben kann. Ich werde Sie oft zu Rate ziehen müssen. Es ist so leicht, einen Fehler zu machen.

Therapeut: Ich bin für Sie telefonisch zu erreichen. Wir können am Telefon miteinander sprechen oder uns so oft treffen, wie Sie es brauchen.

Der Therapeut traf Ida am nächsten Tag wieder und sie erzählte von ihrem Gespräch mit Simon: »Er versuchte zu leugnen, aber ich sagte ihm, dass das zwecklos sei. Er verlangte zu erfahren, auf welcher Grundlage ich ihn beschuldigte. Ich sagte, dass er als Anwalt immer besser sei als ich, wenn es um Beweise ginge, aber dass meine Intuition mir genüge. Er versuchte, mich anzugreifen, aber ich brachte es fertig, mich nicht in einen Streit hineinziehen zu lassen. Aber als er aus dem Zimmer stürmte, habe ich mich schrecklich gefühlt. In der Nacht sagte er, dass er sich sehr schlecht fühle. Er fürchtete, er würde einen Herzanfall haben. Ich konnte nicht widerstehen zu sagen, dass er einen verdient hätte. Aber dann habe ich ihm geholfen, sich zu beruhigen.«

In den folgenden Tagen traf sich der Therapeut oft mit Ida. Er half ihr, bei der besprochenen Richtung zu bleiben, trotz der Wut und Furcht, die sie immer wieder empfand. Simon fing an sich ihr mehr zu nähern, er rief sie häufig an, machte sich Sorgen um sie und lud sie zum Ausgehen ein.

Ida: Schon seit langer Zeit hat er sich nicht mehr so viel um mich gekümmert. Aber ich habe das Gefühl, dass das alles aus einem Schuldgefühl kommt und nicht aus einem wirklichen Empfinden.
Therapeut: Nun, Mistkerle empfinden gewöhnlich keine Schuld.

Ida bat Freunde, ihr beizustehen, ohne ihr zu sagen, was sie tun sollte. Auf diese Weise verringerte sie den äußeren Druck, eine Entscheidung zu treffen. Simon fuhr fort, um sie zu werben und sich schlecht zu fühlen. Eines Tages rief er den Therapeuten an und bat um einen Termin. Er kam mit Ida, aber bat mit ihrem Einverständnis darum, mit dem Therapeuten allein zu sprechen.

Simon: Sie müssen durch Ida von Shelly gehört haben. Ich bin blindlings in diese Affäre mit ihr gezogen worden. Ich habe das nicht beabsichtigt, aber ich habe mich hinreißen lassen. Shelly ist eine verwundbare und heißblütige Frau, und ich hatte Angst davor, die Beziehung abzubrechen. Die Affäre hat mich dazu gebracht, meine Arbeit zu vernachlässigen, bis zu dem Punkt, dass einige wichtige Klienten mich verließen. Ida hat das herausgefunden. In den Auseinandersetzungen, die wir hatten, habe ich entdeckt, dass sie stärker war, als ich es je für möglich gehalten hätte. Sie ging mit dieser Krise phantastisch um. Ich sah, dass es ihr das Herz brach, aber sie behielt einen kühlen Kopf. Ich war in einem schrecklichen Konflikt und fing an, mich krank zu fühlen. Ich habe ihre Verdächtigungen nie bestätigt oder geleugnet. Sie hat mich auch nicht zu einem von beiden gedrängt. Plötzlich wurde mir klar, wie wichtig sie mir ist. Ich entschloss mich, mit Shelly zu brechen. Vorgestern habe ich Shelly gesagt, ich hätte mich entschlossen, Schluss zu machen. Sie sah mich mit einem wilden Blick an und sagte: »Wirklich? Glaubst du, du kannst mich einfach wegwerfen? Ich zeig's dir. Ich rufe jetzt Ida an!« Und sie nahm den Hörer auf. Ich hörte, wie sie Ida anrief und sagte: »Hier ist Shelly, dein Mann hat versprochen, mich zu heiraten, und jetzt lässt er mich fallen! Ich möchte, dass du weißt, dass ich ihn nie aufgeben werde!« Sie brach in Tränen aus und redete weiter mit Ida. Ich hörte nicht, was Ida sagte. Als sie aufhörten zu reden, sah mich Shelly voller Hass an und sagte: »Ida kommt jetzt hierher!« Ich war geschockt. Ich wartete darauf, dass mir die Decke auf den Kopf fallen würde. Ida kam herein. Sie sah wunderschön aus, elegant und ruhig. Sie ignorierte mich völlig, ging zu Shelly hinüber und sagte zu ihr mit Wärme: »Wie konntest du seinen Versprechungen glauben? Er lässt sich immer hinreißen. Ich bin sicher, dass er nicht beabsichtigte, von zu Hause wegzugehen.« Dann wandte sie sich an mich und sagte: »Wie konntest du nur diese junge Frau zum Narren halten? Hast du gar keine Skrupel?« Und zu Shelly: »Lass uns in das andere Zimmer gehen. Erzähl mir alles!« Ich war schockiert. Ich wusste nicht, wo ich mich verstecken sollte. Sie schlossen sich in den anderen Raum ein. Ich hörte, wie Shelly weinte und Ida sie tröstete. Sie kamen aus dem anderen Zimmer und Shelly kam auf mich zu, ohrfeigte mich und sagte: »Du wirst schon sehen! Du wirst bezahlen für das, was du mir angetan hast!« Ich wankte und ging zur Tür.

An dieser Stelle von Simons Geschichte konnte der Therapeut sich nicht mehr halten und fing an zu lachen. Simon fing auch an zu lachen, aber ein wenig säuerlich. Keine Seifenoper hätte eine solche Situation in Szene setzen können.

Simon fuhr fort: Ida saß am Tisch und sagte ruhig: »Warum läufst du weg? Bleib und nimm es wie ein Mann hin!« Und dann sagte Shelly: »Ich habe immer gedacht, du seiest ein Engel und Ida ein Monster. Jetzt sehe ich, dass es genau umgekehrt ist! Du kannst noch nicht mal die Frau schätzen, die du hast. Du Schuft!« Und sie stapfte raus. Ida und ich blieben allein. Ich fühlte mich ihr sehr nah und fing an ihr zu erzählen, dass die Krise in der Kanzlei mit meiner schlechten Verfassung seit dem Beginn der Affäre zusammenhing. Das war auch der Grund, dass ich im Begriff war, die Firma zu verlieren, die bislang mein bester Klient gewesen war. Ich vertraute ihr, ich fühlte, dass sie stärker war als ich. Sie wollte, dass ich den Präsidenten der Firma sofort anriefe. Ich sagte ihr, dass mir das zu peinlich wäre. Sie kannte ihn gut, weil wir schon so lange zusammengearbeitet hatten und die Familien sich ein paar Mal getroffen hatten, deshalb fragte sie mich nach seiner Handynummer und rief ihn an. Sie sagte zu ihm: »Ich höre, Sie wollen nicht mehr mit Simon zusammenarbeiten. Die ganze Zeit habe ich gedacht, dass es an Ihnen liege, aber heute habe ich verstanden, warum er seinen Verpflichtungen nicht nachgekommen ist. Ich würde mich gern mit Ihnen treffen, um Ihnen die Situation zu erklären.« Ich hörte über den Lautsprecher wie er sagte, dass er aufgelegt hätte, wenn ich ihn angerufen hätte, aber ihretwegen sei er bereit, sich mit uns zu treffen. Er lud uns noch am selben Abend zu sich ins Haus ein. Ida sagte zu ihm: »Simon hatte eine Affäre, die ihn in Schwierigkeiten gebracht hat und dazu führte, dass er seine Arbeit vernachlässigte. Wenn Sie ihn fallen lassen, könnte seine Kanzlei zusammenbrechen. Jahrelang hat er eine Menge für Sie getan. Was Sie als Präsident erreicht haben, ist zum Teil sein Verdienst. Was gerade geschehen ist, ist eine vorübergehende Sache. Ich bitte Sie, ihm noch eine Chance zu geben, und ich garantiere Ihnen, er wird seine Fehler wieder gutmachen.« Er sagte uns, er sei bereit, mir noch mal eine Chance zu geben.

Ida erzählte dieselbe Geschichte später, aber mit einem Zusatz:

Als Shelly mich anrief, war ich am Boden zerstört, weil Simon die Affäre niemals offen zugegeben hatte. Mein erster Impuls war, auf sie einzuschlagen und eine Szene zu machen. Aber dann habe ich mich daran erinnert, worüber wir gesprochen hatten: kein Angriff und kein Kriechen. Ich entschloss mich, auf eine möglichst zurückhaltende Art zu handeln. Ich weiß nicht, woher ich die Kraft nahm, aber ich habe nie zuvor so viel Power als Frau empfunden. In der Kanzlei habe ich es richtig genossen, ihn sich winden zu sehen.

Eine Nachuntersuchung ein paar Jahre später zeigte, dass die Krise überwunden worden war und sogar zu einer Verbesserung in der Beziehung geführt hatte.

Fallgeschichte 15: Das »wissenschaftliche Experiment«

Eine Art, das Prinzip des Reifens umzusetzen, ist das bereits erwähnte »wissenschaftliche Experiment«. Im vorhergehenden Fall testete Ida ihre Hypothesen über die eheliche Beziehung, indem sie ihren Wunsch nach entschlossener Aktivität in Schach hielt, während sie versuchsweise ihr gewöhnliches Verhalten modifizierte. Der folgende Fall illustriert ein sehr schnelles Experiment, das zeigt, dass unmittelbares Reifen auch möglich ist.

Mika hatte seit zwanzig Jahren einen Führerschein, war aber zu ängstlich zu fahren. Sie hatte sich vor kurzem von ihrem Mann getrennt und lebte jetzt in einer kleinen Stadt mit ihren Teenagerkindern. Die Kinder gingen in der nahegelegenen größeren Stadt zur Schule und mussten dorthin gefahren werden. Mika hatte das Gefühl, dass die Tatsache, dass sie nicht Auto fuhr, sie in den Augen der Kinder als behinderte Person erscheinen ließen, und sie fürchtete, dass ihr Vertrauen dadurch unterminiert würde. In den letzten Jahren hatte sie versucht, Fahrstunden zu nehmen, aber sie hatte nicht genügend Selbstvertrauen, allein zu fahren. Sie schrieb ihre Furcht vor dem Fahren einer unbewussten Angst vor Unabhängigkeit zu. Der Therapeut sagte ihr am Telefon, dass er in einer Woche für längere Zeit ins Ausland fahren würde. Sie sagte, sie habe ihn angerufen, um ihn um Hypnotherapie zu bitten, denn nur Tiefenhypnose könnte ihr helfen, zu den Tiefen ihres Problems vorzudringen. Der folgende Dialog fand in der ersten Sitzung statt:

Therapeut: Wenn das Problem wirklich von einer unbewussten Furcht vor Unabhängigkeit herrührt, werden Sie vielleicht eine extensive Behandlung benötigen. In diesem Fall kann ich Sie an einen guten Therapeuten überweisen, der diese Arbeit tut (Mika sah enttäuscht aus). Aber auf der anderen Seite ist das Problem vielleicht oberflächlicher und kommt von den sich anhäufenden Auswirkungen einer langzeitlichen Vermeidungshaltung. Es liegt in der Natur von Vermeidungen, dass sie die Furcht vergrößern. In dem Fall könnten wir eine einfache und schnelle Therapie anwenden, und ich bin bereit, sie während der fünf Tage vor meiner Abreise durchzuführen.

Mika: Wie erkennen wir, was für eine Art von Problem es nun ist?

Therapeut: Ich schlage ein wissenschaftliches Experiment vor, um zwischen zwei Alternativen zu entscheiden.

Mika: Wie geht das Experiment vor sich?

Therapeut: Heute ist Donnerstag. Kaufen Sie morgen ein Auto. Dann treffen wir uns bei Ihrem Haus, und ich helfe Ihnen dabei, das Fahren zu üben. Wenn die Diagnose »Vermeidung« ist, dann können Sie fahren, bis ich am Dienstag verreise.

Mika: Sie machen Witze.

Therapeut: Ein Auto zu kaufen ist nicht kompliziert.

Mika: Aber ich habe noch nie ein Auto gekauft.

Therapeut: Nehmen Sie einen Freund mit, der sich auf solche Dinge versteht.

Mika: Und was ist, wenn sich herausstellt, dass es eine tiefes Problem ist und nicht ein Vermeidungsproblem?

Therapeut: Dann verkaufen Sie das Auto, und ich gebe Ihnen die Telefonnummer von Therapeuten, die mit tieferen Vorgehensweisen arbeiten. Wenn Sie sich zu dem wissenschaftlichen Experiment entschließen, dann rufen Sie mich morgen an, nachdem Sie das Auto gekauft haben.

Mika: Aber wie kriege ich das Auto von der Stadt nach Hause?

Therapeut: Das ist ein praktisches Problem. Vielleicht kann der Freund, der Ihnen hilft, das Auto zu kaufen, Sie nach Hause fahren.

Am Freitagnachmittag hatte der Therapeut einen Anruf: »Der Fiat Uno steht draußen«. Am Sonntag kam er zu Mikas Haus. Bis er dort ankam, hatte Mika schon ein paar Fahrstunden auf innerstädtischen Straßen hinter sich, begleitet von ihrer Freundin. Sie fuhren zusammen in der Stadt herum, und der Therapeut fand, dass ihre Fahrweise, wenn auch bei weitem nicht glatt, so doch sicher genug war. Sie fuhren auch auf den Hauptstraßen um die Stadt herum. Nach der Zusammenkunft hielt Mika es für unnötig, dass der Therapeut sie am folgenden Tag noch einmal aufsuchte. Seitdem ist sie weiterhin gefahren – außer auf der Straße nach Jerusalem. Sie waren sich einig, dass Jerusalem ein »tiefes Problem« war, in vielfacher Hinsicht.

Das »wissenschaftliche Experiment« demonstriert alle Elemente des Prinzips des Reifens. Die Klientin verlangte Hypnotherapie, wegen ihrer Annahme, dass irgendeine negative innere Macht sie vom Fahren abhalte. Der Therapeut erkannte ihre Vermutung als legitim an, bot aber eine alternative Hypothese an und schlug ein Experiment vor, um die beiden Sichtweisen zu testen. Die Bedingungen des Experiments enthielten die Reifungsbedingungen, die möglicherweise zu einer Veränderung führen konnten. Das Kaufen des Wagens war natürlich kein neutraler »wissenschaftlicher« Akt, sondern einer, der den Reifungsprozess in Gang setzte: Das Auto war nicht mehr eine abstrakte Idee, sondern eine sehr konkrete Realität, Gewohnheiten der lähmenden Selbstanalyse wurden durchkreuzt und ein Element der Überraschung und des Humors in einen Bereich eingeführt, der vorher von negativen Gefühlen beherrscht war. Außerdem ist es schwer, sich nicht auf den Fahrersitz zu setzen, wenn man einen nagelneuen Wagen vor dem Haus stehen hat.

Fallgeschichte 16: Ein Potpourri entdämonisierender Themen

Eli wurde am Ende des Libanonkriegs (1982) zum militärischen Reservedienst eingezogen. Er war verantwortlich für die Handhabung einer speziellen elektronischen Ausrüstung in einem versiegelten unterirdischen Raum. Er arbeitete meistens allein und in langen und monotonen Schichten. Am dritten Tag einer anstrengenden Arbeit mit höchster Verantwortlichkeit wurde Eli von Angstzuständen überflutet. Die Anlage schien nicht zu funktionieren, wie sie sollte. Die technischen Schwierigkeiten und die starke Ängstlichkeit versetzten ihn in einen Zustand, in dem er das Gefühl hatte, die Buchstaben auf der Mattscheibe nähmen die Gestalt furchterregender Gesichter an. Sein Vorgesetzter war krankgeschrieben und kehrte erst am nächsten Tag zu der Einheit zurück. Er wurde ins Lazarett geschickt, wo er allein weitere sieben Stunden wartete, bevor der Arzt ihn untersuchte und entschied, ihn in ein psychiatrisches Krankenhaus im Hinterland zu transferieren. Eli wurde für drei Monate stationär aufgenommen, eine Spanne, die er als ein endloses Leiden erinnerte. Die Medikation löste schwere Nebenwirkungen aus, und er hatte das Gefühl, dass sich sein Zustand Tag für Tag verschlechterte. Um dem auch noch die Krone aufzusetzen, hatte ihm der Stationspsychologe wiederholt gesagt, ihm würde es erst dann besser gehen, wenn er akzeptierte, dass er seelisch krank sei. Ein Wechsel in der Medikation führte jedoch zu einer Verbesserung, die es ermöglichte, ihn aus dem Krankenhaus zu entlassen. Acht Monate später fing Eli mit einer neuen Arbeit an. Sein Verantwortungsbewusstsein brachte ihn dazu, Überstunden zu machen und sich über sein Vermögen hinaus zu belasten. Die Stresssymptome kamen zurück und ihn plagten schreckliche Visionen. Eine zweimonatige Hospitalisierung folgte und Eli wurde mit der Diagnose Schizophrenie entlassen. Die Armee entließ ihn aus psychiatrischen Gründen. Eli empfand, dass die Armee ihn vernachlässigt habe und dass seine ganze medikamentöse Behandlung ein großer Fehler gewesen sei. Er fürchtete, dass die Leute Wind davon bekommen könnten, dass er aus psychiatrischen Gründen entlassen worden war, und entschied sich deshalb dafür, sich unauffällig zu verhalten: Er vermied es, um Beförderung nachzufragen, und gab in Konfliktsituationen immer nach. Niemand machte sich die Mühe, ihn über seine Rechte als behinderter Armeeveteran aufzuklären. Es vergingen Jahre, ehe er Erkundigungen einholte und den Mut fand, sich an das Verteidigungsministerium zu wenden, damit er als Kriegsverwundeter anerkannt wurde.

Eins der wenigen positiven Dinge in seinem Leben war seine Beziehung zu seiner Frau Delia, die er einige Jahre nach seinem Klinikaufenthalt kennengelernt hatte. Kurz nach dem Kennenlernen entschloss er sich, ihr alles über seine Vergangenheit zu erzählen. Delia war nicht erschrocken, willigte ein, ihn zu heiraten, und ermutigte ihn, sich nach einem besseren Job umzusehen und sich zu bemühen, das Beste aus seinen beruflichen Fähigkeiten zu machen. Eli war jedoch zu eingeschüchtert und fühlte sich ständig vom Schatten seiner psychiatrischen Vergangenheit bedroht.

Der Therapeut und Eli erkannten ein gemeinsames Element in den zwei Krisen. Bei beiden war er völlig überlastet gewesen, hatte wenig geschlafen, kettengeraucht, unzählige Tassen Kaffee getrunken und kaum etwas gegessen oder getrunken außer Kaffee. Der Therapeut merkte an, dass der exzessive Nikotin- und Koffeinkonsum und der Schlafentzug seine psychophysiologische Kapazität auf schlimme Weise überbeansprucht hatte. Eli sagte, dass er dazu neige, sich mit Kaffee und Zigaretten zu belasten, wann immer er mit einer stressvollen Arbeit zu Rande kommen musste. Der Therapeut sagte Eli, er solle auf diese Risikofaktoren in Zukunft achten.

Der Leser ist jetzt eingeladen, sich für eine Weile wie in den Schuhen des Therapeuten zu fühlen. Es ist natürlich zu früh, eine umfassende Beschreibung von Elis Zustand vorzulegen, geschweige denn einen detaillierten Therapieplan. Dennoch sei eine Zwischenbilanz erlaubt. Hier folgen einige mögliche Formulierungsvorschläge für einen entdämonisierenden therapeutischen Kommentar.

(a) Eine Kombination von Anfälligkeit und Umständen (das »Zwei-Komponenten-Kleber-Modell«)

»Es gibt zwei rivalisierende Diagnosen bei Ihnen: »Schizophrenie«, wie die Klinik meint, und »akute Stressreaktion«, wie Sie selbst meinen, ohne diesen Begriff tatsächlich zu verwenden. Aber vielleicht ist das, was mit Ihnen geschehen ist, weder eine Schizophrenie noch eine gewöhnliche Stressreaktion, sondern eine unglückliche Kombination von Anfälligkeit und den Umständen. Wir haben gesehen, dass Sie eine spezielle Anfälligkeit bei einer Konstellation haben, die Überlastung, Schlafentzug und Kaffee plus Zigaretten mit sich bringt. Normalerweise offenbart sich diese Anfälligkeit nicht. Aber die extremen Umstände, die zu Ihren beiden Klinikaufenthalten führten, waren genau von der Art, die Sie verwundbar macht. Ohne die Anfälligkeit hätten die Umstände Sie vermutlich nicht berührt. Ohne die Umstände wäre die Anfälligkeit wahrscheinlich latent geblieben. Es ist die Kombination, die die Krise ausgelöst hat. Ihr Problem funktioniert gleichsam wie ein Zwei-Komponenten-Kleber. Diesen Kleber erhält man in zwei getrennten Tuben, jede mit einer Flüssigkeit, die keine Klebefähigkeit besitzt. Aber wenn Sie die beiden mischen, erhalten Sie einen richtig starken Kleber. Dasselbe mag für Sie zutreffen: Aller Wahrscheinlichkeit nach wären Sie mit jedem einzelnen Faktor gut klargekommen, aber die Kombination war entscheidend.«

(b) Der Schneeball

»Wenn wir die Dinge heute betrachten, können wir ein riesiges Lebensproblem sehen. Aber wir können es auch mit einem Schneeball vergleichen, der sich um einen losen Stein bildet. Die Kugel sieht riesig groß aus, jedoch nur ihr innerer Kern ist fest. Ihr ursprüngliches Problem war eine akute Krise, die vielleicht ein vorübergehendes psychotisches Element enthielt. Aber zu dieser Krise kamen die Auswirkungen der Hospitalisierung wie soziale Isolierung, die Entwicklung eines negativen Selbstbildnisses und eine allmähliche Abtrennung vom normalen Leben und der Arbeit hinzu. Später heftete sich weiterer Schnee an den Schneeball: Ihre Angst, demaskiert zu werden, Ihre Tendenz, Konflikten auszuweichen, die lauernde Furcht, der Zustand könne zurückkehren. Selbst wenn wir annehmen, dass im Kern des Schneeballs der Stein liegen sollte, den wir ›Psychose‹ nennen, und selbst wenn wir annehmen, dass diese Psychoseanfälligkeit noch immer vorhanden ist und nicht verändert werden kann, können wir doch die großen Teile des Schneeballs entfernen und das Problem von ›so groß‹ (der Therapeut hält seine Hände weit auseinander) zu ›so groß‹ verändern (der Therapeut hält die Hände dichter zusammen).«

(c) Der Tropfen zuviel

»Vielleicht war das, was mit Ihnen geschehen ist, eine allmähliche Anhäufung von Belastungen, bis ein weiterer Tropfen das Fass zum Überlaufen gebracht hat. Ich kenne nicht alle Lasten Ihres Lebens, aber ich nehme an, Soldat zu werden war eine große Last, Ihr regulärer Job war eine Last. Der Krieg war sogar eine noch größere Last. Die große Verantwortung und Ihr physischer Zustand während der Krise waren zusätzliche Lasten. Jede Person kann zu einem Punkt kommen, wo eine geringe zusätzliche Last zu einem Zusammenbruch führen kann, so wie bei einem vollen Fass ein weiterer Tropfen das Fass zum Überlaufen bringt.«

(d) Richtige Idee, aber falsche Anwendung

»Sie sind ein harter Arbeiter, und es ist Ihnen sehr wichtig Ihrer Verantwortung voll gerecht zu werden. So haben Sie jahrelang gehandelt, und diese Leitlinie hat Ihnen in Ihrem Leben wohl gedient. In Ihrem Elternhaus haben Sie hart gearbeitet, um das perfekte Kind zu sein. Sie haben hart studiert und wurden ein hervorragender Student. Beim Ihrem Militärdienst haben Sie hart gearbeitet und wurden geschätzt. Wo auch immer Sie arbeiteten, haben Sie sich selbst die Messlatte so hoch wie möglich gelegt und waren erfolgreich. Es war nur natürlich, dass Sie auch bei Ihrem Reservistendienst sehr hart arbeiten würden und im höchsten Maß verantwortlich waren. Aber Sie haben nicht einkalkuliert, dass die Umstände im Krieg andere waren und dass es zu einem schnellen Burnout kommen würde, wenn Sie sich voll verausgaben würden. ›Sich voll verausgaben‹ im Kontext des Militärdienstes ist anders als ›sich voll verausgaben‹ als Universitätsstudent. Die Idee war nobel, aber ihre Anwendung unter diesen Umständen war falsch, und das führte zu der Krise.«

(e) Pech

»Ich stimme mit Ihnen überein, dass Ihr Leben vermasselt worden ist, aber ich bin anderer Meinung, was Ihre Interpretation angeht. Sie fühlen zu Recht, dass Sie von dem System schlecht behandelt worden sind und dass eine ganze Reihe von Fehlern begangen wurden. Ich glaube jedoch, dass es noch einen anderen Mitspieler in Ihrem Drama gegeben hat nämlich: Pech! Das mag nicht sehr wissenschaftlich oder psychologisch klingen, aber ich denke, dass Glück eine Macht ist, die dazu beiträgt, dass das Leben gelingt. Wenn die Umstände ein wenig anders gewesen wären, wenn Ihr Vorgesetzter an jenem Tag nicht krank gewesen wäre oder ein Freund Sie ein paar Stunden schlafen geschickt hätte, wäre die ganze Angelegenheit vielleicht gar nicht geschehen. Diese Zusammenspiel von Pech aus vielen Richtungen gleichzeitig war fatal.«

Der Therapeut verband nun verschiedene Formulierungen miteinander: »Ich denke, was mit Ihnen im Krankenhaus geschehen ist, war das Resultat höchst negativer Umstände, einem großen Missgeschick und einem Missverständnis mit tragischen Folgen. Die Krise war äußerst akut und Sie haben unglücklicherweise die falsche Behandlung bekommen. Das hat seitdem vieles Ihrer Geschichte bestimmt. Ich denke, dass das, was mit Ihnen geschehen ist, als »Gefechtsreaktion« gesehen werden muss, und nicht als ein »psychotischer Zusammenbruch«. Eine Gefechtsreaktion ist jede emotionale Reaktion, die sich während der Teilnahme an einem Gefecht und als Reaktion darauf einstellt. Die Erfahrungen zeigen, dass die beste Behandlung von Gefechtsreaktion, gleich welcher Form und Schwere, eine Behandlung ist, die sehr nah an der Front und dem Zeitpunkt der Verwundung stattfindet, und das mit der uneingeschränkten Erwartung des möglichst schnellen Zurückkehrens zu Fitness und Dienst. Die Geschichte der Behandlungen von Gefechtsreaktionen zeigt, dass die Trennung eines Soldaten von seiner militärischen Umgebung und die Behandlung in einem zivilen Krankenhaus das Problem verschlimmern. Unter diesen Bedingungen ist die Wahrscheinlichkeit, dass eine gravierendere Diagnose gestellt wird, größer, wie auch die einer Stigmatisierung des Patienten und die Begrenzung seiner Rehabilitation.

Unglücklicherweise dienten Sie in einer kleinen Einheit ohne medizinisches Versorgungssystem. Ihre Kameraden wussten nichts von Gefechtsreaktionen. Sie waren beunruhigt und taten, was ihnen als das Vernünftigste erschien: Sie schickten Sie ins Lazarett und der Psychiater überwies Sie in ein Krankenhaus im Hinterland. Als Sie zu dem Krankenhaus kamen, war der Schneeball schon am Rollen und die Serie von Fehlern setzte sich dort fort. Das Zivilsystem funktionierte in gewohnter Weise, und Sie wurden in die Psychiatrie verlegt. Dort gab es niemanden, der das Problem als Gefechtsreaktion identifizieren konnte, schon gar nicht, es richtig zu behandeln wusste. Das Krankenhaus war wegen des Krieges personell unterversorgt, und es gab niemanden, der irgendetwas von der richtigen Behandlung wusste. Die Medikation, die Sie erhielten, hat wahrscheinlich Ihren Zustand verschlechtert, anstatt ihn zu verbessern. Schon allein die Länge Ihres Krankenhausaufenthalts verschlimmerte die Situation zusätzlich. Diese Umstände prägten viel von dem, was später kam.

Der Krankenhausaufenthalt war ein tiefer Einschnitt in Ihrem

Leben. Sie fingen an, sich selbst als krank zu sehen. Sie fingen an ängstlich zu werden und sich zu verstecken. Der Schneeball rollte und rollte. Die gefährliche Konstellation tauchte wieder auf, und die zweite Krise fand statt. Es ist durchaus möglich, dass die richtige Behandlung zur rechten Zeit den Absturz hätte verhindern können, aber es ist nicht unser Job, die Vergangenheit zu beklagen, sondern den Schaden an Ihrem Leben zu verringern und Pläne für eine bessere Zukunft zu machen. Ich glaube, dass es jetzt, wo wir Ihre grundsätzliche Verwundbarkeit und die Umstände, die Sie bedrohen, identifiziert haben, eine echte Chance gibt, dass wir diese Art von Krise in Zukunft verhindern können.«

Wie ging die Geschichte weiter? Die Therapie, die mit Unterbrechungen einige Jahre dauerte, verhalf Eli dazu, mehr Handlungsfreiheit zu gewinnen und sein berufliches Potential zu realisieren. Eli wurde weniger ängstlich und gehemmt, und seine Bereitschaft, berufliche und zwischenmenschliche Herausforderungen zu akzeptieren, nahm zu. Ein paar Jahre später tauchte die gefährliche Konstellation wieder auf: Eli arbeitete ohne Pause, schlief nicht und es gab wieder Kaffee und Zigaretten in großen Mengen. Der Therapeut wurde gerufen, konnte aber nicht mehr rechtzeitig eingreifen. Eli kam wieder ins Krankenhaus. Dieses Mal jedoch nahm der Aufenthalt einen anderen Verlauf. Eine Reihe von Gesprächen zwischen Eli, dem Therapeuten und dem psychiatrischen Personal führte zu der vorläufigen und informellen Diagnose »Rückfall in eine Gefechtsreaktion«. Der Psychiater stimmte den Zielen zu, für nur eine minimale Unterbrechung in Elis Leben zu sorgen und die Behandlung gänzlich mit der Erwartung durchzuführen, dass Eli so bald als möglich nach Hause und zu seiner Arbeit zurückkehren würde. Elis Zustand verbesserte sich schnell, und er wurde nach sieben Tagen aus dem Krankenhaus entlassen. In den folgenden Jahren gab es eine Anzahl von Lebenskrisen, aber sie führten nicht zu einem Nervenzusammenbruch. Im Gegenteil: Eli widerstand den Schwierigkeiten mit Mut und Einfallsreichtum. Elis Ärger über die Art, wie er vom Militär und dem psychiatrischen Gesundheitswesen behandelt worden war, ist nicht geringer geworden. Er hat das Gefühl, dass sein Fall von einer Reihe gleichgültiger und inkompetenter Fachleute übel verpfuscht worden war. Als Folge davon war sein Leben jahrelang steckengeblieben.

Er findet, dass das Beste, was mit ihm geschehen ist, die Überwindung des Glaubens ist, dass eine unheilbare Krankheit in ihm wohnte. Er empfand, dass das Loswerden dieses inneren Phantoms ihm den Mut und die Ausdauer gab, auf ein besseres Leben zuzuschreiten.

Logiken der Eskalation

Koautor: Uri Weinblatt, Philadelphia

Bis zu diesem Punkt haben wir uns vorwiegend gefragt, wie Menschen ihre dämonisierenden Tendenzen in Situationen *psychologischer* Bedrohung – von innen oder von außen – überwinden können. Aber wie steht es mit Situationen, in denen es eine objektive Bedrohung, einen realen Angriff gibt? Ist es möglich, eine effektive nichtdämonische Verteidigung gegen reale Gewalt zu entwickeln? Schließlich ist es offensichtlich, dass der Angreifer, zumindest vorübergehend, schädliche Absichten gegenüber dem Angegriffenen hegt. Den Angreifer in negativem Licht zu sehen, kann dann lebenswichtig sein: Man muss doch »rot sehen«, um mit aller Kraft um sich schlagen zu können! Kämpfen, ohne zu dämonisieren, könnte dann sogar schädlich sein. Unserer Ansicht nach ist jedoch ein effektiver nichtdämonischer Kampf nicht nur anwendbar, sondern potentiell effektiver und unermesslich weniger destruktiv als ein Kampf, der von der dämonischen Sicht durchdrungen ist.

Konflikte können mit unterschiedlichen Graden von Destruktivität einhergehen (ausführlich hierzu Glasl, 2004). Wie immer das Ausmaß des Konflikts ist – von persönlichen Auseinandersetzungen über Familienzwist bis zu großen gesellschaftlichen Zusammenstößen –, es gibt einen tiefgehenden Unterschied zwischen verschiedenen Formen des Konfliktmanagements. Im einen Fall ist es von dem Versuch geleitet, Eskalation einzudämmen, Schmerz gering zu halten, gemeinsame Ziele zu suchen und die positiven Elemente der Beziehung zu erhalten. Im anderen Fall zeigt sich ein Wille, extreme Mittel zu wählen, eine Zurückweisung jeglicher Möglichkeit positiver Verbindung, ein Verlangen, maximalen Schaden anzurichten, und eine Bereitschaft, den anderen, sich selbst, ja auch Unbeteiligte den Preis großen Leidens und allgemeiner Zerstörung im Austausch für die Illusion des ultimativen Siegs zahlen zu lassen. Wie Glasl (2004) schreibt, kann es sich dabei um denselben Konflikt handeln, der jeweils auf einem anderen Eskalationsniveau abgehandelt wird. Offenbar gelten für unterschiedliche Stufen der Eskalation unterschiedliche Logiken – bis hin zur Bereitschaft, sich mit dem anderen zusammen zu zerstören.

Dieses und das nächste Kapitel sind der Frage gewidmet, welche impliziten Annahmen destruktiven und konstruktiven Kämpfen zugrunde liegen. Sie stellen so etwas dar wie ein unausgesprochenes Glaubenssystem, aus dessen Logik sich bestimmte Verhaltensweisen nahezu von selbst ergeben. Es wird unschwer möglich sein, ihre Verbindung zu den dämonischen und zu den tragischen Annahmen der vorangehenden Kapitel zu ziehen. Es geht uns darum, die Prämissen der Destruktivität zu verstehen und anschließend zu überlegen, welche Prämissen einer konstruktiven Vorgehensweise unterliegen und wie diese so vermittelt werden können, dass sie mit dem destruktiven Denken selbst dann konkurrieren können, wenn man unter Stress steht, weil man sich in einer heftigen Auseinandersetzung befindet.

Wenn die Gemüter sich erhitzen, mag der Appell an Werte wie Vernunft, Toleranz und Mitgefühl allein zu farblos sein, um mit dem »Reiz« gewalttätiger Aktion rivalisieren zu können. Um diesen Werten eine Chance zu geben, müssen sie eingefasst werden in ein motivierendes Aktionskonzept. Die Menschen müssen fühlen, dass ihnen eine Möglichkeit geboten wird, die ihren starken Emotionen Rechnung trägt, ihnen hilft, einen entschlossenen Kampf zu führen, und ihnen eine reale Aussicht auf Sicherheit bietet. Ohne ein derartiges Konzept riskieren die Parteigänger der Vernunft, der Toleranz und des Mitgefühls, in hilflose Resignation zu fallen oder aus Verzweiflung zu Gewalttätigkeit überzugehen. Das Vorgehen mit Hilfe *gewaltlosen Widerstands* stellt den erwünschten Aktionsrahmen bereit. Im gewaltlosen Widerstand können konstruktive Annahmen über Konflikte, über den Gegner und über Ziele und Methoden des Kämpfens die Substanz finden, die erforderlich ist, um sowohl wirkungsvoll als auch konstruktiv zu sein. Der effektive Gegenpart zu Gewalt ist somit nicht einfach die Vermeidung von Gewalt oder die Vermeidung von Kampf, sondern gewaltloses Kämpfen. Gewaltloser Widerstand ist entschieden entdämonisierend, sowohl in der Praxis als auch in seinen Annahmen. Aber er fügt einen entscheidenden Aspekt zu der bisher beschriebenen Haltung hinzu: Akzeptanz wird durch entschiedene Aktion begleitet.

Mittlerweile blicken wir in Israel auf über zehn Jahre Erfahrung mit der Praxis des gewaltlosen Widerstands zurück, um Eltern zu helfen, mit dem destruktiven Verhalten ihrer Kinder umzugehen, in Deutschland findet das Konzept seit etwa sechs Jahren zunehmend Verbreitung (Omer u. von Schlippe, 2002, 2004). In jüngerer Zeit ist das Modell des gewaltlosen Widerstands auf andere Settings und Konfliktarten ausgedehnt worden, wie häusliche Gewalt gegen Frauen (Omer, 2004a) und Gewalt in der Schule (Omer, Irbauch u. von Schlippe, 2005; Lemme u. Eberding, 2006). Das Vorgehen hat gezeigt, dass Gewalt von Kindern zu Hause (Weinblatt, 2004; Omer, 2004b) und in der Schule (Omer, Irbauch, Berger u. Katz-Tissona, 2006) signifikant reduziert wird. Außerdem verringerten sich elterliche Wutausbrüche, Eltern-Kind-Eskalationen und offensives Verhalten von Lehrern und Schulpersonal rapide. Die Maßnahmen zielten nicht nur auf die Modifikation des äußeren Verhaltens ab, sondern auch auf die zugrunde liegenden Haltungen gegenüber dem Konflikt. Dieser zweifache Versuch innerer und äußerer Veränderungen bildet auch das Zentrum des sozialpolitischen Modells des gewaltlosen Widerstands, an dem unser Konzept ausgerichtet ist. Führer wie Mahathma Gandhi und Martin Luther King Jr. entwickelten Methoden, die darauf abzielten, sowohl offene Aktionen als auch innere Einstellungen zu ändern. Gene Sharp (1973) hat die Doktrinen und Strategien von Gandhi und King zusammengefasst und systematisiert und so den Zugang dafür geschaffen, den breiten Umfang an Möglichkeiten, mit diesem Instrumentarium zu arbeiten, zu nutzen.

Die Annahmen destruktiven Kämpfens

Destruktive Arten von Konfliktmanagement basieren auf dämonischen Zuschreibungen, die den Konflikt als eine direkte Konsequenz der bösartigen Eigenschaften des Opponenten erklären. Der Reiz dieser dämonischen Sicht in akuten Situationen liegt in seiner Einfachheit. Den Opponenten als absoluten Feind zu beschreiben, bietet eine klare Orientierung und somit eine klare Angriffsrichtung. Furcht und Schmerz lassen sich für militanten Hass einspannen. Destruktive kriegerische Ideologien, entweder auf einer persönlichen oder auf Gruppenebene, sind somit das Spiegelbild einer dämonischen Sicht als Lebensphilosophie. Die Annahmen, die destruktivem Kämpfen unterliegen, fügen daher der dämonischen Sicht eine neue Schicht hinzu: Die eigenen Ziele und die eigenen eingesetzten Mittel werden als als logischen Folgen der vermuteten Natur des Feindes gesehen.

Die innere Logik der Dämonisierung führt zu einer wachsenden Bereitschaft, Schaden anzurichten und zu erdulden. Er wird als notwendiger Preis gesehen, der für die Niederlage des Feindes bezahlt werden muss. Manchmal erreichen die Ausmaße der Dämonisierung und Eskalation eine solche Zuspitzung, dass beide Parteien nicht nur dazu gebracht werden, die Möglichkeit der Zerstörung des Feindes zu akzeptieren, sondern sogar ihre eigene in Kauf zu nehmen (in der extremsten und verhärtetsten Form im Selbstmordattentat). Dämonisierende Konflikte bergen deshalb in sich das Risiko, sich in apokalyptische Kriege zu verwandeln.

Bei kollektiven Formen von Dämonisierung kann die vermutete negative Essenz mit ethnischen, biologischen, gesellschaftlichen, religiösen, nationalen oder ideologischen Begriffen definiert werden. So lange die Mitglieder der gegnerischen Gruppe bleiben, was sie sind (z. B. Muslime bleiben muslimisch, Juden jüdisch, Kommunisten kommunistisch), wird die Dämonisierung aktiv bleiben. Das destruktive Potential kann neutralisiert werden, wenn es einen freiwilligen oder erzwungenen Akt der Unterwerfung gibt (z. B. Bekehrung, Nachgeben auf ganzer Linie). Wenn jedoch ein solcher Akt nicht verfügbar ist (etwa wenn das vermutete negative Merkmal ein angeborenes Charakteristikum ist), wird Sicherheit nur möglich durch strenge Mechanismen der Kontaktvermeidung, durch Trennung, Verbannung oder gar physische Auslöschung. Am heftigsten finden sich Dämonisierungen in jahrzehnte-, manchmal jahrhundertelang schwelenden Auseinandersetzungen zwischen Volksgruppen (z. B. auf dem Balkan oder im Nahen Osten). Hier werden die dämonischen Beschreibungen in Form von schmerzvollen Geschichten weitergegeben, die sozusagen das »Gedächtnis des Systems« bilden (vgl. Bruner, 1997).

Bei persönlichen Konflikten bildet sich die Dämonisierung auf andere Weise aus, weil es meistens keine vorgefasste Idee von den negativen Eigenschaften des Gegners gibt, ehe sich der Konflikt entwickelt. Manchmal ist sogar das Gegenteil der Fall. Einige der hartnäckigsten Scheidungskämpfe haben als leidenschaftliche Liebesgeschichten begonnen. Krasse Enttäuschung ist dann das Vorspiel zu Hass, mit jeder Eskalationsstufe gerät man tiefer in »dämonisierte Zonen« (Glasl, 2004). Auch hier wird dann begonnen, erlebte Geschichten auf eine neue, dämonisierende Weise umzuerzählen. Man beginnt zu mutmaßen, dass die andere Seite etwas grundlegend Negatives unter ihrer scheinbar positiven Oberfläche versteckt hatte (»Wie konnte ich so dumm sein, das nicht zu merken?«). Diese Tendenz wird dann zunehmend als etwas betrachtet, das die Charakteristik der Person definiert: »Jetzt sind mir die Augen geöffnet und ich weiß, wie er/sie in Wahrheit ist!«

Man kann hier von dem *Konstruktionsprozess eines destruktiven Gegenübers* sprechen. Wenn sich ein Konfliktzustand mit einem zunehmend dämonisierten Anderen entwickelt, kommen gewöhnlich eine ganze Reihe von Annahmen ins Spiel. Diese Annahmen, die wir in der Hitze des Gefechts scheinbar automatisch denken, ähneln sich – ob der Konflikt sich nun zwischen Einzelpersonen, Familien, Gruppen oder zwischen ganzen Gesellschaften abspielt. Im Einzelnen sind es:

1. Essentielle Asymmetrie

In der Wurzel der meisten destruktiven Konflikte liegt die Annahme einer grundsätzlichen Asymmetrie: *Wir*[1] sind gut und *sie* sind schlecht. Selbst wenn diese Annahme nicht von Anfang an völlig präsent ist, entwickelt sie sich doch im Verlauf der Feindseligkeiten. Eidelson und Eidelson (2003) sprechen in diesem Zusammenhang von »gefährlichen Ideen«. Es ist dann so, als ob der Kampf die wahre Natur des Feindes enthüllt hätte. Wenn man annimmt, dass der andere grundsätzlich schlecht ist, wird die eigene Wut gerechtfertigt und die eigenen Schläge sind legitimiert. Im Kontrast zum Schlechtsein des Feindes steht die tiefe Befriedigung, zur gu-

---

[1] Im Folgenden werden die kursiv gesetzten Pronomen *wir* und *sie* die gegnerischen Parteien in der dämonischen Wir-sie-Dichotomie bezeichnen.

ten Seite zu gehören. Dieses intensive Gefühl *wir–sie* ist eine der emotionalen Hauptquellen der Dämonisierung in Konflikten (Levine u. Campbell, 1972; Glasl, 2004), des Entstehens von Feindbildern und von Wahrnehmungsverzerrungen.

Die angebliche Asymmetrie bringt nicht nur Unterschiede der Motive, sondern auch unterschiedliche kausale Auslegungen mit sich: Während *ihr* destruktives Verhalten als von innen motiviert angesehen wird, wird *unseres* als vom Kontext bestimmt angesehen, ein Phänomen, das auch »fundamentaler Attributionsfehler« genannt wird (Pettigrew, 1979). *Unser* Krieg, im Gegensatz zu *ihrem*, ist ein nobler Krieg, ein Krieg der Selbstverteidigung oder einer, der ein für alle Mal alle Kriege beenden soll. Der Feind wird als allein verantwortlich für alle Schäden gesehen, einschließlich derer, die auf *seiner* eigenen Seite angerichtet worden sind. Aussagen wie »Das haben *sie* sich selbst zuzuschreiben!« oder »*Sie* müssen die Schuld bei sich selbst suchen!« werden verwendet, um die extremsten Strategien zu rechtfertigen. Selbst Völkermord, so glaubt man voller Überzeugung, wird als Selbstverteidigung begangen (Chirot, 2001)! Der Prozess der Eskalation wird als einseitig angesehen: *Sie* eskalieren einseitig, *wir* reagieren nur. Paradoxerweise führt die Annahme von Asymmetrie zu einer rigorosen Symmetrie in der Durchführung der Feinseligkeiten: Beide Seiten fühlen sich nicht nur gerechtfertigt, sondern gezwungen, die stärksten ihnen zur Verfügung stehenden Mittel zu verwenden, um den Feind niederzuschlagen.

Die dämonische Sicht postuliert, dass die negativen Charakteristiken des Feindes tief und wahr sind, die offensichtlich positiven dagegen nur oberflächlich oder vorgetäuscht. Dieser Glaube prägt Wahrnehmung und Erinnerung. Negative Handlungen, die die »wahre Natur« des Feindes widerspiegeln, werden wahrgenommen und erinnert, positive Handlungen werden ignoriert oder heruntergespielt. Alle Stimmen im Feindeslager, die gegen Gewalt auf der eigenen Seite sind, werden als bedeutungslos abgewertet. Geschichte wird gleichgesetzt mit der eigenen Sicht der Ereignisse; die Version des Feindes ist nur eine bewusste Verzerrung. Ein Monopol für Geschichte zu erlangen, ist äußerst wichtig; jede Konzession gegenüber dem, wie der Gegner die Ereignisse wahrnimmt, würde das eigene Gefühl der Rechtfertigung gefährden. Auch werden starke Erwartungen an dritte Parteien gerichtet, dass sie die »wahre« Geschichte akzeptieren sollten. Alle Zweifel hinsichtlich der »Wahrheit«, sowohl im eigenen Lager wie auch bei den dritten Parteien, reflektieren Unwissenheit, Naivität oder schlicht Perversion.

Der Versuch, ein Monopol bei den Beschreibungen und der Interpretation von Geschehnissen zu erlangen, ist nicht weniger evident bei persönlichen Konflikten. Streitende Eheleute bringen gewöhnlich völlig widersprüchliche Versionen des Konflikts vor und unterbrechen die Schilderung des anderen mit höhnischen oder verständnislosen Bemerkungen: »Es ist doch nicht zu glauben! Diese dreisten Lügen!« Versuche, ein vertragliches Quidproquo zu etablieren (eine Übereinkunft, bei der die Ehepartner sich zu parallelen positiven Verhaltensänderungen verpflichten), schlagen oft fehl, weil jede Seite dazu tendiert, die eigenen positiven Beiträge als bei weitem bedeutsamer anzusehen als die des anderen. Solche Übereinkünfte werden oft durch die Überzeugung blockiert: »Ich habe einen großen Schritt getan, jetzt bist du an der Reihe!« Wenn der andere protestiert und sagt, er oder sie habe schon den wirklich entscheidenden Schritt getan, bringt die sich beklagende Seite das dämonische Argument vor, dass die positiven Schritte des anderen äußerlich seien und keinen inneren Wandel spiegelten.

Auch in Konflikten zwischen Eltern und Kindern herrscht oft ein solch dämonisches System der Buchhaltung vor. Einige Kinder tragen ihr Leben lang einen Groll gegen ihre Eltern wegen vermeintlicher Diskriminierung in sich. Der Versuch der Eltern, das Kind dazu zu überreden, den Groll aufzugeben, entweder dadurch, dass sie gegenteilige Beweise erbringen oder versuchen, seine Forderungen zu befriedigen, wird von dem Kind oft gering geschätzt oder als ein weiterer Beweis dafür angesehen, dass die Eltern bei ihm in tiefer Schuld stehen. Paradoxerweise können elterliche Geschenke den Groll vertiefen, wie auch das Gefühl, das ihm etwas zusteht. Bei einem unserer Fälle reagierte eine 30-jährige Frau, die schon immer behauptet hatte, ihre Adoptiveltern hätten sie materiell und emotional gegenüber dem leiblichen Sohn benachteiligt, auf das geschenkte Haus, indem sie das Haus annahm und ihnen zugleich vorwarf, sie versuchten, ihre Gefühle zu erkaufen.

2. Die Verpflichtung zu gewinnen

In einem dämonischen Kampf muss das Ergebnis absolut eindeutig sein und der Feind unwiderruflich besiegt. Der sogenannte Nullsummencharakter destruktiver Konflikte (Axelrod, 1997; Jervis, 1988; Simon, 2001) ist eine logische Folge der dämonischen Sicht, denn im Kampf mit dem Teufel kann jede Konzession tödlich sein. Nullsummenspiele sind alle Spiele, die dadurch enden, dass einer alles gewinnt, der andere ganz und gar verliert (etwa Schach als harmloses Beispiel). In der Logik des Nullsummenspiels verbieten sich Ergebnisse, bei denen beide Seiten gewinnen, beide verlieren oder einer ein wenig verliert und der andere viel gewinnt. Derartige Ergebnisse sind nicht mit der Schwarz-Weiß-Logik der dämonischen Denkart kompatibel. Die Nullsummenannahme impliziert eine paradoxe Abhängigkeit des »Gewinners« von dem »Verlierer«: Da ein Erfolg nur bei der Kapitulation des »Verlierers« und bei dessen voller Anerkennung der Überlegenheit des »Gewinners« erzielt werden kann, kann der »Verlierer« ihn verhindern, indem er sich dieser Anerkennung verweigert. Oder schlimmer, selbst ein Sieg, der schon gewonnen schien, kann zunichte gemacht werden, wenn der vermutete »Verlierer« seine vormalige Anerkennung zurückzieht. Aus diesem Grund muss der »Gewinner« ständig nach Rückversicherung durch den »Verlierer« Ausschau halten, um festzustellen, dass seine Überlegenheit noch gilt.

Die Geschichte manch eines ethnischen und politischen Konflikts zeigt auf grimmige Weise, wie die Nullsummenlogik funktioniert. Die Verpflichtung zu gewinnen prägt den Kampf von Augenblick zu Augenblick, indem sie die kleinste Meinungsverschiedenheit in eine Angelegenheit von Leben und Tod verwandelt. Die Interaktion wird vom Vokabular der Katastrophe beherrscht. Selbst eine flüchtige Lektüre der Sprache besonders kriegerischer Führer wird zeigen, dass das Wort »Gefahr« und seine Synonyme (»Wenn wir jetzt nicht …, dann …«) das Salz ihrer Rhetorik sind.

Auch bei intimen Kämpfen wird Gewinnen als Verpflichtung erfahren. Ausdrücke wie »Wenn ich bei dieser Sache nachgebe, denkt sie, ich sei schwach!« oder »Wenn ich den Fehler zugebe, denkt er, er habe in allem Recht!« werden von der aufsässigen Entschlossenheit, etwas zu beweisen, verstärkt. Die virulentesten Auseinandersetzungen können sich dann aus ganz trivialen Dingen entwickeln. Tatsächlich ist keine Sache trivial, wenn sie von der Nullsummenannahme aus betrachtet wird, denn selbst der kleinste Nachteil kann die endgültige Niederlage bedeuten.

In einer erfolglosen Beratung von uns bat die Mutter eines zehn Jahre alten Jungen um Hilfe bei der verbalen und physischen Gewalt gegen sie. Er hatte häufig Wutanfälle, bei denen er sie verfluchte, sie trat und Sachen nach ihr warf. Sie schlug ihn oft, verfluchte ihn ihrerseits und verwandelte so die Angelegenheit in einen symmetrischen Schlagabtausch. Ihr Ziel in der Therapie war, die Gewalt des Sohnes zu beenden. Sie meinte, dass sie, solange er sie attackiere, gezwungen sei zurückzuschlagen, sonst würde er glauben, er hätte gewonnen. Im Verlauf der Behandlung gelang es ihr allmählich, den Angriffen des Jungen in einer nichteskalierenden Art zu widerstehen, und eine Weile schien es, als ob sich eine Veränderung anbahne. Jedoch nach einer ruhigen Zwischenzeit fing der Junge an, hinter ihrem Rücken obszöne Gesten zu machen. Die Mutter sah darin ein höchst gefährliches Zeichen, und die Eskalation kehrte in alter Stärke zurück.

Der Geist der Symmetrie, der den Kampf mit Energie versorgt, dehnt sich über den bloßen »Spielstand« aus. So entwickeln beide Seiten eine Einstellung rigoroser Balance, die sie dazu bringt, Angebote von Mediation zurückzuweisen. Der Wettkampf muss ein striktes Duell bleiben, sonst wäre es unmöglich zu wissen, wer gewonnen und wer verloren hat. Selbst Manifestationen des guten Willens dieses strikten symmetrischen Geistes, wenn zum Beispiel die beteiligten Seiten fordern, man solle das Problem ausschließlich durch direkte Gespräche lösen, können ein hohes Risiko an Eskalation mit sich bringen. Das ist so, weil die prinzipielle Zurückweisung von Mediation die Duell-Mentalität verstärkt, wie auch das Gewicht der Ehrenfrage, die kein Spielraum für Gesichtswahrung lässt. In unserem Elternberatungskonzept haben wir oft beobachtet, dass die Ablehnung von Mediation durch die Eltern (»Ich werde ihm das klar und entschieden selbst sagen!«) gewöhnlich zu einer schnellen Verschlechterung der Situation führt.

3. Das Prinzip der Vergeltung

Vergeltung wird als obligatorisch und gerecht angesehen. Sie ist gerecht, weil *sie* sie verdienen, und obligatorisch, denn wenn man keine Vergeltung übt, bedeutet das, dass *wir sie* einen Vorteil erringen lassen. Die *Notwendigkeit* zu vergelten wird als ein mächtiger innerer Antrieb erfahren. Die Ruhelosigkeit hält so lange an, wie Vergeltung nicht geschieht. Wenn sie geschieht, kann ein vorübergehender Moment ausgeglichener Befriedigung empfunden werden.

Der Geist der Vergeltung ist dem Geist der Rache eng verwandt. Rache ist eine Form der Vergeltung, bei der Gefühle wichtiger sind als die Konsequenzen. Während bei der Vergeltung noch Nützlichkeitserwägungen eine Rolle spielen, tun sie das bei Rache nicht mehr. Rachegefühle sind vielleicht die einzigen destruktiven Emotionen, die mit einem Empfinden völliger moralischer Rechfertigung einhergehen. Rache ist eine doppelt destruktive Haltung, denn sie verlangt nicht nur die Zerstörung des anderen, sondern akzeptiert auch die Möglichkeit der eigenen als notwendigen Preis. Schuldgefühle sind bei Rache sehr eigenartig. Im Gegensatz zu anderen Manifestationen von Schuld, wo Schuld sich gewöhnlich einstellt, wenn man anderen Schmerz zufügt, wird bei Rache Schuld erfahren, wenn man sie *nicht* ausübt. Schuld wird auch empfunden, wenn man sich als nicht bereit erweist, den Preis zu bezahlen, denn diese Weigerung kennzeichnet die Vernachlässigung der höchsten Pflicht aus als belanglos erachteten egoistischen Gründen. Interessanterweise ist Rache nur am Anfang symmetrisch: Man beginnt, indem man »Auge um Auge« fordert, ist aber am Ende umso glücklicher, wenn der Feind mit beiden Augen oder mehr bezahlt. Der Seelenfrieden des Rächers wird sichergestellt durch den Glauben, kein frei Handelnder zu sein: *Wir sind gegen unseren Willen* in das Kampfgetümmel hineingezogen worden, deshalb tragen *sie* die Verantwortung.

Diese Annahmen können offenkundig sowohl auf der gesellschaftlichen wie der persönlichen Ebene wirksam sein. Bei Scheidungen beispielsweise ziehen die Eltern oft die Kinder in den Kampf hinein, ohne mit der Wimper zu zucken, trotz des offensichtlichen Schadens, der bei den Kindern angerichtet wird. Überraschenderweise mögen sie oft überhaupt keine »schlechten« Eltern sein. Bei anderen Umständen können dieselben Eltern fürsorglich und verantwortlich sein. Dieses Paradox kann durch die Macht des Vergeltungsprinzips erklärt werden, das mit einer radikalen Veränderung des elterlichen Gewissens einhergeht. Beide Seiten empfinden, dass sie mit der höchsten moralischen Rechtfertigung handeln, dass sie nur auf Aggression reagieren (vgl. Annahme 1: Essentielle Asymmetrie) und dass sie absolut keine Alternative haben.

Die Symmetrie des »Auge um Auge« bringt einen Ehrenkodex mit sich, mit Regeln wie:
– Eine Beleidigung zu ignorieren, ist gänzlich unehrenhaft,
– es ist unehrenhaft, einen Kampf einfach zu verlassen,
– Kränkungen können nur durch eine angemessene Buße bereinigt werden.

Nisbett und Cohn (1996) haben das Vorherrschen solcher Ehrenkodizes mit der Häufigkeit von Verbrechen aus Leidenschaft in Verbindung gesetzt. Der Ehrenkodex ist notorisch mit Blutrache und Familienvendettas verbunden. Weniger bemerkt worden ist die Rolle, die implizite Ehrenkodizes beim Anheizen von Eskalationen zwischen Jugendlichen und Eltern spielen (Omer u. von Schlippe, 2004). Bei diesen Interaktionen nimmt jede Seite an, dass man seinen Stolz verliert, wenn die andere Seite nicht den nötigen Respekt zeigt. Die beleidigende Seite muss dann gezwungen werden, ihr Verhalten zu ändern, oder, alternativ, schlimm genug verletzt werden, um so zu büßen. Diese Haltung mag unter Kindern genau so üblich sein wie unter Eltern.

4. Der Drang nach totaler Kontrolle

Das Resultat eines Kampfes sollte die eigene totale Kontrolle über den Gegner bedeuten, denn alles, was geringer als das wäre, würde es dem unterliegenden dämonischen Wesen erlauben, sein destruktives Werk gegen uns weiter zu verfolgen. Das Kontrollbedürfnis entspringt der Furcht und wird als etwas erfahren, das einer reinen Selbstverteidigung entstammt. Wer nach totaler Kontrolle strebt, fühlt sich fast ohne Ausnahme im Würgegriff einer

überwältigenden Macht (Lake u. Rotchild, 1998). Je nach den Umständen können vier Resultate den gewünschten Grad an Kontrolle repräsentieren:
- *Umwandlung und Bekehrung* – damit ist die volle und bedingungslose Akzeptanz der »Wahrheit« durch den Gegner gemeint. Es muss sorgsam darauf geachtet werden, dass eine lediglich äußerliche Adaption zurückgewiesen wird. Reue, Beichte und Schuldbekenntnis sind die notwendigen Stationen im Prozess der Bekehrung, die beweisen, dass die dargebotene Akzeptanz nicht nur ein Lippenbekenntnis ist. Während sich der Kampf abspielt, wird nicht erwartet, dass die Bekehrung spontan stattfindet; sie kann sich jedoch aus dem Zugeständnis des Gegners ergeben, man sei absolut machtlos und unterlegen.
- *Unterjochung* – es wird angenommen, dass Stärke die einzige Sprache ist, die der Feind versteht. Die meisten dämonischen Verfechter teilen die seltsame Hoffnung, dass Stärke tatsächlich »Verstehen« bewirkt.

Ein Kind, das in einen extremen Machtkampf mit den Eltern verwickelt war, sagte auf die Frage, was es denn selbst tun würde, um sich vom Stehlen abzuhalten: »Schlagen! Schlagen, so oft, bis ich's kapier'. Irgendwann muss ich's ja mal kapieren!«

Wenn jedoch der Feind nicht verstehen kann, kann eins der folgenden Resultate nötig werden:
- *Ausweisung* – die negativen destruktiven Elemente müssen gesäubert werden. In diesem Prozess der Reinigung wird Weizen von der Spreu getrennt und die vermuteten dämonischen Essenzen fortgeworfen (z. B. durch Exorzismus oder Verbannung).
- *Elimination* – man sieht keinen anderen Weg, als den Feind zu zerstören.

In persönlichen Beziehungen können diese Kontrollbestrebungen die Destruktivität verewigen. Man bedenke das eskalatorische Potential bei den Versuchen, den anderen zur Anerkennung der eigenen Position zu bekommen, zur Bekehrung. Ehefrauen oder rebellische Kinder zum Beispiel sollen dazu gebracht werden, innerlich die Wahrheit des Ehemannes oder der Eltern zu akzeptieren. Die meisten Versuche, die Wahrheit in den Kopf einer »widerspenstigen« Frau oder eines Kindes zu hämmern, erweisen sich gewöhnlich nicht nur als ineffektiv, sondern auch als eskalatorisch. In solchen Situationen wird die resolute Überredung von Drohungen abgelöst, Drohungen werden zu Strafen und Strafen zu Vergeltung. Jugendliche neigen besonders dazu, elterliche Überredungsversuche als Versuche totaler Kontrollausübung zu erleben. So verstanden wird die elterliche Überredung, das Predigen (»parental nattering«, s. a. Omer u. von Schlippe, 2004) oft als invasiver empfunden als die härteste Bestrafung. Bei ehelicher Gewalt gehen Versuche, den anderen durch Tadel zu überzeugen, der Anwendung nackter Gewalt voraus. Der prügelnde Mann betrachtet seine Gewalttätigkeit als ein letztes Mittel, nachdem alle anderen Versuche misslungen sind, die Frau zur »rechten Einstellung« zu bringen (Omer, 2004a). In diesen Situationen wird dieses »Die-Frau-zum-Verstehen-Bringen« nicht als Option, sondern als ein Muss erlebt. Es ist genau dieser Zwang zu überzeugen, der den überredenden Versuch zu einem Nicht-Dialog macht, denn wenn der andere eisern bleibt, wird die Anwendung von Gewalt als unvermeidbar angesehen. Die beiden Resultate (Bekehrung und Unterjochung) verschmelzen so miteinander. Wenn Bekehrung und Unterjochung fehlschlagen, kann die Drohung der Ausweisung ins Spiel kommen: Trennung (vom Ehepartner) oder Heimunterbringung (des Kindes) werden erwogen. Als Extrem dieses Kontinuums können die Optionen des totalen Kontaktabbruchs, der lebenslangen Verbannung bis hin zum Mord verwirklicht werden.

5. Verdächtigung und Heimlichkeit

Die vorherrschende Haltung ist die einer durchgängigen Verdächtigung. Verdächtigung ist nicht nur eine spontane Reaktion, sondern eine Pflicht: Nicht zu verdächtigen würde bedeuten, seine Wachsamkeit zu vernachlässigen und somit dem Feind zu ermöglichen, einen durch Überraschung einzunehmen. Ungläubig gegenüber den scheinbar positiven Handlungen oder Erklärungen des Feindes zu sein, ist ein Zeichen realistischer Verantwortlichkeit; wenn man das nicht ist, beweist das Wunschdenken und moralische Nachlässigkeit (Eidelson u. Eidelson, 2003; Kramer u. Messick, 1998). Um die allgegenwärtigen Winkelzüge des Feindes aufzudecken, muss man lernen, seine Anzeichen zu interpretieren. So stehen bei dämonischen Gruppenkonflikten Spezialisten oder Institutionen, von denen man glaubt, sie könnten die Geheimpläne des Feindes aufdecken, gewöhnlich an der Spitze der gesellschaftlichen Hierarchie. Die Arbeit dieser Spezialisten zielt nicht nur auf den äußeren, sondern auch auf den inneren Feind. Eine Geheimpolizei zu installieren, ist somit die logische Konsequenz der dämonischen Sicht.

Verdächtigung und Heimlichkeit gehen Hand in Hand, denn in einem Kampf mit dem Teufel offen zu kooperieren ist, als ob man ihm gerade in die Hände arbeitete. Es ist unerlässlich, die eigenen Ziele und Strategien zu verbergen, sowohl vor dem Feind als auch vor möglichen Kritikern, auch innerhalb des eigenen Camps. Niemand ruft größeren Unwillen bei einem Vertreter einer dämonischen Grundeinstellung hervor als der innere Kritiker, der die Tätigkeiten der eigenen Partei veröffentlicht. Schmutzige Wäsche in der Öffentlichkeit zu waschen, wird als der übelste Verrat angesehen, sowohl in Gruppen- als auch in Familienkonflikten. Es ist überflüssig zu sagen, dass Geheimhaltung eine symmetrische Haltung im Gegner hervorruft.

6. Das Prinzip der Unmittelbarkeit

In der Logik der Eskalation ist jeder Augenblick entscheidend und jedes Zusammentreffen schicksalhaft. Die kleinste Neigung der Waagschale könnte zum entscheidenden Nachteil führen. In jedem Augenblick scheinen beide Seiten zu denken: »Wenn ich jetzt stärker daraus hervorgehe, bin ich ganz oben!« Möglicherweise ist die Furcht vor dem Gegenteil sogar das noch stärkere Motiv: »Wenn ich jetzt zögere oder zaudere, dann hat der andere die Gelegenheit zum Erstschlag!« Stierlin (1979) nennt diesen festgefahren eskalierten Zustand »Status der Gegenseitigkeit«: Jeder kämpft um das eigene Überleben (meistens um das psychische). Der niederschmetternde Schlag ist der Inbegriff der idealen Lösung, der endlich die ersehnte Sicherheit bringt. Zu versuchen, den Kampf in einer allmählicheren Weise oder mit weniger Stärke zu gewinnen, würde ja nur noch mehr Leiden und mehr Risiko mit sich bringen. Wenn, wie es sich gewöhnlich erweist, der erwartete niederschmetternde Schlag sich als enttäuschend herausstellt, muss ein noch entscheidenderer Schlag eingesetzt werden. Der Glaube, dass jeder einzelne Moment über Gewinnen und Verlieren entscheidet, führt zu einer selektiven Blindheit gegenüber graduellen Prozessen. Vorgänge, die Abwarten, Reifen oder Wachstum erfordern, werden ignoriert, denn sie definieren nicht den unmittelbaren Gewinner. Die Geschichte der Interaktion wird zur Geschichte der Schlachten, von denen jede einzelne als ultimativ während ihres Geschehens gesehen wird. Daher führt das Prinzip der Unmittelbarkeit zu einer extrem engen Zeitperspektive: Alle Bemühungen, die nicht investiert werden, um die Schlacht hier und jetzt zu gewinnen, werden als Verschwendung angesehen. Destruktive Konflikte sind somit eine Serie von Jetzt-oder-nie-Versuchen. Da niederschmetternde Schläge gewöhnlich illusorisch sind, kann sich die Serie als unbegrenzt erweisen.

Der emotionale Reiz des Prinzips der Unmittelbarkeit ist verbunden mit der Psychophysiologie der Erregung: Erregung macht einen bereit zuzuschlagen. Eine Sicht des Konflikts, die danach schreit, im Moment der höchsten Wut zuzuschlagen, empfängt einen deutlichen Kick von den Hormonen. Den Schlag zu verzögern ist wie gegen den Strom schwimmen. Das Prinzip der Unmittelbarkeit liefert den Trommelwirbel der Kriegsrhetorik. Es ist auch bei persönlichen Konflikten von größter Bedeutung; auch hier wird geglaubt, jede Verzögerung übermittle Schwäche. Das Prinzip der Unmittelbarkeit hängt auch mit den Annahmen darüber zusammen, wie optimal gelernt wird. Diese Annahmen sind entweder rein intuitiv oder auch populärpsychologisch untermauert. Nach dieser Ansicht verliert Strafe ihr verhaltenssteuerndes Potential, wenn sie nicht auf der Stelle erfolgt. Die Interaktion wird also von totaler Dringlichkeit beherrscht. Für Entwicklung ist kein Raum.

Der Reiz des dämonischen Vorgehens beim Kämpfen

Dass Verdächtigung einen emotionalen Reiz haben kann, mag verwirrend erscheinen. Schließlich scheint Vertrauen eine angenehmere Einstellung zu sein. Und dennoch, bei Konfliktsituationen wird der Verdacht nicht nur als vernünftig erlebt, sondern auch als eine

Quelle emotionaler Befriedigung. Vertrauen ist, wie wir im Kapitel »Vertrauen und dämonische Erfahrungen« unter Bezug auf Luhmann (1989) ausgeführt haben, die Bereitschaft, das Risiko einzugehen, dem anderen eine gute Absicht zu unterstellen. In einer Logik der Eskalation ist dieses Risiko schwer zu ertragen. Durch die Verdächtigung entsteht hingegen unmittelbar das Gefühl von Sicherheit, Überschaubarkeit und Ordnung. So überwinden Individuen oder Gruppen das Gefühl, Dummköpfe oder passive Opfer zu sein, wenn sie die geheimen Winkelzüge oder Charaktermerkmale der Opponenten »aufdecken«. Zugleich bietet eine »Narration der Verdächtigung« dem eigenen Handeln Rechtfertigung und Berechtigung.

In seiner klassischen Biographie von Erasmus von Rotterdam zeichnete Stefan Zweig (1935) ein düsteres Bild der Unbeholfenheit, mit der sich humanistische Werte gegen Fanatismus in Zeiten sozialen Aufruhrs zu behaupten versuchen. Zweig beschreibt, wie in solchen Zeiten der Wind so stark bläst, dass die Welt wie zu einem Tuch wird, das von den kriegerischen Parteien entzweigerissen wird. Der Zuschauer verliert seinen festen Stand und muss, zum Guten oder Schlechten, eine klare Position für eine der Seiten einnehmen. Humanistische Werte müssen sich dann der Dringlichkeit fanatischer Ideale beugen, weitsichtige Ziele verblassen angesichts unmittelbarer Ziele, und die Fähigkeit zu Mehrdeutigkeit weicht vor der Notwendigkeit absoluter Gewissheit zurück. Zu solchen Zeitpunkten scheinen nur schrankenlose Gruppenzugehörigkeit und Hass auf den gemeinsamen Feind Sinn zu bieten und Handeln zu ermöglichen.

Neben der Fähigkeit, Aufruhr zu bewirken, tragen die destruktiven Annahmen dazu bei, Turbulenzen zu schaffen und die sonst begrenzten Konflikte in Flächenbrände zu verwandeln, für die sie dann den totalen Kampf als einzig mögliche Lösung hinstellen. Die destruktiven Annahmen funktionieren somit als *self-fulfilling prophecies*, die die Wankenden mehr und mehr in den sich ausweitenden Kreis des Hasses ziehen. Bei der essentiellen Asymmetrie (s. o. Annahme 1) zum Beispiel impliziert die Idee, eine versteckte negative Kraft regle das Verhalten des Gegners, eine spezielle Messlatte, die dessen Handlungen beurteilt. Die negative Interpretation ist also selbstverstärkend, und zwar ausnahmslos in Richtung des Glaubens, dass der Feind aus einem völlig anderen Stoff besteht als man selbst. Diese Prozesse produzieren eine Stimmung, in der Sicherheit nur dann erfahren werden kann, wenn man nicht das Gefühl hat, jederzeit übertölpelt werden zu können. Wenn man also die Handlungen des Feindes in einem gänzlich negativen Licht sieht, erhöht das paradoxerweise das Gefühl von Sicherheit.

Die Annahme der Logik des Nullsummenspiels ist gleichermaßen selbstverstärkend. Dieser Sichtweise nach muss jedes Ziel, das *sie* zufällig verfolgen, auch für *uns* höchst begehrenswert sein. Die Tatsache, dass *sie* etwas wollen, ist Grund genug, hartnäckig dafür zu kämpfen.

Eins der düstersten Beispiele dieser Logik ist die Schlacht von Verdun im Ersten Weltkrieg (Taylor, 1966). Der ursprüngliche deutsche Plan war, eine Reihe von Scheinangriffen durchzuführen, so dass die Franzosen glauben würden, Verdun sei entscheidend für die deutsche Kriegsstrategie. Die Franzosen würden dann – so die strategische Überlegung der Deutschen – eine hohe Konzentration an Truppen in dieser Gegend zusammenziehen. Das würde den Deutschen gestatten, die Franzosen durch Artillerieangriffe auszubluten, ohne eine vergleichbar verwundbare Konzentration an Truppenstärke anzubieten. Dokumente des deutschen Oberkommandos zeigen, dass die Deutschen zu diesem Zeitpunkt die Eroberung von Verdun keinesfalls als zentral in ihren Kriegsanstrengungen betrachteten, sondern nur als einen idealen Ort, um den Franzosen so viele Verluste als möglich beizubringen. Jedoch die Entscheidung der Franzosen, Verdun mit allen Mitteln zu verteidigen, überzeugte die Deutschen, dass Verdun wirklich entscheidend war. Das führte zu einer Änderung in den deutschen Plänen: Sie kamen jetzt zu dem Schluss, dass die Eroberung von Verdun dringend erforderlich sei! Ihre Logik schien zu sein: »Wenn die Franzosen es so sehr wollen, müssen wir es auch wollen!« Während die Schlacht vor sich ging, war jeder Offizier, dem nicht einleuchtete, warum Verdun irgendein Opfer wert sei, in Gefahr, degradiert zu werden.

Eine ähnliche mentale Übung könnte mit jeder einzelnen destruktiven Annahme durchgeführt werden. In der Art von Realität, die durch sie hervorgebracht wird, sind moralische Skrupel Anzeichen von Schwachköpfigkeit. Die Fürsprecher von Kompromiss, Dialog und Schlichtung werden zu Zielscheiben von Feindseligkeit und Lächerlichkeit. Selbst der Feind verdient mehr Respekt als sie. Sie sind eine lauwarme, feige rückgratlose Menge, die in Dantes Göttlicher Komödie von Himmel und Hölle gleichermaßen zurückgewiesen werden.

In dieser Atmosphäre kann ein gelegentliches Aufblitzen von Menschlichkeit und Rationalität paradoxerweise damit enden, dass das Festhalten an destruktiven Annahmen noch zunimmt. Wenn einem, der für Dialog eintritt, für eine Weile die Chance gegeben wird, eine Lösung zu versuchen, genügt der kleinste Rückschlag, um »das wahre Gesicht« des Feindes zu zeigen. Eine Rückkehr zur rückhaltlosen Gewalt wird dann als doppelt gerechtfertigt empfunden. Diese Gegenreaktion der dämonischen Sicht nach dem Fehlschlagen eines friedlichen Versuchs charakterisiert sowohl die gesellschaftspolitischen wie auch die interpersonalen Konflikte. Im israelisch-palästinensischen Konflikt gibt man zum Beispiel ab und zu den Parteigängern des Kompromisses eine Chance. Wenn es jedoch der Gewalt gelingt, den Dialog zu unterbrechen, kehren die Seiten gewöhnlich zu einer sehr langen Periode gegenseitiger Destruktion zurück. Es mag dann endloser Opfer bedürfen, bis eine Bereitschaft zum Dialog behutsam wieder möglich scheint. Ein ähnlicher Prozess charakterisiert lang gezogene persönliche Konflikte. So kann bei Ehekonflikten wieder und wieder einem Dialog eine Chance gegeben werden. Ein paar Enttäuschungen können jedoch genügen, um den Kampf wieder in seiner ganzen Härte, vielleicht gar stärker als zuvor, aufflammen zu lassen. Nach und nach können dann selbst diejenigen, die an sanfte Methoden glauben, zu der Ansicht kommen, dass der Job nur gewaltsam zu Ende gebracht werden kann.

Konstruktive, nichtdämonische Kämpfe

Koautor: Uri Weinblatt, Philadelphia

> Hoffnung ist nicht Optimismus, nicht die Überzeugung,
> dass etwas gut ausgeht, sondern die Gewissheit, dass etwas
> einen Sinn hat, ohne Rücksicht darauf, wie es ausgeht.
>
> Václav Havel

In Zeiten des Aufruhrs scheinen destruktive Annahmen den Stimmen der Vernunft klar überlegen zu sein. Da außerdem die dämonische Sicht geschickt das Chaos aufrührt, das sie braucht, um zu gedeihen, sind die Karten eindeutig zu ihren Gunsten gemischt. Um dieses Ungleichgewicht aufzuheben, sollte ein konstruktives Vorgehen im Konfliktmanagement eine kraftvollere Alternative anbieten als nur Appelle an Ideale von Menschlichkeit, Toleranz und Vernunft. Es braucht ein hoch motivierendes, aber strikt gewaltloses Konzept, um mit den ebenfalls hoch motivierenden dämonischen Annahmen konkurrieren zu können.

Der gewaltlose Widerstand ist weit davon entfernt, ein esoterisches Vorgehen zu sein, das nur in einer ausnahmslos unkriegerischen Kultur gedeihen könne. Er ist durch die Geschichte hindurch von höchst unterschiedlichen gesellschaftlichen und ethnischen Gruppierungen genutzt worden (Sharp, 1973). Die Grundidee ist sehr allgemein: »Ich werde mich mit allen möglichen Mitteln verteidigen, aber ich werde nicht zurückschlagen!« Was diese alltägliche Idee zu einem äußerst mächtigen Werkzeug macht, ist die Entwicklung von Prinzipien und Strategien, die sie in ein klar definiertes und gut organisiertes Vorgehen beim Kämpfen umwandelt.

Die Annahmen des konstruktiven Kämpfens

Im Folgenden werden die Annahmen eines konstruktiven Kämpfens der Logik der Konflikteskalation aus dem letzten Kapitel gegenübergestellt. Sie lassen sich in allen Formen konstruktiver Auseinandersetzung finden.

1. Die Pflicht zu widerstehen

Der gewaltlose Gegenpart zur Pflicht zu gewinnen ist die Pflicht, Widerstand zu leisten. Obgleich gewaltloser Widerstand der Gewalt rigoros abschwört, ist es doch eine Form des Kämpfens um Macht. Gandhi betonte, dass diejenigen, die prinzipiell den Rückgriff auf jede Art von Macht vermieden, tatsächlich Gewalt und Unterdrückung fortsetzten. Seiner Ansicht nach haben Forderungen und Bitten keinen Einfluss, wenn sie nicht den Rückhalt von Macht besitzen, der in der vollen Bereitschaft liegt zu widerstehen (Sharp, 1960). Der Versuch, gewaltbereiten Gegnern gegenüber ausschließlich auf empathisches Verstehen, auf Versöhnung und verbale Überzeugung zu setzen, enthält tatsächlich das Risiko, die Situation zu verschlechtern, denn diese Haltungen werden, wenn sie nicht von der entschiedenen Bereitschaft zu widerstehen begleitet sind, von der gewaltbereiten Seite verächtlich als ein Zeichen von Schwäche und Kapitulation angesehen. Kapitulation jedoch vergrößert die Bereitschaft des Aggressors, Drohung und Gewalt anzuwenden. Diese Art von Eskalation ist als »komplementär« bezeichnet worden, während die Art von Eskalation, bei der Feindseligkeit Feindseligkeit erzeugt, »symmetrisch« genannt wird (Bateson, 1981; Orford, 1986). Gewaltloser Widerstand bietet einen dritten Weg an, eine Alternative sowohl zu komplementärer wie zu symmetrischer Eskalation.

Die Pflicht zu widerstehen hat im Bereich häuslicher Gewalt bislang wenig Aufmerksamkeit erfahren. Antworten auf häusliche Gewalt sind entweder Versuche der Therapie (mit dem Aggressor, mit dem Opfer oder mit beiden) oder Versuche, das Opfer vom Aggressor zu trennen. Wenn beide fehlschlagen, sind die Therapeutin oder andere soziale Helfer oft hilflos. Die breite, zustimmende Reaktion auf unser Konzept des *Elterncoachings* im gewaltlosen Widerstand gegenüber kindlicher Gewalttätigkeit[1] scheint zu zeigen, dass hier mit Erfolg sowohl die elterliche als auch die professionelle Hilflosigkeit angesprochen werden (Omer u. von Schlippe, 2002; 2004; von Schlippe et al., 2006; Ollefs u. von Schlippe, im Druck). Es bietet überzeugende gewaltlose Instrumente an und richtet sich auf die Frage der Macht, ohne in die Falle zu gehen, eine autoritäre Position einzunehmen. Wie Loth (2005) betont, geht es um ein Instrumentarium der *Kontexststeuerung* und nicht der *Verhaltenssteuerung*. Gerade dieser Unterschied ist zentral. Es geht schwerpunktmäßig um das Gewinnen einer *Haltung* der Gewaltlosigkeit und erst in zweiter Linie um die daraus abgeleiteten Interventionsmethoden.

2. Grundsätzliche Ähnlichkeit und Vielstimmigkeit

Anstatt anzunehmen, dass *sie* schlecht sind und *wir* gut, postuliert gewaltloser Widerstand, dass auf beiden Seiten positive und negative Stimmen vorhanden sind. Bei einigen dieser Stimmen, selbst wenn sie vorübergehend schwach sind oder schlafen, kann man annehmen, dass sie gegen die Anwendung von Gewalt opponieren. Mahathma Gandhi und Martin Luther King Jr. waren Meister darin, kritische Stimmen gegen die Gewalt in *beiden* Lagern zu stärken. Um das zu erreichen, betonten sie, dass der Feind nicht die gegnerische Gruppe war: *Unterdrückung* und *Gewalt* waren die zu bekämpfenden Gegner, nicht *die Briten* oder *die Weißen*. Diese zu beschuldigen, würde nur die Macht und den Zusammenhalt der Stimmen der Gewalt in ihrem Lager verstärken. Dieselben Überlegungen sind relevant, wenn es darum geht, mit dem aggressiven Ehepartner, dem Kind oder dem Elternteil umzugehen: Sieht man das Verhalten des anderen als etwas an, das von zahlreichen inneren Stimmen beeinflusst ist, hat man die Möglichkeit, die gewalt-

---

1 Bislang wurde in Israel, Deutschland, der Schweiz, Österreich, England und in Brasilien das Konzept professionellen Beratern vorgestellt (mehr dazu später in diesem Kapitel). In allen Ländern ist die Resonanz auf die ersten Erfahrungen, das Engagement, mit dem Modell zu arbeiten, und die Nachfrage nach Tagungen, Kursen, Supervision und schriftlichem Material groß. Eine Befragung von 30 erfahrenen Therapeuten in Deutschland, die mit mehr als 175 Familien gearbeitet hatten, stellte Süllow 2006 vor.

losen Stimmen im »inneren Parlament« zu stärken, anstatt sie zu schwächen, indem man sie als bedeutungslos oder oberflächlich abwertet. Die Vorstellung eines Gegenübers als vielstimmig ist sowohl optimistisch als auch realistisch. Sie ist optimistisch insoweit, als dass die positiven Stimmen immer als vorhanden angenommen werden, selbst wenn sie kaum vernehmbar sind. Sie ist realistisch in dem Eingeständnis, dass das Bemühen des gewaltlos Widerstehenden nicht das totale Verschwinden der negativen Stimmen bewirken kann. Und das ist auch tatsächlich nicht nötig. Es mag genügen, die Waagschale zugunsten der positiven Stimmen anzutippen.

Der Ausdruck *Parlament des Geistes, inneres Team* oder *inneres Parlament* wird in vielen Feldern der Beratungsarbeit verwendet (Shneidman, 1985; Schwartz, 1997; von Hertel 2003; Schulz von Thun u. Stegemann, 2004). Es ist ein großer Unterschied, ob man das Gegenüber als monolithisch und einstimmig wahrnimmt oder ob man mit ihm oder ihr in Kontakt tritt unter der Vorstellung, dass in ihm viele verschiedene Stimmen zu erkennen sind. Ein Beispiel für die Arbeit mit dem Konzept der inneren Vielstimmigkeit wird von Omer und Elizur (2003) in der akuten Krisenintervention bei einem drohenden Suizidversuch vorgestellt: Solange ein Mensch, der droht, sich umzubringen, noch lebt und zum Beispiel nicht vom Dach gesprungen ist, auch wenn er damit droht, gibt es in ihm noch eine Mehrheit von Stimmen, die für das Leben votieren. Das Hauptziel des Helfers sollte nicht so unrealistisch sein, den potentiellen Suizidalen zu veranlassen, sich dem Leben bedingungslos zuzuwenden, sondern die innere Opposition zum Suizid zu stärken. Manchmal kann eine winzige Veränderung in die richtige Richtung genügen. Ähnlich führt es im Konfliktmanagement zu einem realistischeren Ziel, das destruktive Verhaltens des Gegners als das Resultat einer Debatte innerhalb seines inneren Parlaments zu sehen, in die man sich vielleicht einmischen kann, als die Gewalt einer Wurzelbehandlung unterziehen zu wollen. Das neue Ziel ist, das Lager der Anti-Gewaltstimmen im inneren Parlament des Gegenübers (oder diese Stimmen in der gegnerischen Gruppe) zu stärken. Es liegt auf der Hand, dass dies nicht unbedingt gut gelingt, wenn man mit Eskalation, Ultimaten und Beschimpfungen agiert oder die positiven Akte des Gegners als bedeutungslos, manipulativ oder maskiert heruntergespielt. Dann wird sich das innere Parlament des anderen in einer »Notgemeinschaft« gegen den Angreifer zusammenschließen, die Vielfalt der Stimmen wird eher verstummen. Wenn man jedoch im Gegenteil jeden einzelnen positiven Akt als Ausdruck einer positiven Stimme sieht, der Respekt und Unterstützung verdient, wenn man darüber hinaus dem anderen immer wieder vermittelt, dass man ihn respektiert und nicht gegen ihn oder sie kämpft, sondern nur gegen die Gewalt und Unterdrückung, dann bekommt die Vielfalt der inneren Stimmen eine Chance, sich zu entfalten.

Auch in einem selbst, also im eigenen Lager kann man davon ausgehen, dass eine Vielfalt von Stimmen vorhanden ist, dass also auch hier eine ständige Anstrengung gegen die Stimmen erforderlich ist, die doch eine gewaltsame Lösung befürworten. Gewaltloser Widerstand verlangt, dass man der Gewalt abschwört, nicht als taktischer Zug, sondern aus Prinzip. Doch werden, so lange der Konflikt fortbesteht, die Stimmen der Gewalt möglicherweise von Zeit zu Zeit die Oberhand gewinnen. Gelegentliche Ausbrüche von Gewalt können die eigene gewaltlose Position brüchig machen, was eine erneute Verpflichtung zur Gewaltlosigkeit erfordert. Um diese aufrechtzuerhalten, ist es notwendig, Ausdauer und – ein unmodernes Wort – Leidensfähigkeit zu entwickeln und zu lernen, wie man Provokationen widersteht. Gerade auf die Bereitschaft zu leiden und zu dulden wies Gandhi immer wieder hin (er nannte dies *Svaraj*). Interessanterweise entmutigt diese Moral der Ausdauer keinesfalls die Motivation (Sharp, 1973). Vielmehr erweist sich die Verpflichtung zur Ausdauer als selbstverstärkend: Eltern fühlen sich viel gestärkter, wenn sie den Provokationen des Kindes widerstehen (Omer u. von Schlippe, 2004; Weinblatt, 2005). Es kann sie mit Stolz erfüllen, die Ausdauer zu genießen, die ihnen gestattet, mit der gewalttätigen Wut zu konkurrieren, indem sie etwa bei Provokationen und Beleidigungen des Kindes ruhig bleiben und sich nicht in den gewohnten eskalierenden Streit hineinziehen lassen.

Die Annahme der Vielstimmigkeit hat einen zusätzlichen Reiz: Sie stützt den Glauben, dass die positiven Elemente in der Beziehung gerettet werden können. In vielen Konflikten gehen positive Erinnerungen verloren und gegenwärtige positive Momente werden im Lichte vorherrschender Feindseligkeit gar nicht wahrgenommen. Die Unterdrückung der positiven Seiten kann dabei schmerzhaft sein. In dieser Hinsicht ist die Annahme der Vielstimmigkeit hilfreich: Es wird als ermutigend erlebt, dass die positiven Seiten einer Beziehung nicht verloren sind, sondern derzeit nur in der Minderheit sind. Dann kann diese Minderheit des Positiven unterstützt werden, sogar während man tief in der Arbeit des Widerstehens steckt. Es kann zum Beispiel dem anderen immer wieder gesagt werden, dass man ein Interesse an einer guten Beziehung zu ihm/ihr hat, und dies gelegentlich durch Gesten verdeutlicht werden. Führer wie Gandhi und Luther King haben sich mit der Abwesenheit von Gewalt allein nicht zufrieden gegeben. Sie forderten, dass die Akte des Widerstehens, soweit das menschenmöglich war, von Respekt und positiver Beziehung begleitet sein sollten. Die Annahme, dass der Gegner Respekt verdient und dass man selbst während des intensivsten Widerstands Raum für positive Schritte finden muss, ist eine logische Konsequenz der Annahme von Vielstimmigkeit. Jedoch haben die positiven Angebote des gewaltlos Widerstehenden nichts mit Beschwichtigung gemein. Diese besteht darin, dass der Gegner besänftigt werden soll, indem man seinen Drohungen nachgibt. Dagegen sind die positiven Schritte Gandhis und Luther Kings frei gewählte Angebote positiver Beachtung innerhalb eines Kontexts fortgeführten Widerstands.

Diese Ideen sind vielleicht noch relevanter bei intimeren Konflikten, bei denen oft trotz der Auseinandersetzungen positive Gefühle weiter existieren. So werden in unserem Ansatz die Eltern gewalttätiger Kinder angeregt, versöhnende Gesten selbst an genau den Tagen auszuführen, an denen sie am meisten mit der Arbeit des Widerstands beschäftigt sind. Überraschenderweise berichten Eltern oft, dass die Versöhnungsgesten ihre Fähigkeit, Widerstand zu leisten, verbessern. Durch diese Schritte zeigen sie sich selbst und dem Kind, dass sie auch im Widerstand respektvolle und liebende Menschen bleiben. Die Mischung aus Widerstand und Versöhnung hat auch einen positiven Effekt auf die Eskalation (de Waal, 1993; Weinblatt, 2004, 2005). Offenbar gelingt es über die versöhnlichen Schritte, die gewalttätigen Stimmen im »inneren Parlament« beider Seiten zu verringern. Widerstand und Versöhnung zu verbinden, führt von der Logik des Nullsummenspiels weg. Im Nullsummenspiel wäre die eigene Seite benachteiligt, wenn der Gegner einen unverdienten Preis erhielte, denn es kann ja nur einer gewinnen und der andere verliert. Aus diesem Grund sind Eltern manchmal strikt gegen den Vorschlag, versöhnliche Schritte zu unternehmen (»Aber sie verdient das doch nicht!«). Doch wenn man erkennt, dass beide Seiten von einer »unverdienten« Geste der Versöhnung profitieren, wird die Nullsummenlogik verlassen.

3. Asymmetrie der Mittel

Anstelle der zwingenden Symmetrie der Vergeltung entscheidet sich der gewaltlose Kämpfer für eine systematische Asymmetrie der Mittel: Gewalt wird mit gewaltlosem Widerstand begegnet, Eskalation mit Deeskalation. So gerät die Gewalt in die Defensive, beginnt ineffektiv und selbstbegrenzend zu werden. Sie verliert an Legitimität und wird durch die gewaltlose Einstellung der Gegner gehemmt. Es ist schwieriger, Menschen anzugreifen, die still dasitzen, als solche, die Fäuste schwingen und Drohungen ausstoßen. Das Selbstvertrauen, das ein gewalttätiger Mensch daraus zieht, wird durch die freundliche, aber feste Botschaft des Aushaltens erschüttert, die vom gewaltlosen Widerstand ausgeht. Schließlich wird es durch die Asymmetrie der Mittel für die gewaltlose Seite leichter möglich, Unterstützung von Dritten zu gewinnen. So schafft gewaltloser Widerstand einen Kontext, in dem es für Gewalt schwer wird zu bestehen. Jedoch darf man nicht denken, dass Gewalt schnell aufgegeben wird. Die Asymmetrie der Mittel ist die Bereitschaft zu widerstehen, ohne um sich zu schlagen – auch angesichts fortdauernder Gewalt.

Im gewaltlosen Kampf gilt die Vermeidung eines Gegenschlags als entscheidender Schritt, sich dem Griff der Eskalation zu entziehen. In einer dämonischen Sicht ist die Eskalation unvermeidbar, da sie als von dem Feind aufgezwungen erlebt wird. Die Auffassung der Eskalation als eines beiderseitigen Prozesses wirkt dämonischen Annahmen entgegen. Die Fragen »Wer hat Schuld?« oder »Wer hat angefangen?« sind geeignet, die dämonische Geistesverfassung zu stärken. Die Frage ist gewöhnlich sinnlos, da es immer zwei inkompatible Berichte mit verschiedenen Ausgangspunkten und jeweiligen Fakten gibt. Selbst wenn es einen offensichtlichen Aggressor gibt, kann der symmetrische Geist, der eine strikte Streichung alles Vergangenen fordert, eine Eskalationsspirale auslösen, die bei weitem den ursprünglichen Schaden übertrifft.

Die Geschichte Michael Kohlhaas von Heinrich von Kleist (2001[2]) erzählt von einem gerechtigkeitsliebenden Gutsherren, der das Opfer eines willkürlichen Akts von Ausbeutung wurde: Zwei seiner Pferde wurden ihm auf betrügerische Weise genommen und zur Arbeit auf das Feld des örtlichen starken Mannes geschickt, der dann voller Hohn anbot, sie in einem erbärmlichen Zustand zurückzugeben. Kohlhaas, dessen anfängliche Versuche, auf gerichtlichem Weg Entschädigung zu erhalten, scheiterten, entschloss sich, sein Recht durch Gewalt zu bekommen. Er versammelte eine Gruppe von Desperados und führte eine Revolte an, in deren Verlauf Bauernhäuser und Städte dem Erdboden gleich gemacht wurden, seine Frau ermordet wurde, er auf dem Galgen und seine Kinder in Waisenhäusern landeten. Durch die ganze Geschichte hindurch antwortete Kohlhaas, wenn man ihn nach seinen Forderungen fragte: »Ich will meine Pferde zurückhaben, genau wie sie waren!«

Die Asymmetrie der Mittel ist auch eines der wesentlichsten Instrumente einseitig initiierter Entspannung in internationalen Krisen. Osgood (1962, 1966) beschäftigte sich in der Zeit des Kalten Krieges mit der Frage, wie ein dritter Weg zwischen Eskalation und Nachgiebigkeit, zwischen Krieg und Aufgeben aussehen könnte. Er schlug die GRIT-Strategie vor (*Gradual Reduction in Tension*). Sie besteht aus einer Reihe klar definierter Schritte:
1. Eine Konfliktpartei (z. B. ein Staat) erklärt *öffentlich* ihre Bereitschaft, von sich aus zu einseitigen Maßnahmen der Spannungsverminderung überzugehen.
2. Dieselbe Partei vollzieht eine unmissverständliche Geste der Versöhnung durch und lädt gleichzeitig die Gegenpartei ein, dies ebenfalls zu tun.
3. Auch wenn die Gegenpartei darauf nicht positiv reagiert, folgt die nächste versöhnende Gebärde.
4. Wenn die Gegenpartei darauf aggressiv reagieren sollte, folgt eine – öffentlich angekündigte – angepasste, aber deutlich be-

---

[2] 1805/6 in Königsberg entstanden.

grenzte Maßnahme der Vergeltung, ohne dass die bisherigen versöhnenden Akte widerrufen werden.
5. Danach wird die nächste entspannende Maßnahme angekündigt und durchgeführt.

Ein Beispiel für die GRIT-Strategie war der Besuch des ägyptischen Ministerpräsidenten Anwar Al Sadat in Jerusalem 1977, der zum Frieden zwischen Israel und Ägypten führte. In zahlreichen Experimenten hat sich zeigen lassen, dass dieses Vorgehen den guten Willen der entspannungsbereiten Seite dokumentiert, ohne als Schwäche ausgelegt zu werden (Glasl, 2004).

4. Die Illusion der Kontrolle

Der Glaube, man könne das Verhalten eines anderen kontrollieren oder seine Gefühle bestimmen, ist illusorisch. Wir haben einen gewissen direkten Einfluss auf unsere eigenen Handlungen, aber unser Einfluss auf andere ist bestenfalls partiell und indirekt. Die Annahme, dass Kontrolle über andere illusorisch ist, kann einen befreienden Effekt haben: Durch das Bewusstsein, dass Kontrolle unmöglich ist, wird man von dem Zwang zu kontrollieren befreit. Die Annahmen des gewaltlosen Widerstands passen somit gut zu einer tragischen Sicht: Gewaltloses Kämpfen steuert der Hybris der Kontrolle entgegen.

Die Tatsache, dass man nur auf das eigene Verhalten statt auf das des Gegners fokussiert, ist ein tief gehender Unterschied zwischen gewalttätigem und gewaltlosem Kämpfen. Eine typische Drohung, die im Geist der Gewalttätigkeit ausgestoßen wird, hat die Form einer zwingenden logischen Implikation: »Wenn du nicht tust, was ich dir sage, werde ich dir wehtun!« Die Betonung liegt auf der strikten Verbindung zwischen den Handlungen. Dem Gegner werden zwei Optionen gegeben: zu folgen oder bestraft zu werden. Um seinen Standpunkt und sein Selbstwertgefühl nicht zu verlieren, muss er sich in der dämonischen Logik ebenso zwingend *weigern* zu gehorchen, möglichst indem er eine eskalierende Gegendrohung äußert: »Versuch's, du wirst schon sehen, was dann passiert!« Im Gegensatz dazu ist der Kern der Botschaft des gewaltlosen Widerstands: »Ich widerstehe, weil ich muss!« Die Betonung liegt auf der Pflicht zu widerstehen (s. Annahme 1) und nicht auf der Kontrolle über den andern. Es ist sehr wichtig, sich die Sprachform anzuschauen, die den beiden Botschaften unterliegen: Die eine dringt in den Raum des anderen ein, er wird in seiner Integrität mehr oder weniger stark bedroht. Die andere markiert nur die eigene Grenze, ohne diese zu überschreiten: Auf eine Drohung antwortet der Widerstehende, dass es seine Pflicht sei zu widerstehen, nicht, dass er dann den anderen zwingen oder bestrafen werde (vgl. Grabbe 2006).

Gandhi drückte diesen Geist der Entschlossenheit ohne Kontrollierenwollen in einem Brief an den britischen Vizekönig Lord Irwin aus, in dem er seine Entscheidung mitteilte, sich dem britischen Salzmonopol zu widersetzen. Nachdem er erklärt hatte, dass Indien die Pflicht habe, alles in seiner Macht Stehende zu tun, um sich von der »tödlichen Umarmung« des Britischen Empires zu befreien, erklärte Gandhi, dass er und seine Anhänger keine Alternative hätten, als eine umfassende Kampagne gewaltlosen Widerstands gegen das Monopol zu initiieren. Er beendete diesen Brief mit dem Paradox: »Dieser Brief ist keinesfalls als Drohung gedacht, sondern als eine einfache und heilige Pflicht, die für einen zivilen Widerständler kategorisch ist« (Sharp 1960, S. 200ff.).

Das Paradox besteht in der gleichzeitigen Ankündigung einer Kampfkampagne und der Erklärung, dass dies keine Drohung sei. Das Paradox kann jedoch aufgelöst werden, wenn wir Gandhis Erklärung mit einer gewöhnlichen Drohung vergleichen:
– Drohungen schließen gewöhnlich keine explizite Erklärung der Gewaltlosigkeit ein.
– Gandhi sagt nicht: »*Du* tust das, oder ...«, sondern »*Wir* haben keine andere Wahl, als ...«
– Es gibt keinen Hinweis auf eine Starrsinnigkeit in Gandhis Worten (»Das will ich!«), sondern nur den Ausdruck moralischer Pflicht.

Gandhis Erklärung könnte paraphrasiert werden: »Ihr seid stärker als wir, aber unsere höchste Pflicht ist es, euch auf gewaltlose Weise zu widerstehen!« Seine Botschaft kann daher charakterisiert werden als eine *Drohung im Geiste des Nichtdrohens*. Eine solche Botschaft ist frei von der Notwendigkeit, dem anderen zu zeigen, wer der Boss ist.

Dieselbe Dynamik manifestiert sich in persönlichen Konflikten. Das Kontrollbedürfnis und der Glaube an seine eigenen Möglichkeiten führen dazu, Beziehung im Sinne von »Wer ist der Boss?« zu sehen. Je ausgeprägter diese Tendenz ist, desto größer ist die Gefahr der Eskalation. So erweisen sich Eltern, die hierzu neigen, als anfälliger für Gewaltausbrüche (Bugental et al., 1989, 1993, 1997). Ähnliches gilt für das dominanzorientierte Kind. Je mehr es in dominanzorientierten Kategorien denkt, desto anfälliger ist es für Gewaltausbrüche. Wenn es einer der Seiten in der Beziehung (im erwähnten Konzept des Elterncoachings sind dies ein Elternteil oder beide) gelingt, die eigene Dominanzorientierung zu zügeln, verringert sich die Gefahr der Eskalation. Eltern können lernen, Botschaften zu übermitteln wie: »Ich kann und will dich nicht kontrollieren! Aber ich werde mich deiner Gewalt mit allen gewaltlosen Mitteln, die zur Verfügung stehen, widersetzen« oder »Ich kann dich nicht unterkriegen! Aber ich werde mein Bestes tun, um mich zu schützen« (Omer u. von Schlippe, 2002, 2004). Der emotionale Effekt solcher Botschaften kann beträchtlich sein. Im optimalen Fall können sich beide Seiten nach und nach von dem Zwang befreien, sich durchsetzen zu müssen.

Dieser Wechsel der Aufmerksamkeit vom anderen zu sich selbst hat eine zusätzliche gute Seite. Die dämonische Geistesverfassung besteht aus einer Art negativer Hypnose, in der man vom schlechten Charakter des anderen gebannt und gefangen genommen wird. Man kann gar nicht damit aufhören, die negativen Handlungen des Gegners aufzulisten. So lange diese Litanei anhält, ist man nicht frei zu handeln, sondern ist gezwungen, sich auf den anderen zu konzentrieren, auf ihn zu reagieren und sich über seine Aktivitäten zu beklagen. Die eigene Stimme verliert an Kraft, und der Geist wird angefüllt mit der vorgestellten negativen Stimme des anderen. Dadurch dass man die Illusion der Kontrolle aufgibt, ist es möglich, sich aus dieser Art Trance zu befreien und sich auf die eigenen Handlungen zu beziehen. In unserer Arbeit mit Eltern sind wir oft Zeugen eines Wandels ihrer Art zu sprechen: Während sie die ersten Sitzungen fast immer mit einer langen Liste der Klagen über die inakzeptablen Tätigkeiten des Kindes beginnen, berichten sie im Verlauf der Behandlung zuerst von ihren eigenen Schritten des Widerstehens und des Selbstschutzes.

5. Öffentlichkeit

Transparenz und Öffentlichkeit hemmen die Gewalt (auf beiden Seiten) und gestatten, Unterstützung für das gewaltlose Lager zu mobilisieren. Aus diesen Gründen operieren Bewegungen des gewaltlosen Widerstands auf Wegen, die diametral verschieden sind von denen von Untergrundorganisationen. Sie entscheiden sich für Öffentlichkeit und lehnen Heimlichkeit ab. Sich zu Öffentlichkeit zu bekennen, mag alles andere als leicht sein, aber so lange man die Dinge geheimhält, trägt man zur Fortdauer von Gewalt bei. Das ist in der Familie am deutlichsten: Alle Formen häuslicher Gewalt und Missbrauch werden von Geheimhaltung unterstützt. Gandhi fügte noch einen anderen Grund hinzu, warum man sich bedingungslos für Öffentlichkeit entscheiden sollte: Geheimhaltung kommt aus der Furcht und hält Furcht aufrecht. Zudem schafft Öffentlichkeit ein breites Engagement für die Einhaltung von Gewaltlosigkeit. Somit ist sie auch ein Schlüsselelement nicht nur im Kampf gegen die destruktiven Akte des Gegners, sondern auch gegen die eigenen.

Öffentlichkeit bedeutet, Netze von Unterstützern zu gewinnen. Einsamer Widerstand hat praktisch keine Macht und wird leicht eine Beute von Furcht und Demoralisierung. Die Situation ändert sich, wenn der Einzelne aus der Isolation ausbricht. Viele haben den Mut gewaltloser Aktivisten angesichts extremer repressiver Maßnahmen bewundert. Gandhi betonte, dass dieser Mut nicht der Seele des Einzelnen entspringt, sondern der Erfahrung der Zusammengehörigkeit. Allein schon der Dialog, in dem dem Opfer bewusst wird, dass die Unterdrückung willkürlich ist, hat eine stärkende Wirkung. Offen mit Gewalt umzugehen, ist ein Akt mit revolutionärer Wirkung: Das Gefühl von Aussichtslosigkeit des Opfers wird abgeschüttelt. Schutz des Opfers und öffentlicher Druck gegen die Gewalt werden möglich.

Eine Form des öffentlichen gewaltlosen Widerstands ist selbst unter den extremsten Arten von Unterdrückung relevant: das Zeugnisablegen. Der hohe Wert der Zeugenaussage für die Opfer der Gewalt ist in Fällen extremster Unterdrückung demonstriert worden, wie unter den Opfern der Militärdiktatur in Chile, der Rassentrennung in Südafrika oder des Warschauer Ghettos. Zeugenaussagen ermöglichen den Opfern, als Opfer anerkannt zu werden und zu fühlen, dass ihr Leiden eine potentielle Bedeutung für andere hat. Die Zeugenaussage ist ganz verschieden von der therapeutischen Enthüllung. Letztere ist gewöhnlich eine privater Vorgang, wohingegen die Zeugenaussage öffentlich ist. Der Fokus liegt in der Therapie in der Regel auf ein inneres Verarbeiten, ohne den therapeutischen Wert einer großen Zuhörerschaft zu nutzen. In unserem Programm versuchen wir zu Opfern gewordene Geschwister, Frauen und Eltern zu überreden, ihre Leiden zu dokumentieren (in Schrift oder Tonband), und führen sie einer Zuhörerschaft von Unterstützern vor (Mitgliedern der erweiterten Familie, Freunden, anderen Opfern oder therapeutischen Mitarbeitern). Einige Opfer, die zögern, sich in die Öffentlichkeit zu begeben, sind damit einverstanden, dass ihre Aussagen anonym zirkulieren. Auf diesem Weg fangen sie an, sich selbst als Widerstandleistende zu sehen. Die Zeugenaussage vergrößert die emotionale Kraft des gewaltlosen Widerstands (Omer, 2004b; Omer, Shor-Sapir und Weinblatt, im Druck). Überlebende des Warschauer Ghettos haben beschrieben, wie die Insassen des Ghettos, die in Kontakt zu dem Historiker Emanuel Ringelblum kamen (der die Unterdrückung im Ghetto dokumentierte), oft bereit waren, sich schweren Entbehrungen zu unterziehen, um Dokumente zu sammeln, die der Welt Zeugnis ablegen würden über das, was sie durchzumachen hatten. Die Auswirkung dieser Arbeit auf die Moral der Opfer war immens, wie zum Beispiel Reich-Ranicki in seinen Lebenserinnerungen berichtet (2003).

Das Zusammengehörigkeitsgefühl des gewaltlosen Widerstands ist sehr verschieden von dem, was aus dem dämonischen Umgang mit Konflikten entsteht. Dieser fordert Geschlossenheit und Konformität auf der Basis einer *Wir-sie*-Polarität. Die gewaltlose Variante ist ein offenes Zusammensein, das dritte Parteien und sogar Mitglieder der opponierenden Gruppe einlädt, sich ihnen anzuschließen. In einem Projekt zu gewaltlosem Widerstand in Schulen wurde eine Lehrer-Eltern-Allianz aufgebaut. Sie beruhte darauf, dass jeder Akt von Gewalt und seine disziplinäre Behandlung in einem zweiwöchentlichen Brief an die Eltern, Lehrer und alle Kinder veröffentlicht werden wurde, ohne dabei die Namen der Kinder zu nennen. Dann wurden in jeder einzelnen Klasse Gespräche geführt, bei denen alle Kinder eingeladen wurden, sich der offenen Front gegen Schikanieren, Vandalismus und andere Formen der Gewalt anzuschließen (Omer u. von Schlippe, 2004; Omer, Irbauch u. von Schlippe, 2005). Die Gespräche zielten darauf ab, die unausgesprochene Regel des Schweigens zu brechen, die die meisten Kinder davon abhielt, die Gewalt zu melden, die sie beobachtet hatten. Alle Kinder, einschließlich jenen, die sich vorher als Rüpel benommen hatten, konnten sich nun als Mitglieder der Gemeinschaft sehen, die aktiv der Gewalt widerstand.

6. Das Prinzip des Reifens

Im Gegensatz zu dem Prinzip der Unmittelbarkeit geht eine entdämonisierende Form des Umgangs mit Konflikten vom Prinzip des Reifens aus. Auseinandersetzungen definieren nicht eine unumkehrbare Hierarchie, sondern sind Teil eines fortlaufenden Prozesses, in der die Qualität der Beziehung ständig neu definiert wird. Versuche zu besiegen und unterjochen sind weit davon entfernt, zu einem stabilen Endpunkt zu gelangen. Sie führen im Gegenteil zum Verfall der Beziehung. Deshalb ist es gerade nicht das Ziel im gewaltlosen Widerstand, eine sofortige Lösung zu erreichen, sondern auszuharren, bis die Prozesse reifen. Der gewaltlose Widerständler kämpft mit Ausdauer und ohne die Erwartung, dass der Gegner in Kürze von Gewalt Abstand nimmt. Das Ethos des Durchhaltens beim gewaltlosen Widerstand repräsentiert das totale Gegenteil davon, an einen Entscheidungsschlag zu glauben. Das Prinzip des Reifens erfordert eine Neuausbildung der Aufmerksamkeit. Man lernt, auch die geringsten positiven Ereignisse wahrzunehmen und auf sie zu achten. Das kontrastiert erheblich mit der »negativen Hypnose« des destruktiven Kämpfers, bei der die Konzentration auf das Negative zu einem systematischen Ignorieren der positiven Seiten oder Handlungen des Gegenübers führt.

In einem Nachgespräch berichteten die Eltern, dass ihr extrem aggressiver Sohn, der sie mehrfach in massiven Auseinandersetzungen körperlich attackiert hatte, am Morgen danach von sich aus Gesten der Versöhnung gezeigt habe. Beispielsweise habe er den Frühstückstisch für alle gedeckt. Früher hätten sie solche Gesten ignoriert und aus Wut und Betroffenheit mit Ironie und Sarkasmus beantwortet. Heute sähen sie es als Zeichen seiner inneren Vielstimmigkeit. Die Fähigkeit, dies wahrzunehmen und zu schätzen, ohne den Widerstand gegen die Gewalt aufzugeben, hätten sie durch das Elterncoaching nach dem Konzept des gewaltlosen Widerstands gelernt.

Das Prinzip des Reifens erfordert auch eine Modifikation der positiven Erwartungen. Der gemäßigte gewaltlose Kämpfer weiß sehr wohl, dass ein Versuch, eine positive Lösung zu forcieren, sich als Fehlschlag erweisen kann und oft dazu führt, dass sich das Blatt zum Destruktiven wendet. Es braucht Ausdauer mit langem Atem, gerade deshalb ist es so wichtig, zu lernen, eine gewaltlose Haltung einzunehmen und nicht auf die schnelle Wirkung effektiver Methoden zu bauen: »Das Leitmotiv ist nicht Effizienz, sondern Respekt« (Loth, 2005, S. 352). Man lernt, auf langsam reifende Veränderungen zu achten und potentielle Verbündete zu gewinnen. Die hochgeschraubten Hoffnungen, die den destruktiv Kämpfenden inspirieren, sind auf den ersten Blick attraktiver. Aber die Standfestigkeit des gewaltlosen Widerständlers übersteht Enttäuschungen besser und so wird der Gefahr der Eskalation vorgebeugt. Es wird leichter, den inneren Zustand zu »managen« (von Hertel 2003) und nicht aus der Erregung heraus zu reagieren, sondern das Eisen zu schmieden, »wenn es kalt ist«.

Die Macht des gewaltlosen Vorgehens

Der starke Reiz des gewaltlosen Widerstands ist verbunden mit seiner Fähigkeit, die Verzweiflung der Opfer in eine resolute und durchgängig nichtdämonische Kampfanstrengung zu verwandeln. Diese motivierende Macht ist oft in der gesellschaftspolitischen Arena demonstriert worden, Bewegungen gewaltlosen Widerstands können einen großen Umfang annehmen und gesellschaftliche Gruppen, die vorher als natürlicherweise unterwürfig oder als unheilbar streitsüchtig angesehen wurden, können, allen Erwartungen widersprechend, eine überraschende Fähigkeit zeigen, zu widerstehen und von Gewalt Abstand zu nehmen (Sharp, 1973). Erfahrungen mit Eltern gewalttätiger Kinder zeigen ein ähnliches Bild: Vorher hilflose und scheinbar unmotivierte Eltern reagieren oft mit großem Interesse, wenn ihnen die entschlossene

Position des gewaltlosen Widerstands nahegebracht wird, ihre Motivation wird durch ihre Erfahrungen bestärkt (Süllow, 2006). Freunde und Mitglieder der erweiterten Familie können sich anschließen und das Engagement der Eltern stärken. Die Abbrecherquoten aus dem Programm des gewaltlosen Widerstands sind wahrscheinlich die niedrigsten in der gesamten Elterntrainings-Literatur (Weinblatt 2005).

Gewaltloser Widerstand ist keine spontane Reaktion auf Unterdrückung und Gewalt. Zurückschlagen oder Nachgeben sind sozusagen von der Natur programmiert, während gewaltloser Widerstand ein *kulturelles* Produkt ist. Seine Haltung muss bewusst eingenommen, gezielt geplant, organisiert und in Bewegung gesetzt werden. Daher braucht es in der Regel dazu Anleitung und Unterstützung. Das gilt sowohl für die gesellschaftspolitische wie für die Familienarena.

Die starke Reaktion, die durch gewaltlosen Widerstand hervorgerufen wird, ist zum Teil auf seinen Überraschungseffekt zurückzuführen. In der kognitiven Landkarte der meisten Menschen gehören Kämpfen und Gewalt zusammen, so dass die wahrgenommenen Optionen gewöhnlich sind: »Kämpfen oder Kapitulieren«, »Kämpfen oder Besänftigen« oder »Kämpfen oder Reden«. Die Option des gewaltlosen Widerstands kann dann eine starke Wirkung haben; die Realität wird neu kartiert. Bedeutsame Handlung wird möglich, wo vorher keine zu sehen war. In dieser neuen Landkarte verbinden sich die vormals inkompatiblen Begriffe »Kämpfen« und »Gewaltlosigkeit«. Reaktionen wie »Warum haben wir daran nicht früher gedacht?« oder »Warum nennen Sie das ›Kämpfen‹, wenn es gewaltlos ist?« zeigen die Überraschung.

Die nächste Phase im Erlernen gewaltloser Aktion besteht im Training der Widerständler. Gandhi bemerkte, dass das Einstimmen der Aktivisten ein schneller Prozess sein kann, da die ersten Erfahrungen beim Widerstehen oft selbst tief resignierte Opfer zu entschiedenen Kämpfern verwandeln können. Diese Umwandlung kann auch in der Arbeit mit Familien beobachtet werden. So drücken Eltern häufig, nachdem sie ihr erstes Sit-in (Omer u. von Schlippe 2004, S. 237) im Zimmer des gewalttätigen Kindes durchgeführt haben, ihre Überraschung darüber aus, dass sie es geschafft haben, dies auszuhalten. Eine Mutter bemerkte, dass ihre

Muskeln die ganze Stunde des Sit-in angespannt geblieben waren. Dann fügte sie hinzu: »Aber ich weiß jetzt, dass ich Muskeln habe!«

Selbst die Erfahrung physischer Schmerzen kann eine Verwandlung durchmachen. Nach ein paar Wochen in einem Widerstandsprogramm gegen die Gewalt ihres älteren Bruders sagte ein zwölfjähriges Mädchen: »Manchmal schlägt er mich noch! Aber jetzt tut es nicht mehr so weh!«

Der Reiz des gewaltlosen Widerstands wird auch durch die Veränderungen genährt, die auf der gewalttätigen Seite beginnen. Oft wird eine Desorganisation des Gewaltprozesses sichtbar, die zeigt, dass Gewalt nicht gut mit einem Gegner umgehen kann, der weder zurückschlägt noch nachgibt. Diese Desorganisation stärkt die Widerstehenden. Wenn das erste Mal eine unterdrückende Handlungsweise beendet wird, ist das eine historische Markierung für den gewaltlosen Widerstand. Das wird zusätzlich durch das Auftauchen von Proteststimmen im gewalttätigen Lager verstärkt, die gegen Gewalt sind und die Widerständler unterstützen. Gelegentlich fangen selbst die aktiven Verfechter von Gewalt an, eine Veränderung ihrer Haltung zu zeigen. Wir nennen diesen Prozess »Identifikation mit dem Nicht-Aggressor«[3].

Gewaltloser Widerstand ist somit ein sich selbst verstärkender Prozess. Diejenigen, die diese Art des Kämpfens erleben, finden es gewöhnlich schwer, zu Gewaltanwendungen zurückzukehren. Die Bereitschaft Einzelner und Gruppen, sich gewaltlosen Widerstand zu eigen zu machen, wächst mit ihrer Vertrautheit mit der Idee, dass ein klares Handlungskonzept verfügbar ist. Wenn diese Bedingungen erst einmal erfüllt sind, wird gewaltloser Widerstand mit jeder gewaltlosen Aktion immer attraktiver. Im Gegensatz dazu werden die Nachteile und Kosten der Gewaltoption offensichtlicher, ihre Popularität wächst nicht notwendigerweise mit jeder Anwendung. So kann das sich ausbreitende Bewusstsein allmählich die Waagschale zugunsten gewaltlosen Widerstands senken.

---

3 Ein Wortspiel in Anlehnung an den Abwehrmechanismus der »Identifikation mit dem Aggressor« in der Psychoanalyse.

Nichtdämonisches Kämpfen in Aktion: Gewaltloser Widerstand durch Eltern gewalttätiger Kinder

Unser Konzept des Elterncoachings im gewaltlosen Widerstand für Eltern gewalttätiger oder autoaggressiver Kinder schließt detaillierte Instruktionen darüber ein, wie Eskalation verhindert werden kann, wie Unterstützung mobilisiert, Widerstandsmaßnahmen eingesetzt und Opfer geschützt werden können und die elterliche Präsenz auf Gebieten zunehmen kann, wo das Problemkind sich in hochriskante Aktivitäten begibt (Omer u. von Schlippe, 2002, 2004; Tsirigotis, von Schlippe u. Schweitzer, 2006). Die Beziehung zwischen Beraterin und Eltern ist dabei von einer Haltung geprägt, die Grabbe (im Druck) als »Bündnisrhetorik« bezeichnete: Anstatt ihren Platz gegenüber von den Eltern zu sehen, sieht sich die Therapeutin explizit neben ihnen und schaut mit ihnen gemeinsam auf die Beziehung zwischen ihnen und dem Kind und auf die Themen, die sie belasten. Damit soll es leichter möglich werden, eine kooperative und unterstützende Beziehung aufzubauen.

Es mag seltsam erscheinen, dass wir die Beziehung zwischen Eltern und Kinder als Hauptillustration des nichtdämonischen Kämpfens ausgewählt haben. Schließlich erwartet man ja nicht, dass Eltern mit ihren Kindern kämpfen. Gerade die Notwendigkeit, das zu tun, kann Anlass zu der Befürchtung geben, als Eltern versagt zu haben. Doch selbst die hingebungsvollsten Eltern können zu ihrer Überraschung entdecken, dass einige Kinder sich gewalttätig oder selbstzerstörerisch verhalten, *trotz* der Liebe und Sorge, die sie erhalten haben. Die Eltern mögen sich dann fragen, ob das Verhalten des Kindes auf unterschwellige psychopathologische oder grundsätzliche Gewalttendenzen zurückzuführen ist. Beide Deutungen nehmen an, dass irgendeine negative Kraft in ihrem Kind wohnt. Wenn sie diese Kraft für »böse« halten, können Eltern versuchen, sie dem Kind »auszutreiben« und harte Erziehungsmethoden anwenden, damit es »versteht«. Das führt oft zu symmetrischer Eskalation. Wenn sie auf der anderen Seite das Kind als krank ansehen, beginnen die Eltern oft zu besänftigen und nachzugeben, was zu einer komplementären Eskalation führt (das heißt, je nachgiebiger die Eltern sind, desto harscher ist das Benehmen des Kindes). Die dämonische Erklärung für die negativen Verhaltensweisen des Kindes in Form von inneren Qualitäten und etwas, das ihm »eingepflanzt« wurde, kann sich auf die Eltern ausweiten. Sie werden von Außenstehenden beschuldigt oder sie beschuldigen sich gegenseitig, die Destruktivität des Kindes hervorgerufen zu haben; oft geben sie sich auch selbst die Schuld. Das Versagen von Eltern wird dann durch dämonische Hypothesen erklärt, etwa durch die Idee, dass sie traumatische Narben aus ihrer eigenen Kindheit mit sich trügen oder dass sie mental oder moralisch unfähig seien – »kein Wunder, dass das Kind so ist, bei der Mutter …« Die Annahmen des gewaltlosen Widerstands dienen als Gegenmittel bei diesen unterschiedlichen Zuschreibungen: Das Kind wird nicht als moralisch oder psychologisch mit Fehlern behaftet angesehen, und die Eltern nicht notwendigerweise als vernachlässigend oder missbrauchend.[4] Stattdessen wird angenommen, dass beide Seiten sich in einer tragischen Spirale negativer Reaktionen verfangen haben – trotz der Absichten und Empfindungen, die ursprünglich positiv und angemessen gewesen sein können. So führt eine dämonische Position eher zu Beurteilung, eine tragische eher zu Empathie.

Viele Eltern, die nach unserem Konzept beraten wurden, hatten häufig versucht, das Problem des Kindes durch die beschriebenen Schritte anzugehen. Diese Versuche waren nicht selten durch den Anstieg gegenseitiger verbaler Gewalt begleitet, die sich gelegentlich auch zu willkürlichen Bestrafungen und körperlichen Ausbrüchen steigerte. Das Hilflosigkeitsgefühl der Eltern wuchs mit jedem fehlgeschlagenen Versuch. Sie beklagten sich darüber, dass das Kind weder auf die »harte«, noch auf die »weiche Tour« zu erreichen war. Sie sahen die Situation gewöhnlich als ein Nullsummenspiel an, bei dem sie immer »verloren« und das Kind immer »gewann«. Das Ziel unseres Konzepts ist, die Eltern für den gewaltlosen Widerstand zu gewinnen und zu trainieren, als ein Mittel, aus beiden Formen der Eskalation auszusteigen, Nachgeben *und* Zurückschlagen.

---

[4] Auch wenn es diese Fälle natürlich gibt und im Einzelfall eine Differenzierung nicht einfach ist.

> **Interventionen des Gewaltlosen Widerstands im Modell des Elterncoachings: Vom Ausstieg aus dem Teufelskreis bis zu Versöhnungsgesten**
>
> **1. Das Wichtigste: Aus dem Teufelskreis aussteigen**
> a) Sich nicht hineinziehen lassen: den Provokationen widerstehen: Gewaltloser Widerstand ist eine Form des Protests, keine Schlacht
> b) Das Prinzip der verzögerten Reaktion und des Schweigens: das Predigen beenden
> c) Wenn es schiefgeht: Mitten in der Eskalation kann man nichts tun. Im Zweifelsfall geht der persönliche Schutz vor!
>
> **2. Die Ankündigung**
>
> **3. Das Sit-in**
>
> **4. Das Siegel der Geheimhaltung brechen: Unterstützer, Vermittler und die öffentliche Meinung einbeziehen**
>
> **5. Die Telefonrunde**
> a) Informationen sammeln
> b) Anrufen
> c) Mit verschiedenen Personen sprechen: Freunde des Kindes, Eltern der Freunde, Lokal-, Freizeitortbesitzer und deren Mitarbeiter
>
> **6. Nachgehen und Aufsuchen**
>
> **7. Der verlängerte Sitzstreik**
>
> **8. Befehle verweigern**
>
> **9. Unverzichtbarer Bestandteil: Gesten der Versöhnung, der Wertschätzung und des Respekts**
>
> (aus: von Schlippe 2006, S. 250)

Die Eltern lernen eine Reihe von Widerstandsschritten kennen (siehe Kasten; s. a. Omer u. von Schlippe, 2004, S. 229ff., dort sind die einzelnen Schritte ausführlich beschrieben). Sie werden darin trainiert, wie sie Verhaltensweisen mit einem hohen Eskalationsrisiko vermeiden können, wie flehentliche Bitten, Ermahnungen,

Argumentieren, Anschuldigungen, Drohungen, Schreien, Prügel und erniedrigende Bemerkungen oder Strafen. Sie lernen, den Provokationen des Kindes zu widerstehen und nicht unmittelbar auf aggressive Akte zu reagieren. Indem sie ihre Reaktion verzögern, wird es ihnen möglich, die Falle hochemotionaler Ausbrüche zu vermeiden und konsequent zu deeskalieren. Eine Haltung geduldiger Hartnäckigkeit wird kultiviert und den Erwartungen einer unmittelbaren Änderung entgegengestellt. Die Eltern werden auch ermutigt, Versöhnungsschritte in Richtung auf das Kind zu tun, Gesten, mit denen sie dem Kind eine ihnen mögliche Form von Wertschätzung oder – zumindest Respekt – vermitteln, parallel zu ihren Widerstandsschritten und unabhängig vom Verhalten des Kindes. Jeder einzelne Aspekt verfolgt eine doppelte Absicht: der Gewalt des Kindes zu widerstehen und eine Haltung konstruktiven Kämpfens *um* das Kind, nicht *gegen* es zu fördern. Damit sind diese Schritte nicht einfach Techniken, vielmehr geht eine veränderte innere Haltung damit einher.

Beispiel: Beim sogenannten Sit-in[5] werden den Eltern folgende Informationen ausgehändigt: Eine der einfachsten und klarsten Manifestationen des gewaltlosen Widerstands ist das Sit-in. Diese Aktivität erlaubt Ihnen, elterliche Präsenz zu zeigen, ohne Eskalation oder Kontrollverlust. Seine Absicht ist, dem Kind zu übermitteln, dass Sie seine destruktiven Akte nicht länger hinnehmen werden.

Betreten Sie das Zimmer des Kindes zu einer für sie passenden Zeit, wenn das Kind in dem Zimmer ist. Tun Sie das nicht unmittelbar nach einer Situation aggressiven Verhaltens, sondern einige Stunden oder sogar einen Tag später. Diese Verzögerung hilft, einer Eskalation vorzubeugen (wir sagen dazu: »Schmiede das Eisen, wenn es kalt ist!«) Schließen Sie die Tür hinter sich und setzen Sie sich so hin, dass vermieden wird, dass das Kind den Raum verlässt

---

5 Das Sit-in gehört zu den auffallendsten Methoden des Elterncoachings. Gerade hier besteht die Gefahr, dass Therapeutin und Eltern der Idee verfallen, nun ein gezieltes Instrument für effektiveres Erziehungsverhalten zu besitzen. Daher ist hier die Vermittlung der gewaltfreien *Haltung* besonders wichtig: Es geht nicht darum, mit dem Sit-in etwas durchzusetzen (»Wir bleiben hier im Zimmer, bis du uns einen Lösungsvorschlag bringst!«), sondern nur die eigene Entschiedenheit zu dokumentieren, auch und gerade ohne die Idee, über das Kind verfügen zu können. In einer Befragung zeigte sich, dass das Sit-in zumindest in Deutschland in der Beratung relativ selten eingesetzt wird und die Vermittlung der Haltung an die Eltern demgegenüber im Vordergrund steht (Süllow 2006).

(z. B. der Vater sitzt vor der Tür). Nachdem Sie sich hingesetzt haben, sagen Sie zu dem Kind: »Wir sind nicht bereit, dieses Benehmen länger hinzunehmen (beschreiben Sie das inakzeptable Verhalten im Einzelnen). Wir sind hier, um einen Weg zu finden, wie das Problem gelöst werden kann. Wir werden sitzen bleiben, bis du eine Lösung vorschlägst.« Sie sollten dann ruhig bleiben und auf Vorschläge warten. Wenn welche kommen, überdenken Sie sie in positiver Weise. Wenn das Kind mit Anschuldigungen antwortet (»Mein Bruder ist schuld!«), Forderungen (»Wenn ihr mir einen Fernseher kauft, hör ich auf damit!«) oder Drohungen (»Dann hau ich ab!«), lassen Sie sich nicht zu einer Auseinandersetzung provozieren, sondern bleiben Sie still sitzen. Sie können die Bemerkung machen, dass das, was das Kind gesagt hat, keine Lösung sei, aber lassen Sie sich unter keinen Umständen in eine Diskussion hineinziehen. Alle Diskussionen enthalten ein hohes Eskalationsrisiko. Vermeiden Sie jede Form von Schuldzuweisung, Predigen, Drohen oder Brüllen. Warten Sie geduldig ab und lassen Sie sich nicht zu einem verbalen oder physischen Kampf provozieren. Zeit, Schweigen und die Tatsache, dass Sie in dem Raum bleiben, übermitteln die Botschaft der elterlichen Präsenz.

Wenn das Kind irgendeinen positiven Vorschlag macht (selbst, wenn es ein ganz kleiner ist), stellen Sie ihm in einem positiven Geist einige klärende Fragen und verlassen dann den Raum. Sagen Sie, dass der Vorschlag eine Chance bekommen wird. Hinterfragen Sie den Vorschlag Ihres Kindes nicht mit Verdächtigungen. Drohen Sie nicht damit, dass Sie wieder zum Sitzen in das Zimmer kommen werden, wenn der Vorschlag nicht Gestalt annimmt. Wenn das Kind denselben Vorschlag schon in einem früheren Sit-in gemacht hat, können Sie antworten: »Diesen Vorschlag hast du schon einmal gemacht, und er hat nicht geholfen. Jetzt brauchen wir einen Vorschlag, der besser funktioniert!« Wenn das Kind keinen Vorschlag macht, bleiben Sie eine Stunde lang in dem Raum, verlassen Sie ihn dann ohne Drohung oder Warnung, dass Sie zurückkommen werden. Wenn Sie hinausgehen, können Sie sagen: »Wir haben noch keine Lösung gefunden.«

Woran man denken sollte:
- Planen Sie die Zeit für das Sit-in so voraus, dass für Sie gut passt (Sie sollten etwa eine Stunde zur Verfügung haben, doch Sie legen den Zeitraum selbst fest – am besten vorher, ohne ihn dem Kind mitzuteilen).
- Kündigen Sie spezifisch an, was Sie wollen, zum Beispiel: »Wir sind nicht mehr bereit, es hinzunehmen, dass du deine Schwester schlägst, sie beschimpfst und lächerlich machst.« Sehr allgemeine oder verschwommene Ziele (wie »in der Schule besser werden«) sind nicht hilfreich.
- Wenn Sie damit rechnen, dass das Kind vielleicht mit physischer Gewalt reagiert, ist es ratsam, ein oder zwei andere Perso-

nen im Haus zu haben (Freunde oder Verwandte), aber nicht im Zimmer. In solchen Fällen sollte man dem Kind sagen: »Da wir befürchten, dass du gewalttätig sein könntest, haben wir X als Zeugen eingeladen.«
— Wenn sich das Kind gewalttätig verhält, trotz der Gegenwart der Zeugen außerhalb des Raumes, sollten Sie sie bitten hereinzukommen. Die Erfahrung von Dutzenden von Fällen zeigt, dass die Gegenwart einer dritten Partei fast unweigerlich die Gewalt beendet.
— Wenn das Sit-in vorbei ist, sollte die tägliche Routine fortgeführt werden, ohne das Sit-in oder die gewünschte Veränderung zu erwähnen.

Das Sit-in ist nicht nur ein potentiell effektives Mittel des Widerstands, sondern auch eine Gelegenheit, den destruktiven Annahmen der Eltern gegenzusteuern. Die folgenden typischen Gespräche illustrieren einige der elterlichen Annahmen und die möglichen Erwiderungen des Therapeuten:

Elternteil: Er ist sehr gut im Manipulieren und wird etwas vorschlagen, das uns aus dem Zimmer raustrickst!
Therapeut: Jeder positive Vorschlag weist auf eine positive Stimme in ihm hin, selbst wenn es eine schwache ist. Selbst wenn er nicht völlig aufrichtig ist, können Sie diese Stimme stärken, indem Sie ihr eine Chance geben, anstatt sie zu schwächen, indem Sie sie ignorieren.
Elternteil: Ich wette eins zu tausend, dass sie keinen Vorschlag macht! Und ich würde schon gar nicht glauben, dass sie es wirklich ernst meint!
Therapeut: Das klingt vielleicht komisch, aber ob sie einen Vorschlag macht oder nicht, ist gar nicht so wichtig. Denn das erste Ziel des Sit-in ist nicht, das Kind zu verändern, sondern ihm zu zeigen, dass Sie entschlossen sind, etwas anders zu machen und zu widerstehen.
Elternteil (nach dem ersten Sit-in): Es hat überhaupt nicht geholfen! Er glaubt, er habe gewonnen!
Therapeut: Und damit denken Sie, Sie hätten verloren! Aber Sie brauchen nicht zu gewinnen, sondern nur durchzuhalten. Und das haben Sie getan! Das Ziel unserer Arbeit ist es ja, aus dem Teufelskreis von Gewinnen und Verlieren auszusteigen.
Elternteil (nach dem Sit-in): Es hat nicht geholfen! Sie hat ihr Verhalten nicht geändert!
Therapeut: Lassen Sie uns ansehen, was Sie bei dem Sit-in getan haben: wenn Sie Ihr eigenes Verhalten geändert haben, ist schon ein großer Schritt gemacht.

Die konstruktiven Annahmen werden nicht allein durch die Antworten des Therapeuten übermittelt, sondern schon durch die Merkmale des Sit-in:
- Dadurch, dass das Sit-in für einige Stunden nach dem gewalttätigen Vorkommen verzögert wird, wird den Eltern geholfen, sich von dem Unmittelbarkeitsprinzip zu befreien. Sie können den Wert kennenlernen, die eigene Erregung zum Verhindern von Eskalation zu vermindern.
- Das Sitzarrangement, bei dem einer der Eltern den Ausgang blockiert, übermittelt die Entschlossenheit der Eltern, Widerstand zu leisten.
- Zu lernen, angesichts Provokationen ruhig zu bleiben, ist eine gute Übung für die Asymmetrie der Mittel.
- Jeden positiven Vorschlag des Kindes als legitim zu akzeptieren, stärkt die Annahme der Vielstimmigkeit.
- Eine halbe bis ganze Stunde im Zimmer zu bleiben, spiegelt die Annahme wider, dass das Ziel nicht Gewinnen ist, sondern Durchhalten.
- Zeugen von außen hinzuzuziehen, demonstriert den Nutzen der Öffentlichkeit.

Ein zentraler Punkt ist es zu lernen, das Sit-in nicht als Strafe anzusehen, sondern als eine konstruktive Demonstration des Widerstands. Eltern äußern gewöhnlich ihren starken Wunsch, dass das Sit-in funktioniert. Der Therapeut kann dann sagen: »Erwarten Sie keine schnellen Resultate! Das Ziel des Sit-in ist zu zeigen, dass Sie entschlossen sind zu widerstehen. Außerdem werden Sie nach ein paar Sit-in beherrschte Widerständler werden.« Auf diese Weise wird ein Sit-in, das die Eltern schlicht als Fehlschlag ansehen, nach seinem Lernwert betrachtet. Tatsächlich kann ein Sit-in als erfolgreich angesehen werden, wenn die Eltern zustimmen, ein weiteres zu unternehmen (oder einen anderen Widerstandsschritt). Das kann dann als Zeichen gesehen werden, dass sie beginnen, eine gewaltlose *Haltung* einzunehmen – und diese ist das Ziel, nicht die unmittelbaren Effekte im Verhalten des Kindes.

Die Hinzunahme von Gesten der Versöhnung und Wertschätzung zu den Aktionen des Widerstands ist dabei unerlässlich. Sie sind besonders geeignet, die gewaltlose Haltung zu unterstützen. Hierzu werden den Eltern folgende Anregungen vermittelt:

Gesten der Versöhnung und Wertschätzung tragen dazu bei, das Verhältnis zu Ihrem Kind zu erweitern, so dass Ihre Beziehung nicht länger ausschließlich durch den Konflikt zwischen Ihnen beherrscht wird. Studien über Eskalation zeigen, dass das Ausführen solcher Gesten die gegenseitige Aggression mindert und die Beziehung verbessert. Versöhnungsgesten sind keine Belohnung, sie hängen nicht vom Verhalten des Kindes ab. Sie gestatten Ihnen, Ihre Liebe oder einfach ihren Respekt vor dem Kind als Mensch auszudrücken, während Sie gleichzeitig gewaltlosen Widerstand ausüben. Versöhnungsgesten ersetzen nicht den gewaltlosen Widerstand, sondern verlaufen parallel zu ihm! Einige mögliche Versöhnungsgesten sind:

- Erklärungen, verbaler oder geschriebener Art, die Wertschätzung und Respekt für das Kind ausdrücken, für seine Talente und Qualitäten. Sie können sogar Ihren Respekt für *seine* Entschlossenheit und seinen Kampfgeist ausdrücken. Haben Sie keine Angst, dass dies Ihr Kind in seinem Kampf gegen Sie bestärkt: Im Gegenteil, dadurch dass Sie seine Entschlossenheit anerkennen, machen Sie es weniger nötig, dass das Kind dies immer wieder beweisen muss.
- Zuwendungen, wie Essen, das Ihr Kind besonders mag oder symbolische Geschenke. Es ist wichtig, darauf vorbereitet zu sein, dass das Kind die Zuwendung zurückweist. In einem solchen Fall beschränken Sie sich darauf, ihm zu sagen, dass Sie diesen Leckerbissen für ihn oder sie zubereitet haben, aber dass es seine Sache ist, ob es ihn nimmt oder nicht. Zuwendungen sollten nicht an Bedingungen geknüpft sein: das Kind entscheidet, wie oder ob sie sie akzeptiert. Zuwendungen sollten nie teure Geschenke sein (z. B. eine Reise ins Ausland), auch nichts, was Ihr Kind als Bedingung dafür fordert, dass es sein Verhalten bessert. Eine Zuwendung mit einer besonders positiven Bedeutung ist das Reparieren einer dem Kind gehörenden Sache, die das Kind in einem Wutanfall zerbrochen hat. Den Gegenstand wieder in Ordnung zu bringen, steht symbolisch für die Bereitschaft, die Beziehung zu reparieren. Haben Sie keine Angst davor, dass das Kind Sie als schwach ansehen könnte. Ihre Absicht ist nicht, stark zu wirken, sondern Ihre Präsenz als Eltern zu demonstrieren. Zuwendungen sind ein Weg, dies auf schöne Art zu tun.
- Eine gemeinsame Aktivität vorschlagen: Sie könnten vorschlagen, eine Wanderung zu unternehmen, einen Film anzusehen oder an einer anderen gemeinsamen Aktivität teilzunehmen, die Ihr Kind mag und vielleicht in der Vergangenheit gewöhnlich mit Ihnen geteilt hat. Erinnern Sie sich daran, dass das Kind das Recht hat abzulehnen, ohne dass ihm das vorgeworfen wird.
- Eine besonderer Typus von Versöhnungsgeste ist, wenn Sie für Ihre eigenen heftigen Reaktionen in der Vergangenheit Bedauern ausdrücken. Einige El-

tern haben Vorbehalte, weil sie befürchten, als schwach angesehen zu werden. Denken Sie daran, dass Versöhnungsgesten parallel zu gewaltlosem Widerstand durchgeführt werden. Aus diesem Grund ist eine Versöhnungsgeste niemals ein Zeichen von Unterwerfung, sondern eine selbstgewählte positive Geste.

Es ist sehr wahrscheinlich, dass Ihr Kind Ihre Versöhnungsgesten zuerst zurückweisen wird. Bereiten Sie sich innerlich auf eine solche mögliche Enttäuschung vor und vermeiden Sie aber, sie offen auszudrücken. Vielleicht ist das Kind zu Beginn einfach daran gewöhnt, alle Ihre Vorschläge unterschiedslos zurückzuweisen, oder es fürchtet, schwach zu erscheinen, wenn es sie akzeptiert. Versöhnungsgesten helfen jedoch selbst dann, wenn sie abgewiesen werden, da sie anfangen, die elterliche Präsenz in positiver Weise wiederherzustellen. Fahren Sie deshalb mit Versöhnungsgesten fort, ohne sie dem Kind aufzuzwingen. In einigen Fällen kann Ihr Kind Ihre Angebote äußerlich ablehnen, aber gleichzeitig ein stilles Zeichen von Akzeptanz zeigen. So kann ein Kind etwas zurückweisen, das die Mutter für es gekocht hat, aber diese Nahrung verschwindet über Nacht aus dem Kühlschrank. Offiziell hat das Kind sie zwar abgelehnt, aber die Nahrung ist schon in seinem Magen und leistet darüber positive Versöhnungsarbeit.

Versöhnung bewegt sich entgegen der Nullsummen-Mentalität destruktiver Konflikte. Indem die Eltern Versöhnung parallel zum Widerstand ausüben, befreien sie sich von der Symmetrie der Vergeltung. Diese Ablösung wird von dem Verständnis unterstützt, dass eine Ablehnung eines elterlichen Versöhnungsangebots dies nicht notwendigerweise entwertet. Wenn Eltern eine gewaltlose Haltung verinnerlichen, haben sie verstanden, dass sie nur ihr eigenes Verhalten ändern können. Dann ist es ausreichend gewesen, dass sie die Kraft hatten, das Angebot zu machen. Die Tatsache, dass das Kind es nicht annahm, hilft ihnen sogar dabei, die Illusion des Kontrollierens loszulassen.

Die vielleicht größte Herausforderung für Eltern bei Versöhnungsschritten ist der offene Ausdruck des Bedauerns vergangener Kränkungen. Indem die Eltern das tun, distanzieren sie sich von den automatischen Verbindungen wie »richtig – falsch«, »schwach – stark« und »verlieren – gewinnen«, die das dämonische Kämpfen charakterisieren. Sie vertiefen auch die Verpflichtung zur Asymmetrie der Mittel: Sie drücken ihr Bedauern aus (etwa mit der Formulierung: »Es tut uns leid, wir sehen es heute als Fehler an, so reagiert zu haben«), ohne ihrerseits vom Kind eine Entschuldigung zu verlangen, ja sogar ohne zu erwarten, dass das Kind ihre Aussage akzeptiert. Wenn es beispielsweise sagt: »Mir doch egal!«, können die Eltern antworten: »Du musst das nicht annehmen, es war uns nur wichtig, es zu sagen.«

Gelegentlich kann dieser asymmetrische Schritt eine geradezu revolutionäre Wirkung haben. Eine sehr wirksame Versöhnungsprozedur wurde auf der Basis der arabischen *Sulkh*-Tradition (»Friede« oder »Versöhnung« im Arabischen) für das Elterntraining entwickelt (Jabbour, 1992). Der *Sulkh* ist ein uraltes Ritual, das dazu dient zu verhindern, dass Familienfehden zu Kriegen oder Blutrache verkommen. Die Chancen für einen effektiven *Sulkh* sind am größten, wenn eine der Seiten willens ist, eine einseitige Verantwortung anzuerkennen und ein asymmetrisches Kompensationsangebot zu machen. Der optimale Start für den *Sulkh* ist daher ein einseitiger Rückzug. Keine Versuche werden gemacht, die jeweiligen Verletzungen beider Seiten abzuwägen. Solche Versuche würden wahrscheinlich den *Sulkh*-Versuch unterminieren.

Die traditionelle Prozedur beginnt mit der Ernennung eines *Sulkh*-Komitees, das damit beauftragt wird, der beleidigten Partei das *Sulkh*-Angebot zu übermitteln und die Verhandlungen zwischen beiden Seiten zu leiten. Das *Sulkh*-Komitee sollte so zusammengesetzt sein, dass es die besten Chancen hat, von der beleidigten Seite akzeptiert zu werden. So sollten angesehene Personen der Gemeinde oder Mitglieder, die bekanntermaßen von der beleidigten Familie besonders respektiert werden, dabei sein. Allein schon die Ernennung des *Sulkh*-Komitees trägt dazu bei, den strengen Ehrenkodex zu deaktivieren, der Familienfehden charakterisiert. Das Komitee nimmt in einer Weise mit der verletzten Seite Kontakt auf, die von der Tradition bestimmt ist, indem sie an die Tür klopfen und bescheiden und respektvoll darum bitten, in der Rolle von Mediatoren akzeptiert zu werden. Das Angebot kann abgewiesen werden, besonders wenn es zum ersten Mal erfolgt. Die Tradition verlangt dann, dass das Komitee am nächsten Tag wiederkommt und den darauf folgenden Tag, um seine Bitte zu wiederholen. In der Zwischenzeit können andere Mediatoren dazukommen, um die Familie zu überreden, das *Sulkh*-Komittee zu akzeptieren. Die Akzeptanz des Komittees durch die Familie ist ein entscheidender Vorgang. Eine arabische Redensart lautet »*Sulkh* zu reden ist schon *Sulkh*«. Dadurch, dass das Komitee akzeptiert wird, verpflichtet sich die verletzte Partei stillschweigend, während des Verlaufs der Verhandlungen von feindseligen Akten Abstand zu nehmen. Die Verhandlungen werden vom Anfang bis zum Ende vom Komitee als Mediatoren durchgeführt. Um ungünstige Vorkommnisse zu vermeiden, müssen während dieser Phase jegliche direkte Treffen zwischen den Parteien vermieden werden. Die Tradition verlangt beispielsweise, dass, wenn ein Mitglied der beleidigten Familie ein öffentliches Verkehrsmittel betritt, in dem ein Mitglied der beleidigenden Familie sitzt, Letzterer aussteigen muss. Die Verhandlungen beschäftigen sich mit Form und Inhalt des öffentlichen Anerkennens durch die beleidigende Familie und die Kompensation, die angeboten werden wird. Wenn eine Übereinkunft bei diesen Punkten erzielt wird, setzt man das Datum der *Sulkh*-Zeremonie fest. Gewöhnlich wird die ganze Nachbarschaft eingeladen und auch Leute von anderen Orten. Der Kern der Zeremonie ist das öffentliche Anerkennen der Verantwortlichkeit durch ein führendes Mitglied der beleidigenden Partei, das Übergeben der Kompensation (oder einer schriftlichen Verpflichtung), ein ritueller Händedruck und ein gemeinsames Mahl, bei dem die führenden Mitglieder der beiden Parteien am selben Tisch essen. Die Spannung steigt zu einem Höhepunkt am Anfang der Zeremonie, denn es braucht nicht viel, den *Sulkh* zu zerstören, bevor er besiegelt ist. Aus diesem Grund wird jeder erfolgreiche Schritt mit allgemeinem Jubel begrüßt. Manchmal, wenn materielle Wiedergutmachung angeboten wird, erklärt die beleidigte Partei, dass sie den *Sulkh* ohne die Notwendigkeit einer Zahlung akzeptiert. Das ist kein kränkender Schritt, sondern im Gegenteil einer, der eine große Zustimmung hervorruft. Die öffentliche Natur dieses Ereignisses ist die stärkste Garantie dafür, dass der *Sulkh* eingehalten wird. Die Mitglieder beider Seiten wissen, dass das Zurückgreifen auf Gewalt nach dem *Sulkh* eine allgemeine Ausgrenzung nach sich ziehen würde. Der *Sulkh* verkörpert die Bereitschaft einer ganzen Kultur, auf ihr rigoroses Ideal der Vergeltung zu verzichten. Der folgende Fall stellt unseren Versuch vor, aus dieser Tradition zu lernen und den *Sulkh* für ein leidvolles Familienproblem zu adaptieren.

Fallgeschichte 17: Die Sulkh-Zeremonie

Georg war sieben und Bob fünf, als ihre Mutter starb. Ihr Vater Burt heiratete fünf Jahre später wieder. Georg war schon immer ein äußerst impulsives und aggressives Kind gewesen. In den ersten sechs Monaten nach der Heirat des Vaters schien Georg eine gute Beziehung zu Burts Frau Joyce zu entwickeln, wenngleich sein gesamter Aggressionslevel hoch blieb. Allmählich begann Georg jedoch, Joyce in einem negativen Licht zu sehen und zu behaupten, sie habe sich ihre Rechte und ihren Platz im Haus widerrechtlich angeeignet. Ein Jahr nach der Heirat erklärte er Joyce den Krieg und sagte, er werde nicht aufhören, bis sie das Haus verließe. Diese Haltung verschlechterte sich noch, als Joyce schwanger wurde und einen Sohn zur Welt brachte. Dann versuchte Georg, seinen Bruder Bob davon zu überzeugen, dass sie beide wie Aschenputtel behandelt würden. Bob, der eine positive Beziehung zu Joyce hatte, war nicht überzeugt. Bei mehreren Gelegenheiten zerstörte Georg persönliche Dinge von Joyce und bewarf sie mit Gegenständen. Einmal warf er einen spitzen Stock auf sie, Joyce warf ihn zurück, und fügte ihm einen Kratzer am Hals zu. Das war die einzige Gelegenheit, bei der Joyce mit Gewalt reagierte, aber dieses Ereignis verschlechterte ihre Beziehung noch mehr. Georg wurde gewalttätiger, beschuldigte Joyce, ihn zu missbrauchen, und drohte damit, zur Polizei zu gehen. Burt brachte ihn zu einem Psychiater, der versuchte, ihn zu therapieren und ihm Medikamente zu geben. Als der Psychiater jedoch kritisch auf Georgs Rachepläne für Joyce reagierte, bekam Georg einen Wutanfall in seiner Praxis und warf den Tisch des Psychiaters um. Burt musste aus dem Wartezimmer hereingerufen werden und Georg auf dem Fußboden festhalten. Der Psychiater weigerte sich, Georg weiter zu behandeln. Zu diesem Zeitpunkt kamen Burt und Joyce zu dem Elternberatungsprojekt.

Den Leitlinien des Programms folgend führte Burt eine Anzahl von Sit-in im Zimmer von Georg durch. Der einzige sichtbare Effekt des Sit-in war jedoch, dass Georgs Destruktivität ein verändertes Ziel fand: Er fing jetzt an, seine eigenen Sachen zu zerstören, wobei er die Wände und die Tür seines Zimmers übel zurichtete. Als ein Sit-in unter diesem Thema durchgeführt wurde, nahm Georg für sich in Anspruch, dass sein Vater ihn nicht davon abhalten könne, seinen eigenen Besitz zu zerstören. Der Therapeut schlug vor, Burt solle wegen Georgs Gewalttätigkeit die Öffentlichkeit suchen und Freunde und Verwandte als Helfer einbinden. Die Helfer kamen zu einer therapeutischen Sitzung, ihnen wurden die Prinzipien des gewaltlosen Widerstands vermittelt und wie wichtig es sei, einen klaren Standpunkt zu Georgs Destruktivität einzunehmen (ausführlich hierzu: Omer u. von Schlippe, 2004, S. 229ff.). Sie sollten sich mit Georg in Verbindung setzen, wann immer er einen Gewaltausbruch hatte, und ihm sagen, dass sie ihn mochten und liebten, aber dass sie beim Widerstand gegen Georgs destruktives Verhalten hinter Burt stünden. Georgs Anspruch, dass es sein eigener Besitz sei, den er zerstöre, fand die einhellige Reaktion, dass es dennoch Zerstörung sei, gleich, um wessen Eigentum es gehe. Georg sagte trotzig zu Burt, dass er nie nachgeben würde. Burt sagte, dass er sehr wohl wisse, dass nichts Georg auf die Knie zwingen könnte. Die Helfer riefen Georg an und wiederholten die Botschaft. Sie waren sich alle einig, dass Georg niemals mit Gewalt besiegt werden könnte. Sie fügten jedoch hinzu, dass es ihre Pflicht sei, Burt bei seinem Widerstand gegen Zerstörung zu helfen. Georg tobte und schrie, aber die destruktiven Ausfälle und Attacken ließen allmählich nach. Dennoch erklärte Georg wieder, dass er nie bereit sein würde, mit Joyce in Frieden zu leben. Er begann das Haus zu meiden und kam immer später abends zurück. Manchmal blieb er die ganze Nacht weg, ohne seinem Vater zu sagen, wo er war.

Ähnliche Probleme tauchten in der Schule auf. Georg versäumte Stunden und schwänzte die Schule. Ein Treffen in der Schule, an dem der Therapeut, Burt, Joyce und Lehrer teilnahmen, führte zu einer engeren Beaufsichtigung von Georg in der Schule, wobei sich herausstellte, dass er sich einer Gruppe älterer Jugendlicher angeschlossen hatte, die sich bei »der Hütte« trafen. Das war ein Bereich, der vom Kollegium und den Kindern gleichermaßen als »Kinderterritorium« angesehen wurde. Die Hütte war von einer Gruppe von Teenagern in der entferntesten Ecke des Schulgeländes errichtet worden. Sie diente als Treffpunkt für diese Kids während der Pausen oder wenn sie vom Unterricht fernbleiben wollten. Zigarettenkippen und gelegentlich auch Bierdosen zeugten von den Aktivitäten in der Hütte. Die Hütte wurde von der Schule stillschweigend als geringeres Übel geduldet, im Vergleich zum völligen Verlassen des Schulgeländes. In jüngerer Zeit hatte die Hütte jedoch jüngere Kids angezogen, und das stellte einen Bruch der unausgesprochenen Übereinkunft zwischen den Jugendlichen und der Schule dar. Georgs Anwesenheit in der Hütte verdeutlichte diesen neuen Trend. Die Schulleitung stimmte der Idee des Therapeuten zu, dass regelmäßige Besuche von Lehrern in der Hütte vermutlich dieser negativen Entwicklung ein Ende bereiten würden. Bei diesen Besuchen würden die Lehrer die Kids auffordern, ihnen alles unerlaubte Material zu übergeben, ihre Eltern würden benachrichtigt werden. Das Kollegium stimmte zu, dass, wann immer sich etwas Unerfreuliches ereignen würde, Burt so bald wie möglich zur Schule kommen würde. Das würde ein Signal für Georg sein, dass sein Vater und die Schule in ihren Bemühungen übereinstimmten. Ein Versuch wurde unternommen, die Mitglieder der Schülervertretung zu bitten, sich dem Programm anzuschließen, indem sie Hausbesuche bei Georg organisierten und ihn in gemeinsame Aktivitäten einzubinden. Das schlug allerdings fehl; die Beziehung zwischen dem Schulmanagement und der Schülervertretung war zu angespannt für solch ein gemeinsames Projekt. Die Lehrerbesuche in der Hütte zeitigten eine positive Wirkung, soweit es die Schule betraf: Die Hütte wurde immer weniger aufgesucht. Kein unerfreulicher Ersatz nahm ihren Platz ein. Doch die erwarteten Resultate bei Georg, seine Teilnahme an Schulaktivitäten, kamen nicht zustande. Allmählich kam das Kollegium zu der Ansicht, Georg sollte zu einer Schule für verhaltensgestörte Kinder geschickt werden. Georg sagte zu Burt, er sei bereit, auf ein Internat zu gehen, damit er Joyce nie wieder sehen würde. Bald entschied er sich jedoch anders und sagte, er würde lieber das Leben für alle unmöglich machen, als Joyce gewinnen zu lassen.

In einer Therapiestunde sagte Joyce, vielleicht sei alles ihre Schuld, wenn sie liebevoller gewesen wäre, wäre sicher alles besser. Sie dachte, sie habe nicht die emotionalen Ressourcen, um mit einem traumatisierten Kind wie Georg gut umzugehen. Sie fühlte sich geschlagen und fürchtete um die Zukunft der Familie. Dies schien für den Therapeuten ein passender Moment zu sein, den

Gedanken des *Sulkh* einzuführen. Der Therapeut sagte, es sei unmöglich zu wissen, wie die Dinge sich entwickelt hätten, wäre Joyce eine andere Person gewesen. Selbst die warmherzigste Stiefmutter hätte vielleicht versagt, wenn sie mit Georgs eiserner Ablehnung konfrontiert gewesen wäre. Vielleicht könnte jedoch etwas getan werden, um die Eskalation zu verringern und die Atmosphäre zu verbessern. Der Therapeut beschrieb die Prozedur des *Sulkh* und fragte sie, ob sie willens wären, etwas in diesem Geist zu unternehmen. Im Besonderen fragte der Therapeut Joyce, ob sie bereit sei, offen die Verletzungen anzuerkennen, die Georg von ihr erlitten habe trotz ihrer guten Absichten, und ob sie bereit wäre, irgendeine Art von Kompensation anzubieten. Vielleicht könnten Georgs Klagen, er habe seinen Platz im Haus verloren, in konstruktiver Weise angesprochen werden. Joyce war dazu bereit. Sie empfand, dass sie nicht nur Georg helfen würde, sondern auch ihre Ehe und ihre Familie retten würde. Der Therapeut fragte, ob es irgendjemand gäbe, die als *Sulkh*-Komitee in Frage kämen. Joyce sagte, es gebe eine Familie, die Georg oft besuchte. Die Mutter (Cheryl) war eine enge Freundin von Georgs Mutter gewesen, und Georg ging aus eigenem Antrieb zu ihnen und verbrachte viel Zeit besonders mit dem Vater (Ken) und dem siebzehn Jahre alten Sohn. Obgleich Cheryl Joyce kritisch gegenüber stand (sie gab ihr die Schuld an Georgs Problemen), waren Burt und Joyce froh, wenn Georg sich bei Cheryls Familie aufhielt, da das wahrscheinlich der einzige positive Einfluss war, dem er ausgesetzt war. Cheryl und Ken schienen ein vielversprechendes *Sulkh*-Komitee zu sein. Joyce und Burt hatten jedoch ihre Zweifel, ob Cheryl mitmachen würde. Der Therapeut schlug vor, diese Frage auszutesten. Er lud die beiden Paare zu einer gemeinsamen Sitzung ein und erklärte ihnen die Idee des *Sulkh*. Cheryl reagierte mit Skepsis und sagte, dass Georg ein derartiges Ritual nicht mögen würde. Er brauche Liebe, und so lange er nicht bekomme, was er wirklich brauche, werde nichts helfen. Nach diesem wenig versprechenden Anfang sagte Burt, dass er und Joyce an einige praktische Lösungen gedacht hätten, die Georg interessieren könnten. Er kam mit einem Plan heraus, bei dem das Erdgeschoss so umgebaut werden sollte, dass es einen Raum mit einem eigenen Eingang für Georg enthielt. In der Zukunft könnte Bob sich ihm in einem angrenzenden Zimmer anschließen und so eine unabhängige Einheit für die Jugendlichen schaffen. Das würde Georg zeigen, dass Joyce und Burt willens waren, ihm einen wirklichen Platz im Haus zu geben. Ken reagierte positiv auf den ganzen Vorschlag und sagte, dass Georg sehr wohl die Idee einer öffentlichen Anerkennung und Entschuldigung von Joyce mögen könnte, besonders was das Vorkommnis mit dem Stock anging. Joyce sagte, sie sei bereit, es zu tun. Ken und Cheryl erklärten sich bereit, bei Georg wegen der Möglichkeit vorzufühlen. Ken bot auch an, seinen Sohn mit einzubeziehen. Er würde mit Georg über die Vorteile eines separaten Raums mit eigenem Eingang reden. Das war aber nicht nötig: Georg reagierte mit größtem Interesse auf die Vorstellungen der Anerkennung und Kompensation. Zuerst sagte er, er wolle Geld als Kompensation, wurde aber bald überzeugt, dass der separate Raum eine bessere Idee war. Die Verhandlungen zogen sich über eine Anzahl von Wochen hin. Georg erhob plötzlich die Forderung, Joyce solle anerkennen, dass sie auch Bob verletzt habe. Cheryl unterstützte diesen Anspruch, aber Joyce sagte, sie würde nie etwas anerkennen, das nicht wirklich wahr sei. Bei einem Treffen der beiden Paare sagte Burt zu Cheryl, dass an dieser Forderung festzuhalten, die ganze Initiative zerstören würde. Er lud sie ein, mit Bob zu sprechen, wenn sie das wünsche. Cheryl ließ die Sache fallen, und Georg erwähnte sie nie wieder.

Die häusliche Atmosphäre verbesserte sich dramatisch vom Beginn der Verhandlungen an. Es erwies sich als wahr, dass »*Sulkh* reden schon *Sulkh* ist«. Der Wandel war so offensichtlich, dass Joyce sich entschloss, ihre Anerkennung ohne formelle Zeremonie auszusprechen. Sie sagte zu Georg in Gegenwart von Burt, dass sie wisse, sie habe ihn verletzt, und dass es ein Akt von Gewalt gewesen sei, als sie ihn mit dem Stock traf. Sie sagte, sie wolle die Verletzungen, die er erlitten hatte, dadurch wieder gutmachen, dass sie ihm bei der bestmöglichen Planung seines Zimmers helfen würde. Georg war erfreut und die Beziehung verbesserte sich weiterhin. Joyce war diejenige, die ihm die Baupläne erläuterte und die Einzelheiten mit ihm besprach.

Jedoch musste noch eine Lösung für das Problem mit der Schule gefunden werden. Burt meinte, Georg brauche eine strenge Schule mit einer sehr genauen Aufsicht. Er hatte das Gefühl, dass mit der Verbesserung, die durch den *Sulkh* erreicht worden war, ein solcher Versuch nun weniger wahrscheinlich von Georg als Strafe oder Verbannung angesehen werden würde. Es wurde ein spezielles Tagesprogramm für Kinder mit Verhaltensproblemen gefunden, das Burts Anforderungen entsprach: Es wurde wahrscheinlich die Schule mit dem strengsten Regime in der ganzen Umgebung. Das Resultat war sehr positiv: Georg reagierte gut auf die neue Mischung aus Strenge in der Schule und verbesserter Atmosphäre zu Hause. Er erklärte jeden Tag, er hasse die Schule. Er ging jedoch regelmäßig zum Unterricht, hörte damit auf, Unterrichtsstunden auszulassen, und war nicht aufgebracht, wenn er nach Hause kam. Dem Direktor der Schule gelang es, Burt darin zu trainieren, wie er mit Hilfe eines klaren Regimes aus Belohnung und Strafe auf Georgs Eskapaden reagieren sollte. Überraschenderweise (für das Team des gewaltlosen Widerstands) funktionierte das ziemlich gut. Aber vielleicht hätte dieses Regime nicht so erfolgreich sein können, hätte es nicht die atmosphärische Klärung durch den *Sulkh* gegeben.

Die tragische Weisheit des Trostes

Durch alle Zeiten hindurch wurde es als eine Pflicht und ein Segen angesehen, einen Menschen in seiner Pein zu trösten. In der modernen Welt ist das Trösten in Verruf gekommen. Ausdrücke wie »billiger Trost« spiegeln seinen verlorenen Wert wider. Selbst traditionelle Formeln des Tröstens von Menschen im Schmerz sind schwach geworden im Munde des modernen Menschen. Man spricht sie mit Unbehagen aus, wenn überhaupt. Besonders auffallend ist die Tatsache, dass die Kunst des Tröstens wenig Raum im Training von Therapeuten einnimmt. Vielleicht nimmt man an, dass eine solche Fertigkeit nicht gelehrt werden kann oder dass sie für den Professionellen irrelevant ist, da ja *Heilung* das eigentliche Geschäft der Therapie ist. Trost wird dieser Logik folgend, nur als »Palliativmedizin« oder Teil der Seelsorge gesehen. Trösten ist zu einer Art vergessener Weisheit geworden.

Der Trost ist eine tragische Tugend, wie seine Zwillingsschwester, die Akzeptanz. Die moderne Welt mit ihrem Ethos des Kontrollierens zielt auf Lösungen ab, die keine Reste hinterlassen. Die tragische Sicht hingegen hat ihren Anfangspunkt in der Allgegenwärtigkeit von Leiden. Wo es Leben gibt, gibt es auch Leiden, deshalb müssen alle Lösungen Reste hinterlassen. Der tragische Ausblick zielt auf eine begrenzte Menge an Glück in der Welt ab, so wie sie ist: Er ist deshalb eher akzeptierend und mildernd als heilend. Die Hoffnung auf Heilung zielt auf einen Zustand, in dem es kein Leiden mehr gibt. Im Gegensatz dazu ist Trost janusköpfig: Das eine Gesicht ist akzeptierend, das andere ermutigend. Das eine ist auf das Leiden gerichtet, das zweite auf die Möglichkeit, es zu mindern. Leiden und Verlust werden nicht eliminiert; das eine bewegt sich vorwärts und schaut dabei zurück. Die beiden Seiten des Tröstens sind voneinander abhängig, da die Bereitschaft zum Verbessern nach sich zieht, dass man seine Träume von einer völligen Genesung aufgibt. So gesehen ist Trost eine bittersüße Pille: Sie ermutigt einen nur insoweit, wie man bereit ist zu akzeptieren. Wir werden das Trösten mit drei Aspekten besprechen: *die tröstende Beziehung; Verlust, Erinnerung und Trost; Hoffnung, Desillusionierung und Trost.*

Die tröstende Beziehung

Interessanterweise wird Trost gewöhnlich einer Person zuteil, die untröstlich zu sein scheint und sich vermutlich auch so fühlt. Das mag wie eine unmögliche Aufgabe aussehen: Man spricht zu jemandem vom Überwinden eines Verlustes, für den das Verlorene alles ist. Daher sind die Auswirkungen des Trostes gewöhnlich nicht zu bemerken: Man bietet Trost an, und der Leidende bleibt untröstlich. Man glaubt, dass der Trost vielleicht nach und nach einsickert, aber zwischen dem Akt des Anbietens und dem sich langsam entwickelnden tröstenden Prozess gibt es keine offensichtliche Verbindung. Der Tröstende sollte daher annehmen, dass bei diesem Prozess viele Faktoren ins Spiel kommen und dass der Akt des Tröstens nur einer von vielen ist.

Trost muss deshalb in vollem Bewusstsein seiner bescheidenen Bedeutung angeboten werden. Er kann angeboten werden, nicht aufgedrängt. Jeder Versuch, den Leidenden zu drängen, Trost anzunehmen, wäre zwecklos. Die Bereitschaft, sich trösten zu lassen, mag sich entwickeln oder auch nicht, je nach den legitimen Bedürfnissen des Leidenden. In der Bibel weigerte sich Jakob, sich beim Verlust seines Sohnes Joseph trösten zu lassen. Es wäre jedoch absurd zu behaupten, er suhle sich in seinem Elend oder zeige pathologischen Kummer. Der Ärger, den der Leidende manchmal gegenüber dem Tröster ausdrückt, ist daher ganz verständlich, denn wenn man tröstet, impliziert man häufig, der Leidende solle den Pfad der Verleugnung beschreiten. Es ist dann so, als ob ihm das Recht abgesprochen würde, gegen das Schicksal und sein grausames Diktat zu protestieren.

Den Leidenden zu drängen, ist ein taktloser aber häufiger Fehler, der oft unbeabsichtigt begangen wird.

Eine Klientin mit einer potentiell lebensbedrohlichen Krankheit bat um Abhilfe bei ihren Schwierigkeiten einzuschlafen. Der Therapeut (einer der Autoren) versuchte, ihr mit Entspannungstraining zu helfen. Als es nach ein paar Sitzungen so aussah, als ob sie schon besser schlafen könnte, sagte der Therapeut zu ihr, er glaube, sie könnten jetzt aufhören. Als sie das hörte, nahm sie ihre Tasche, schrieb wortlos einen Scheck aus und ging verärgert hinaus. Sie hatte zu Recht bemerkt, dass seine Ungeduld mit der Ängstlichkeit zu tun hatte, die ihr Zustand in ihm hervorgerufen hatte. Der Therapeut fühlte sich wegen groben Mangels an Empathie schuldig – ein Gefühl, das sich noch verstärkte, als die Klientin ein halbes Jahr später starb.

Der drängende Tröster übermittelt die Botschaft, dass er den Kontakt mit dem Leidenden vermeiden möchte, als habe er Angst, sich anzustecken. Als die inzwischen verstorbene Marianne Amir an einem unheilbaren Krebsleiden erkrankte, schrieb sie einen Artikel mit dem Titel »Run for your life!« (»Lauf um dein Leben!«), in dem sie die Wirkung dieser Vermeidungshaltung auf den Leidenden beschrieb. Eine ihrer Freundinnen pflegte sie anzurufen, wenn sie wusste, dass sie nicht zu Hause war, und hinterließ eine Botschaft wie: »Ich wollte wissen, wie du dich fühlst, aber ich wollte dich nicht stören. Du brauchst nicht zurückzurufen.« Eine andere Freundin legte einen Blumenstrauß an die Tür. Ein dritter verkürzte alle Kontakte so gut als möglich und endete stets mit einem fröhlichen: »Wird schon alles gut werden!«. Die vielleicht am wenigsten hilfreiche Ermutigungshaltung von allen war die von Kollegen, die ihre Traurigkeit und ihre Haltung gegenüber ihrer Krankheit falsch fanden und sagten, sie trage nicht gerade zu ihrer eigenen Besserung bei (Amir u. Kalemkerian, 2003). Die Schwierigkeit, die Freunde, Kollegen und Ärzte in solchen Situationen erleben, ist verständlich: Sie fühlen sich hilflos, furchtsam und überwältigt. Mit dieser Haltung kann man nicht trösten.

Die Ungeduld, die von dem hastigen Tröster übermittelt wird, spiegelt noch einen anderen Aspekt der Tröstungsbeziehung: nämlich ob der Gebende sich dem Leidenden ähnlich oder verschieden von ihm fühlt. Der ungeduldige Helfer übermittelt die Botschaft des Andersseins: »Wir sind nicht im selben Boot: Du bewegst dich in diese Richtung und ich in die andere!« Kein Wunder, dass sich der Leidende aufgegeben fühlt. Ein potentiell hilfreicher Versuch des Tröstens übermittelt nicht nur die Botschaft der Nähe, sondern auch die einer grundsätzlichen Ähnlichkeit: »Dies könnte mir auch zustoßen!« Natürlich muss eine solche Botschaft nicht explizit ausgesprochen werden, aber sie ist in der Haltung des Trösters unausgesprochen enthalten.

In der Kurzgeschichte »Elend« von Tschechow (2000) wartet ein Kutscher, der gerade seinen einzigen Sohn verloren hat, im fallenden Schnee auf Kunden. Nach und nach werden er und sein Pferd von Weiß bedeckt. Durch die ganze Geschichte versucht er vergeblich seinen Passagieren vom Tod seines Kindes zu erzählen. Sie unterbrechen ihn mit schroffen Befehlen oder lauten Klagen über andere Fahrer oder Fußgänger. Einer der Kunden unterbricht ihn kurzerhand mit der barschen Bemerkung: »Wir müssen alle sterben!« Am Ende der Geschichte bleibt der Kutscher allein mit seinem Pferd. Unfähig, seinen Schmerz länger allein zu ertragen, beginnt er, seinem Pferd davon zu erzählen. Um dem Pferd die Situation zu erklären, fordert er es auf sich vorzustellen, es hätte ein Fohlen, das plötzlich stirbt, würde das nicht voller Pein sein?

Ein ähnlicher Einblick in die Natur des Tröstens ist eins der Themen in Tolstois Roman »Der Tod des Iwan Iljitsch« (2003, geschrieben 1884–86). Der sterbende Iwan ist umgeben von Menschen, die nicht aufhören ihm zu sagen, er werde wieder gesund werden, und unter allen Umständen jedes Gespräch über Krankheit und Tod vermeiden. Der Diener Gerasim ist der einzige, der ihn nie belügt. Wenn Iwan Schmerzen in seinen Beinen hat, sitzt Gerasim die ganze Nacht an seinem Bett mit Iwans Füßen auf seinen Schultern. Iwan fragt ihn, ob es nicht zu schwer für ihn sei, so lang dazusitzen, und Gerasim sagt zu ihm, es sei nichts, denn: »Wir müssen alle sterben!« Gerasims Antwort ist dieselbe wie die des groben Fahrgasts in Tschechows Geschichte. Jedoch die mitleidende, nicht ausweichende und geduldige Haltung Gerasims macht die tröstende Botschaft annehmbar und hilfreich. Die Annahme der Ähnlichkeit liegt an der Wurzel der trostreichen Interaktion. Genauso findet der Kutscher in Tschechows Geschichte Trost dadurch, dass er dem Pferd sagt, wie es sich fühlen würde, wenn es sein einziges Fohlen verlöre.

Trost verringert die Schranken zwischen Geber und Empfänger. Der Gebende wird auch zu einem Empfangenden, als ein Spiegelbild des dargebotenen Trostes. Trost und Mit-Leiden, lassen nicht nur die grundsätzliche Ähnlichkeit hervortreten, sondern auch die gegenseitige Verbundenheit der Parteien. In der buddhistischen Tradition wird dies illustriert durch die Vorstellung, dass Mit-Leiden nicht gegenüber einem anderen erfahren wird, der völlig von einem selbst getrennt ist, sondern dass es eher wie die Einstellung des Mundes zum leidenden Magen ist: Der Mund weiß sehr wohl, dass er nicht ohne den leidenden Magen sein kann, so dass dadurch, dass er mit-leidend ist, gleichzeitig »mit-leidend« mit sich selbst ist.

Dieses Empfinden, dass der mitleidvolle Teilnehmer auch ein Empfänger ist, manifestiert sich in den Gefühlen der Ehrfurcht, die eine Tragödie in denjenigen hervorruft, die ihre Zeugen sind, im wirklichen Leben oder in der Kunst. Als Zeuge einer menschlichen Tragödie fühlt man sich demütig, aber oft auch spirituell erhoben. Man wird demütig durch das Ausmaß des Leidens und erhoben durch Mit-Leiden und Teilnahme an der Menschlichkeit des anderen angesichts eines überwältigenden Schicksals. Das ähnelt der reinigenden Erfahrung der Katharsis, die nach Aristoteles den therapeutischen Effekt des Dramas auf den Zuschauer begründet.

Fallgeschichte 18: Legitime Trauer

Albert war schrecklich vom Schicksal geschlagen. Zehn Jahre, nachdem sein ältester Sohn an Krebs gestorben war, wurde seine Tochter bei einem Terroranschlag getötet. Seine Frau starb ein Jahr später. Alfred hatte nun noch einen anderen Sohn und zwei Enkelkinder, zu denen er eine warmherzige Beziehung aufrechterhielt. Er war ein paar Jahre vorzeitig in den Ruhestand gegangen, deshalb gab es für ihn keinen Grund noch auszugehen. Er hörte auf, das Haus zu verlassen, und verbrachte die meisten Tage damit, über seine Verluste zu trauern. Eine Sozialarbeiterin der Kommune unternahm eine Reihe von Versuchen der Kontaktaufnahme, fand es aber unmöglich, Alberts Barriere des Kummers zu überwinden. Ein Vorschlag, Albert zu einem Psychiater zu senden, wurde von ihm abgelehnt. Ein weiterer Versuch wurde von einer Therapeutin unternommen, die ihm eine Probe von fünf Sitzungen anbot, um herauszufinden, ob sie zusammenarbeiten könnten. Albert kam pünktlich zu den Sitzungen, und es sah so aus, als ob sich eine gute therapeutische Allianz entwickelte. Die Therapeutin war positiv von Alberts nüchternem und würdigem Verhalten überrascht. Das schien auf innere Stärken hinzuweisen, die ihm helfen könnten, seinen Zustand zu überwinden. Am Ende der fünften Sitzung jedoch überraschte Albert die Therapeutin mit der Mitteilung, dass, obgleich er dankbar für den therapeutischen Versuch sei, es keinen Sinn habe fortzufahren. Die Therapeutin rief ihn einige Male an, aber all ihre Versuche, die Therapie wieder aufzunehmen, wurden höflich abgewiesen. Drei Monate nach dem letzten Kontakt zwischen den beiden sandte die Therapeutin Albert das folgende Schreiben:

»Lieber Albert, obwohl wir uns eine Zeit lang nicht getroffen haben, möchte ich Ihnen sagen, dass ich oft an Sie denke. Ihnen, einem Mann, den das Schicksal so hart geschlagen hat, zu begegnen, war ein bedeutungsvolles Ereignis für mich. In unseren Sitzungen erzählten Sie mir von den drei Kapiteln ihres Lebens: das harte Kapitel Ihrer Kindheit mit den hässlichen Auseinandersetzungen zwischen Ihren Eltern, das glückliche Kapitel Ihrer Ehe, Ihr engagiertes Vatersein und Ihre erfolgreiche berufliche Karriere und das niederschmetternde Kapitel, in dem Ihnen die Gaben, die das Leben Ihnen gegeben hatte, weggenommen wurden: Sie verloren einen Sohn, dann eine Tochter und dann Ihre liebevolle Frau. Dreimal in Folge wurden Sie Ihrer Lieben beraubt. Das Schicksal ist unglaublich grausam zu Ihnen gewesen. Wie in der Geschichte von Hiob in der Bibel hört man zu und kann es einfach nicht glauben.

Ich wollte Ihnen sagen, dass ich Ihre endlose Tragödie nicht nur anerkenne, sondern auch, dass ich Ihre Lebensentscheidungen als völlig legitim ansehe: Sie haben sich entschlossen, die Ihnen verbleibenden Jahre in der Trauer über Ihre Verluste zu verbringen und in der ruhigen Aufrechterhaltung der Beziehung zu Ihrem Sohn und den Enkelkindern. Ich finde es legitim und vernünftig, dass Sie sagen: ›Bietet mir keine psychiatrische Behandlung an, ich bin kein medizinischer Fall.‹ Ihre Geschichte erinnert mich an die Geschichte von Jakob, der seine geliebte Rachel verlor und dem man dann sagte, dass auch Joseph, sein liebster Sohn, gestorben sei. Jakob, wie Sie, ›weigerte sich, getröstet zu werden.‹ Alles, was in Ihrem Leben geschah, geschah auf grausame Weise, ohne Sinn und Verstand. Sie wissen, dass keine positive Veränderung bevorsteht. Ich schreibe Ihnen, um Ihnen meine Hochachtung auszudrücken gegenüber Ihrer endlosen Pein und der würdevollen Art, sie zu ertragen. Mit Ihrer Erlaubnis werde ich Sie in ein paar Wochen anrufen, nicht um Ihnen eine Therapie anzubieten, sondern nur, um mit Ihnen in Verbindung zu bleiben und Sie zu fragen, wie Sie sich fühlen.«

Als die Therapeutin drei Wochen später wieder anrief, klang Albert froh am Telefon. Er sagte, niemand habe ihm jemals gesagt, dass das, was er tat, richtig sei und dass er der Therapeutin zutiefst dankbar dafür sei.

Verlust, Erinnerung und Trost

Menschliche Wesen sind vielleicht einzigartig in der Weise, wie sie einen Verlust erleiden, denn sie sind in der Lage, die Erinnerung an die Verlusterfahrung zu bewahren. Die Erinnerung macht den Verlust gegenwärtiger und erträglicher zugleich: gegenwärtiger, weil sie die mildernde Wirkung des Vergessens aufschiebt, erträglicher, weil ein wertvoller Rest in der Erinnerung dem völligen Verlust entgeht. Die tröstende Verwendung der Erinnerung ist in allen Kulturen präsent. Fustel de Coulange (1980, im Original 1864), Historiker des 19. Jahrhunderts, beschreibt in seinem Meisterwerk »The Ancient City«, wie in vielen Gesellschaften die institutionalisierte Erinnerung der gemeinsamen Vorfahren als grundlegende Verbindung für die erweiterte Familie, den Clan, die Stadt und die Nation diente. Der Herd, in dem ein ständiges Feuer die Erinnerung an die Vorfahren wach hielt (und für den antiken Geist auch an die lebenden Seelen), war sowohl das spirituelle als auch das physische Zentrum. So lange der Herd existierte und das Feuer brannte, waren die Verbindungen zu den Vorfahren und zwischen den Mitgliedern der Gemeinschaft bewahrt. Vergaß man, das Feuer am Brennen zu halten, oder vernachlässigte man es, war das ein Verrat an den Vorfahren, dem Selbst und der Gruppe. Das Exil war das schlimmste Desaster, weil es die Abtrennung vom lebenden Feuer symbolisierte oder, schlimmer noch, sein Erlöschen. Als die Familie zum Clan anwuchs und der Clan zum Stamm, verwandelte sich der Familienherd zum Tempel. Der Tempel war das Herz der Gemeinschaft und das Zentrum der gemeinsamen Erinnerung. Irgendein Element des Tempeldienstes auszulöschen, war ein Sakrileg. An Festtagen wurde die Gemeinschaft in ihrer Zusammengehörigkeit durch Vereinigungsriten und Feiern der gemeinsamen Vorfahren wiederbelebt. Jeder, der sich von diesen Ritualen fernhielt, hatte sich praktisch von der Gemeinschaft abgetrennt.

In der jüdischen Tradition des Trauerns bietet eine Reihe von Verordnungen, sowohl private als gemeinschaftliche, dem Hinterbliebenen einen Rahmen zur Beziehungsaufnahme mit dem Toten und einem Unterstützersystem, das dieser Beziehung ihre Gültigkeit verleiht. Der Hinterbliebene wird aufgefordert zu trauern und sich zu erinnern, aber es wird eine klare Grenze für die Ausmaße dieses Trauerns gesetzt. Die Tradition bestimmt, wie die Akte des Trauerns sein sollen und wie der Hinterbliebene sich allmählich aus ihnen zurückziehen soll. Jeder Schritt des Trauervorgangs wird durch ein Gemeinschaftsereignis markiert. Im Talmud wird die exakte Länge jeder Trauerphase spezifiziert: Die ersten drei Tage gehören dem Weinen, die ersten sieben dem intensiven Sich-Bekümmern und der erste Monat der allmählichen Rückkehr zu den normalen Pflichten. Das ganze erste Jahr hindurch nimmt der Trauernde eine Reihe von Einschränkungen auf sich, die Traurigkeit und Erinnerung ausdrücken. Nach dieser Periode werden besondere Gebete und Gedenktage gefordert, die das ganze Leben des Hinterbliebenen andauern. Der einzelne Trauernde, der fortfährt, sich über diese Begrenzungen hinaus dem Kummer hinzugeben, wird von Gott ermahnt: »Du sollst nicht barmherziger sein, als ich es bin!«[1]

Die Trauerarbeit ist nicht allein das Geschäft des Hinterbliebenen, sondern der ganzen Gemeinschaft. Die Teilnahme der Gemeinschaft versieht die Trauer des Einzelnen mit einer überindividuellen Bedeutung und drückt ihr das Siegel der kulturellen Gültigkeit auf. Die Gruppe hilft dem Hinterbliebenen auch, die Erinnerung an den Toten aufrechtzuerhalten und feste Form anzunehmen durch den Prozess intensiver Dialoge. Der Gemeinschaftsaspekt des individuellen Verlustes wird auch durch das tägliche Gebet hervorgehoben, bei dem die Gemeinde zu dem Trauernden sagt: »Gott wird dich trösten zusammen mit all jenen, die über Zion und Jerusalem trauern.« Das Feiertagsgebet der »Erinnerung an die Seelen der Toten« (*Hazkarat-Neshamot*) verstärkt feierlich das Leiden des Einzelnen und stellt es in einen kollektiven Rahmen, indem es die Trauer mit den historischen Verlusten des jüdischen Volkes durch die Zeiten verbindet. Es gibt eine zyklische

---

1 Babylonischer Talmud: Moed Katan, S. 26b

Anordnung der Trauerereignisse durch das Jahr hindurch. Auf diese Weise wird Trauer zu einem wiederkehrenden Geschehen mit einem Platz im normalen Kalender. Dieser ritualisierte Prozess reguliert auch die Beziehung zwischen dem Hinterbliebenen und dem Dahingeschiedenen. Die Beziehung ist gegründet auf der Annahme, dass die Seelen der Toten in den Händen Gottes weiterleben und eine entscheidende Rolle als Vermittler und Helfer für die Lebenden erfüllen.

Diese Ritualisierung des Trauerprozesses hat einen tiefen tröstenden Wert: Sie versieht den Prozess mit individueller und überindividueller Bedeutung, spezifiziert Aktivitäten, die die Beziehung mit den Toten erhalten, und ermöglicht eine kulturell bestätigte Rückkehr zum normalen Leben. Vielleicht kann ein Phänomen wie »pathologische Trauer« durch das Abnehmen solcher Traditionen in der modernen Welt erklärt werden. Nach dieser Sichtweise könnte die Person, die an einer pathologischen Trauer leidet und weit davon entfernt ist, sich von der Erinnerung an den Toten freizumachen, in Wirklichkeit daran leiden, dass es einen Mangel an kulturell bestätigten Arten gibt, mit den Toten *in Verbindung* zu bleiben (vgl. hierzu beispielsweise Canacakis, 1987). Ohne solche kulturell bestätigten Formen kann der Einzelne den Vorgang der Erinnerung als schwach und hohl empfinden. Ein gemeinschaftliches Echo fehlt, das dem Trauernden gestattet, sich in guter Weise zu erinnern. Wenn er dann von den Menschen in seinem Umfeld ermutigt wird, das Lebensgeschäft wieder aufzunehmen, weil er »schon zu lange« traure, lässt ihn das in einem noch tieferen Vakuum zurück.

So könnten therapeutische Versuche fehlgeleitet sein, die darauf abzielen, dass der »pathologisch« Trauernde seine »Trauerarbeit« zu Ende bringe. Michael White (2005) beschrieb, wie von Klienten, deren Symptomatik als »verzögerte Trauer« oder »pathologischer Kummer« diagnostiziert wurde, oft erwartet wird, dass sie durch »Trauerarbeit« eine Art von Abtrennung leisten sollten. Das beschreibt einen normativen Prozess, bei dem der Trauernde eine Reihe von genau definierten Stationen durchläuft, die in einem wirklich durchlebten Abschied, einem Akzeptieren der Endgültigkeit des Verlustes des geliebten Menschen und dem Wunsch, mit einem neuen Leben weiterzuleben, das von jener Person abgetrennt ist, ihren Höhepunkt finden. Ein therapeutischer Dialog, der ausschließlich durch diese Abschiedsmetapher bestimmt ist, verschlimmert das Empfinden von Leere, Wertlosigkeit und Verlust des Selbst, das ein solcher Klient erlebt. White schlug stattdessen vor, in einem solchen Fall den inneren Dialog mit dem Verstorbenen wieder zu ermöglichen. Er ersetzte die trennende Metapher von Abschied und Trauerarbeit durch das verbindende »Ich grüße dich wieder«. Eine Reihe von therapeutischen Fragen hilft dann, den Trauernden neu auf die innere Kontaktaufnahme mit dem verlorenen geliebten Menschen hin zu orientieren:

- »Was sah Ihre (verstorbene) Mutter an Ihnen, wenn sie Sie mit liebevollen Augen angeschaut hat?«
- »Woher wusste sie diese Dinge von Ihnen, was an Ihnen lässt Sie dies wissen?«
- »Welche Eigenschaften werden in Ihnen wachgerufen, wenn Sie die erfreulichen Dinge, die Ihre Mutter von Ihnen wusste, lebendig werden lassen?«
- »Wie können Sie andere Menschen diese Eigenschaften erkennen lassen, die für Ihre Mutter so deutlich sichtbar waren?«

White hilft dem Trauernden auch, diese Fragen in einen gemeinschaftlichen Kontext zu stellen, indem er sie in Anwesenheit von Freunden und Verwandten diskutieren und einschätzen lässt. Diese Art therapeutischer Arbeit könnte vielleicht als ein Versuch angesehen werden, das Vakuum teilweise auszufüllen, das durch das Verschwinden von Trauertraditionen entstanden ist.

Fallgeschichte 19: Der verschollene Freund

Peters Freund Irvin war im brasilianischen Dschungel verschwunden. Trotz umfangreicher Suchanstrengungen war keine Spur von ihm zu finden. Peter weigerte sich, die Möglichkeit Irvins Todes überhaupt in Betracht zu ziehen. Die Beziehung zwischen den beiden war sehr tief und besonders gewesen: Sie hatten das Gefühl, stets intuitiv zu wissen, was mit dem anderen geschah. Auch jetzt empfand Peter, dass er besser Bescheid über Irvin wisse als andere Leute um ihn herum. Wenn auch er glauben würde, Irvin sei gestorben, würde er das Risiko für Irvin verstärken, während sein Glaube an Irvins Überleben diesen schütze. Doch fürchtete Peter, dass Irvins Abwesenheit schließlich dazu führen würde, dass sich sein lebendiges Bild in ihm abschwächte. Das veranlasste ihn, in Therapie zu gehen.

Sein erster Therapeut meinte, Peters Problem sei eine Verleugnung von Irvins Tod. Er müsse die notwendige Trauerarbeit leisten, um sein Leben weiterzuführen. Peter sah das als Verrat an seinem Freund und ihrer Beziehung und brach die Gespräche ab. In seiner neuen Therapie wurde das Therapieziel dahingehend definiert, dass es Peter helfen sollte, seine Beziehung zu seinem Freund gegen das Vergessen zu erhalten und trotz seiner Abwesenheit weiterzuentwickeln. Als ersten Schritt bat der Therapeut ihn, ihn mit seinem Freund bekannt zu machen. Sie verbrachten eine Reihe von Sitzungen mit dem Studium von Fotoalben, Briefen, Notizheften und künstlerischen Arbeiten. Irvin wurde lebendig präsent in den Therapiesitzungen, auch aufgrund von Peters erzählerischen Fähigkeiten. Der Therapeut schlug vor, Peter solle seinem Freund mit Hilfe von Hypnose in der Phantasie begegnen. Peter protestierte: Phantasie war für ihn ein Synonym von »unwirklich«. Der Therapeut war anderer Meinung. Für ihn konnte Phantasie eine Station in der Entwicklung einer neuen Realität sein oder einer Realität, die parallel zur äußeren Realität existierte. Der Raum, in dem sie gerade saßen, hatte einstmals auch nur in der Phantasie des Architekten existiert. Die Musik, die Peter liebte, wurde zuerst in der Phantasie des Komponisten gehört. Ohne Phantasie gibt es keine Schöpfung. Peter stimmte einem Versuch zu und ließ sich in einen meditativen Zustand versetzen. Irvin wurde in seiner Vorstellung gegenwärtig und Peter sprach einige Minuten mit ihm. Er sagte ihm, wie sehr er ihn vermisste und wie sehr er sich um sein Leben sorgte. Irvin hörte nur zu und lächelte manchmal.

Peter: War das wirklich Irvin?
    Therapeut: Ich kann nichts über Irvins physischen Zustand sagen, aber für mich ist es klar, dass er in Ihrem Geist anwesend war.
    Peter: Er war nur als eine Erinnerung da, ein Hirngespinst der Phantasie.
    Therapeut: Sie lieben doch die Dichterin Leah Goldberg. Ihr Körper starb vor langer Zeit, aber ihre Gegenwart in Ihrem Geist ist realer, als die vieler Menschen in Ihrer Umgebung.

Peter: Aber wenn Irvin nie zurückkommt, bleibt er doch in meiner Vorstellung immer im selben Alter, aber ich werde älter.
Therapeut: Leah Goldberg wächst zusammen mit Ihnen. Vor zehn Jahren haben Sie nur ihre Kinderlieder gemocht. Als Sie heranwuchsen, fingen Sie an, Dinge in Ihren Gedichten zu finden, die Sie vorher nicht hatten sehen können. Ihre Erfahrungen mit Leah Goldberg werden vermutlich noch eine lange Zeit weiter wachsen.

Der Therapeut erzählte ihm von einem bewunderten Lehrer, den er gehabt hatte. Der Lehrer war bei einem Unfall getötet worden, er war damals ungefähr halb so alt gewesen, wie der Therapeut heute war. »Und dennoch«, sagte der Therapeut, »manchmal entdecke ich, dass Dinge, die ich in meinen Behandlungen tue, von ihm kommen. Zum Beispiel macht es mir großen Spaß, meine Klienten zu überraschen. Das habe ich von ihm gelernt. Ist er also tot? Er starb vor mehr als dreißig Jahren, aber er lebt in meinem Bewusstsein fort und bereichert meine Arbeit. Manchmal entdecke ich sogar, dass ich einige seiner Gesichtsausdrücke annehme!«

Es gab viele Fragen, bei denen der Therapeut Peter überhaupt nicht helfen konnte: was mit Irvin passiert war und ob es ein Leben nach dem Tod gab. Wenn sie über diese Fragen stolperten, gestand der Therapeut seine Hilflosigkeit ein. Dann versuchten sie immer, sich auf ein erreichbareres Ziel zu konzentrieren: wie man Irvins Präsenz in Peters Leben verstärken könnte, unabhängig davon, ob er am Leben war oder tot. Nach und nach lernte Peter, in seinen meditativen Zuständen mit Irvin zu sprechen. Seine Fragen nach der Realität dieser Zusammenkünfte blieben offen, aber das verringerte in seinen Augen nicht ihren Wert. Als Irvins Körper einige Monate später gefunden wurde, war sein Schmerz groß. Er spürte jedoch, dass Irvin fortfuhr, in seinem Geist zu leben und zu wachsen. Er sprach weiterhin mit ihm in seiner Phantasie. Am dritten Jahrestag seines Todes schrieb er die folgende Unterhaltung nieder:

Irvin: Du kannst dir nicht vorstellen, wie viel wir erinnern können, wenn wir tot sind. Wirklichkeit wird wie zu einer fortwährenden Erinnerung. Tatsächlich gibt es kaum einen Unterschied zwischen Traum, Gedächtnis und was du »Realität« nennst.
Peter: Was ist dies dann jetzt?

Irvin: Es ist die Unterhaltung zwischen einem Mann und seinem Freund, der vor ein paar Jahren verloren gegangen ist.
Peter: Aber ich habe das Gefühl, ich fange an zu vergessen.
Irvin: Das ist gut. Das macht Platz für neue Dinge.
Peter: Aber dann gehst du fort.
Irvin: Und ich komme zurück und es gibt Raum für einen neuen Irvin. Es gibt Wahrnehmungen, die ich nur durch dich fühlen kann, wie den Duft des Regens.
Peter: Und wenn ich sie nicht fühle, dann fühlst du sie auch nicht?
Irvin: Je mehr Zeit ich im Tod verbringe ... bin ich an so vielen anderen Orten ... ich bin der Regen, die Erde, die Pilze, die Würmer.
Peter: Igitt! Würmer!
Irvin: Sag nicht »igitt« zu deinem Herzensfreund!

Hoffnung, Desillusionierung und Trost

Die tröstende Wirkung jeglicher Botschaft ist eine Verbindung von kulturellem Kontext und Lebenssituation. Die Vorstellung der Existenz eines Himmels kann in einigen Kontexten tröstend sein, in anderen aber als ein ausweichender Versuch billigen Trostes erfahren werden.

In einer ergreifenden Szene, die im Tagebuch eines deutschen Offiziers in der Zeit der Massenexekutionen von Juden in Osteuropa festgehalten wurde, wird ein Vater erwähnt, der sanft zu seiner jungen Tochter spricht und zum Himmel zeigt, bevor sie beide erschossen werden (Hilberg, 2003). Selbst wenn in einer anderen Situation Gedanken an den Himmel vielleicht von geringem Trost für diesen Mann gewesen sein mochten, kann die völlige Nähe zu seiner Tochter vor dem Tod und seine Fähigkeit, etwas zu sagen, das ihre Pein erleichtert, die Botschaft für ihn selbst nicht weniger tröstend gemacht haben als für sie.

Im Folgenden werden wir nicht den Versuch unternehmen, die Vielfalt und den Reichtum der Themen des Trostes darzustellen, sondern werden uns auf einige konzentrieren, die für uns bedeutsam sind. Bei den Themen, die wir anschneiden, zieht Tröstung eine »Enttäuschungsarbeit« (*work of disappointment*) nach sich, die für die tragische Position typisch ist. Diese kann sich entweder auf die Illusion totaler Hoffnung oder auf die Illusion totalen Leidens beziehen. Beide gehen gewöhnlich Hand in Hand: Bilder totalen Leidens tendieren dazu, Vorstellungen totaler Hoffnung hervorzurufen, und umgekehrt. Die tragische Einstellung zielt darauf ab, beide zu mildern. Der Helfer sollte jedoch vorsichtig vorgehen, wenn er den Leidenden auf den Pfad der Desillusionierung begleitet. Wie schon erwähnt, kann Trost nicht erzwungen werden. Jedoch können die Samenkörner der Desillusion, die in dem Leidenden aufkeimen, Schösslinge des Trostes hervorbringen.

Es folgt die Darstellung einiger typischer Illusionen, auf die sich Enttäuschungsarbeit beziehen kann.

Die Seele-über-Körper-Illusion

Die Furcht vor körperlichem Leiden ist eine zwingende und universelle Erfahrung. Bücher, die die Vorstellung vermitteln, dass die Seele eine wie auch immer geartete höhere Macht über den Körper habe, erreichen hohe Auflagen. Die inflationäre Verwendung des Begriffs »psychosomatisch« gehört in dieses Denken hinein. Ein Gebiet, das traditionell zur Körpersphäre gehört, wird zunehmend psychologisiert, ein Phänomen, das Szasz (1979) als »Psychoimperialismus« bezeichnet hat. Eine physische Krankheit als Folge einer psychischen Ursache zu betrachten, scheint attraktiv: Das Leiden wird verständlich gemacht und es entsteht Hoffnung auf endgültige Heilung, während die Betrachtung einer Erkrankung als physische (oder gar genetische) Angelegenheit diese unerklärt und zufällig erscheinen lässt.

Die Tendenz, das Physische dem Psychischen unterzuordnen, kann sich in verschiedenen Formen manifestieren, etwa in der weit verbreiteten Neigung, körperliche Symptome als psychisch bedingt anzusehen, in dem psycho-dämonischen Glauben, dass eine Person, die eine Krankheit entwickelt, irgendwie unbewusst »will«, dass diese da ist, oder dass Krebs die Strafe sei, wenn man sich nicht demütig vor der Mutter verbeuge. Immer ist damit die Hoffnung verbunden, dass psychologische Behandlungen für alle Erkrankungen gefunden werden können. Der vielleicht extremste Glaube in dieser Richtung ist die Vorstellung der physischen Unsterblichkeit, nach der die richtige mentale Einstellung den Tod für ewig verschieben kann. Doch Beschreibungen spiegeln nicht einfach etwas wider, was da ist, sondern sie greifen direkt in das Beschriebene ein. Wie Ludwig Wittgenstein sagt, wird die Bedeutung eines Wortes durch seinen Gebrauch bestimmt, Begriffe können sich verändern, können in die Alltagstheorien von Menschen Eingang finden. So wird das Wort »psychosomatisch« heute oft so benutzt wie früher »hysterisch«: im Sinne von selbst verursacht (von Schlippe, 2001b). Die Seele-über-Körper-Illusion führt so oft implizit zu einer schuldzuweisenden Einstellung gegenüber der erkrankten Person. In einem Fall, über den wir an anderer Stelle berichtet haben (Omer u. Alon, 1997), entwickelte die vorher unterstützende Familie einer Frau mit unheilbarem Krebs eine höchst kritische Haltung ihr gegenüber, als sie sich, gegen die Anweisungen ihres Heilers, entschied, Schmerzmittel zu nehmen, um ihre Beschwerden zu lindern.

Es wird vielfach als große Enttäuschung erlebt, wenn man einem Klienten mit einem psychischen Problem sagt, dieses habe physiologische Wurzeln oder er benötige eine medizinische Behandlung. »Physisch« scheint in einem solchen Fall schlimmer zu sein als »psychisch«, und der Klient kann das Gefühl haben, sein Fall sei schlimmer, als er vorher angenommen hatte. Die Enttäuschung kann jedoch auch Erleichterung hervorrufen.

Der französische Philosoph Alain erzählt die folgende Geschichte: »Vor einiger Zeit traf ich einen Freund, der an einem Nierenstein litt und in einer sehr düsteren Verfassung war. Jeder weiß, dass diese Art Krankheit Traurigkeit verursacht. Als ich das ihm gegenüber erwähnte, stimmte er sofort zu. Daraufhin fuhr ich fort: ›Da du weißt, dass diese Krankheit einen traurig macht, solltest du nicht überrascht sein, dass du traurig bist oder gar deprimiert deswegen.‹ Diese Schlussfolgerung ließ ihn lachen. Keine schlechte Leistung für jemanden mit einem Nierenstein« (Alain, 1928/1985, S. 20).

Das Akzeptieren eines physischen Kerns muss keine passive Haltung nach sich ziehen. Die Schneeball-Metapher (s. S. 103) etwa kann eine Vielzahl von Pfaden in Richtung auf Verbesserungsaktionen eröffnen. Nur wenn die beiden Optionen – physisch *oder* psychisch – einander ausschließen, wird Energie auf das Tauziehen zwischen den beiden verschwendet. Die Annahme, dass ein physischer Kern vorhanden ist, erlaubt es, sich auf die entfernbaren Schichten des Schneeballs zu konzentrieren. Interessanterweise kann die Schneeball-Metapher nicht nur dazu beitragen, die Schäden der Seele-über-Körper-Illusion zu lindern, sondern auch umgekehrt jene der Körper-über-Seele-Illusion. In einem Fall diagnostizierte man bei einem Mann, der viele Jahre unter Ausbrüchen gewalttätigen Verhaltens gelitten hatte, dass er an einem kleinen, aber wahrscheinlich gutartigen Gehirntumor litt. Der Chirurg, der ein überzeugter Verfechter der Körper-über-Seele-Position war, erweckte im Klienten die starke Hoffnung, dass das Entfernen des Tumors die Ausbrüche beseitigen werde. Der Therapeut vertrat den Standpunkt, dass es klüger sei, nicht zu erwarten, dass die Ausbrüche nach der Operation völlig aufhören würden, da sich die Denkgewohnheiten und Gefühle langsam entwickelt hätten und nicht einfach mit der Entfernung des Tumors verschwinden würden. Die gewalttätigen Ausbrüche verminderten sich nach erfolgreicher Operation, aber sie verschwanden keinesfalls. Die Einstimmung des Klienten und seiner Familie durch den Therapeuten auf diese Möglichkeit trugen viel dazu bei, dass sie leichter mit dieser Enttäuschung fertig werden konnten. Im Lauf von zwei Jahren entwickelte sich eine neue Anpassung, die aggressiven Episoden wurden weiter reduziert und der Klient fühlte sich befreit sowohl von einer totalen Hoffnungslosigkeit als auch von einer unbegrenzten Hoffnung.

Viele Menschen finden es besonders schwer, biologische Faktoren bei der Erklärung für das auffällige Verhalten von Kindern in Betracht zu ziehen. Eine solche Erklärung wird als stigmatisierend für das Kind angesehen und als Versuch, die »wirklich schuldigen« Parteien (gewöhnlich die Eltern) ungeschoren zu lassen. Darüber hinaus könnte das Zugeben einer physischen Ursache eine fatalistische Einstellung rechtfertigen: »Es ist genetisch, man kann also nichts tun!« Unserer Meinung nach sind beide Argumente falsch: Es liegt kein Stigma darin, wenn man sagt, dass einige Kinder mit einer niedrigeren Reaktionsschwelle und Aufmerksamkeitsspanne geboren werden, einer Tendenz zu stärkeren emotionalen Reaktionen, geringerer Schmerzempfindlichkeit und einem ruheloseren Temperament. Es gibt keinen Zweifel, dass diese Charakteristika, die mit einem hohen Risiko für die Entwicklung gewalttätiger Verhaltensformen verbunden sind, einen biologischen Kern haben (Bates et al., 1998; Moffit, 1990; Moffit u. Henry, 1991). Das Verständnis, dass diese Kinder wegen ihrer biologischen Charakteristika *besondere Bedürfnisse* haben, führt eher zu einer größeren Bereitschaft, sich für sie einzusetzen, als zum Gegenteil. Unserer Erfahrung nach motiviert es Eltern eines aggressiven Kindes eher und macht sie engagierter, wenn sie über biologische Faktoren informiert werden. Trotz des zunehmenden Wissens wird aber die Behauptung, es gebe eine physische Komponente in der Entwicklung des Verhaltens aggressiver Kinder, vielfach als der Inbegriff der »political incorrectness« angesehen. Das mag so sein, weil eine solche Unterstellung der utopischen Hoffnung widerspricht, alles könne gut sein, wenn man nur das Kind frei gedeihen lassen würde.

Die Unentrinnbarkeit körperlichen Verfalls ist der Ausgangspunkt vieler tragischer Philosophien:

In der Legende von Buddha wurde prophezeit, dass Prinz Gautama (der später zu Buddha wurde) entweder zum größten König oder zum größten spirituellen Meister heranwachsen würde. Der Prophezeiung nach würde er jedoch nur König werden, wenn man ihn in völliger Unwissenheit über Altern, Krankheit und Tod halten würde. Um die Waagschale zugunsten der königlichen Option zu senken, baute ihm sein Vater einen Palast, der völlig von seiner Umgebung isoliert und mit allen vorstellbaren Vergnügen für Leib und Seele ausgestattet war. Der Prinz wuchs glücklich und ohne einen Schimmer von Leiden auf. Er wünschte jedoch, die Welt zu sehen und, gegen den Befehl seines Vaters bewegte er seinen Diener dazu, ihn in einer Kutsche nach draußen zu bringen. Sie fuhren heimlich durch das nördliche Tor los. In einiger Entfernung vom Palast sah der Prinz einen Mann, der anders war als jeder, den er bislang gesehen hatte: Er ging gebeugt, lehnte sich auf einen Stab, sein Gesicht war zerfurcht und er hatte keine Haare. Er fragte den Diener, wer dieser Mann sei, wenn er denn überhaupt ein Mann sei. Der Diener antwortete, er sei ein alter Mann. Der Prinz fragte, wie alte Menschen entstünden, und der Diener antwortete, dass alle alt würden, wenn sie lange genug lebten. Der Prinz kehrte in Gedanken versunken zu seinem Palast zurück. Einige Tage später verlangte er, wieder hinausgebracht zu werden. Sie fuhren durch das südliche Tor und hier sah der Prinz ein noch seltsameres Wesen: Sein Körper hatte große weiße Flecken und sein Gesicht war entstellt. Er fragte den Diener, wer dieser Mensch sei, wenn er denn überhaupt ein Mensch sei. Der Diener antwortete, er sei ein kranker Mann, ein Leprakranker. Der Prinz fragte, wie kranke Menschen entstünden, und der Diener antwortete, dass alle krank würden, wenn sie lange genug lebten. Nunmehr tief verwirrt, kehrte der Prinz zum Palast zurück. Einige Tage später verlangte er, wieder hinausgefahren zu werden. Sie fuhren in eine andere Richtung, und der Prinz sah einen Mann, der aussah, als schliefe er und der dennoch nicht wirklich schlief, denn einige Leute trugen ihn und seine Haut hatte eine seltsame Farbe. Der Prinz fragte, was mit diesem Mann sei, und der Diener antwortete, es sei ein toter Mann und dass alle stürben, wenn sie ihr Leben gelebt hatten. Der Prinz war in einem völligen Schock. Drei schreckliche Wahrheiten waren ihm enthüllt worden: die Unvermeidbarkeit des Alterns, der Krankheiten und des Todes. Der Prinz fuhr ein viertes Mal aus und sah einen Mann, der fast nackt war, nichts besaß, und doch war sein Gesicht voller Frieden. Er fragte, wer dies sei. Man sagte ihm, dieser sei ein »Sadhu-Bettler«, der all seine weltlichen Besitztümer aufgegeben und sein Leben der Suche nach Wahrheit gewidmet hatte. Der Prinz entschloss sich, all seine Güter aufzugeben und sich in die Wildnis aufzumachen, um das Rätsel des Leidens und des Glücks zu lösen. Das Akzeptieren der Allgegenwärtigkeit von Leiden verwandelte ihn in einen der größten Meister des Trostes aller Zeiten.

Illusionen des unerträglichen Leidens

Menschliche Wesen sind mit der Fähigkeit ausgestattet, nicht nur positive Illusionen zu erzeugen, sondern auch Phantasien einer schrecklichen Zukunft. Viele Leute erleiden große Qualen durch die Vorstellung unerträglicher Schmerzen. Ständige Sorge und Furcht vor der Zukunft können ein tiefes Unglücklichsein bewirken. Versuche, die Qualen dadurch zu zerstreuen, dass man auf die geringe Wahrscheinlichkeit hinweist, dass die befürchteten Geschehnisse eintreten, sind bekannterweise ineffektiv.

Die stoischen Philosophen haben sich für eine andere Vorgehensweise beim Trösten entschieden. Sie führen uns zu einer Meditation über die Natur der Zeit, die uns helfen kann, ein gewisses Freisein von dem bedrückenden Sinn einer quälenden unmittelbar bevorstehenden Zukunft zu erlangen. In ihrer Lehre kann weder die Vergangenheit noch die Zukunft uns Leid zufügen, weil die Vergangenheit nicht mehr und die Zukunft noch nicht existiert. Vergangenheit und Zukunft existieren nur, wenn wir über sie nachdenken. Wir arbeiten hart an der mentalen Konstruktion von Befürchtungen und Bedauern.

Der moderne Stoiker Alain vergleicht uns mit einem Jongleur, dem es gelingt, eine große Anzahl sehr scharfer Messer in einem unsicheren Gleichgewicht auf der Nase zu halten. Sie stellen eine Art ängstigenden Baum dar, den er vom Fallen durch qualvolle kleine Zuckungen des Körpers abhält. Wie dieser Jongleur sind wir unkluge Artisten und balancieren all unser Bereuen und unsere Befürchtungen übervorsichtig auf unseren Köpfen (Alain, 1928/1985). Die praktische Frage ist, wie man dieses närrische Jonglieren stoppen kann.

Es ist überraschend, dass selbst überängstliche Leute oft ruhig werden, wenn sie von realen Sorgen befallen sind.

Imre Kertész, Nobelpreisträger und Autor des »Romans eines Schicksalslosen« (2002), beschreibt, wie er bei seiner Rückkehr aus dem Konzentrationslager von einem Journalisten gebeten wurde, über seinen Aufenthalt in der Hölle zu berichten. Kertész, der zu der Zeit 16 Jahre alt war, sagte, er könne nicht viel über die Hölle sagen, weil er sie noch nicht erlebt habe. Wenn er sich die Hölle überhaupt vorstellen könnte, würde er sie sich als einen Ort vorstellen, wo das Leiden so schlimm wäre, dass man sich nicht langweilen könne, aber selbst in Auschwitz habe er Langeweile erlebt. Als man ihn fragte, wie es ihm möglich gewesen sei durchzuhalten, antwortete er: »Die Zeit hat geholfen.« Zeit, sagte er, ließe einen die Geschehnisse schrittweise durchleben. Zum Lager zu fahren, fing mit der Bahnstation an, nicht gerade luxuriös, aber erträglich. Die Dinge geschahen dann eins nach dem anderen, und man musste immer nur dies eine Ding ertragen. Das Verstehen kam nur langsam und man war immer damit beschäftigt, den unmittelbaren Anforderungen nachzukommen. Während man die eine Sache zu Ende brachte, war man schon mit der nächsten beschäftigt. Selbst als er in der Schlange vor dem Arzt in Auschwitz stand, der die Menschen nach rechts oder links sandte, war er mit seinem Platz in der Schlange beschäftigt, vielleicht aus Ärger, dass es zu langsam voranging oder dass ihn jemand von hinten schubste. Hätte es diese Abfolge von Zeit nicht gegeben und die ganze Erfahrung wäre auf einmal über ihn gekommen, hätte er es nie aushalten können. Und doch hatte er Insassen getroffen, die vier, sechs oder gar zwölf Jahre im Lager gewesen waren. Um noch da zu sein, mussten diese Menschen über diese vier, sechs oder zwölf Jahre hinwegkommen, das bedeutet vier, sechs oder zwölf Mal dreihundertfünfundsechzig Tage, multipliziert mit vierundzwanzig Stunden, multipliziert mit so und so viel Minuten und Sekunden. Genau dieser Ablauf undenkbarer Zeit hatte es ihnen möglich gemacht, es zu ertragen, denn sie mussten ihn durchlaufen, Augenblick für Augenblick, ständig beschäftigt mit jedem einzelnen Moment.

Diese Beschreibung gilt auch für weniger krasse Arten des Leidens. Man denke zum Beispiel daran, wie oft gesunde Menschen über Chemotherapie sagen: »Ich könnte das nicht aushalten! Ich kann Übelkeit nicht ertragen!« Und dennoch, wenn es soweit ist, steht man die Übelkeit durch, Augenblick für Augenblick. Die Vorstellung von Chemotherapie als einer endlosen Erfahrung von Übelkeit scheint unerträglich, aber die tatsächliche Erfahrung ist nicht Chemotherapie, sondern ein Augenblick nach dem anderen. Die Illusion, dass Leiden unerträglich ist, hat zu tun mit unserer Projektion der ganzen Idee von dem, was man durchzumachen hat

(»die Hölle des Konzentrationslagers« oder die »Chemotherapie«), auf den einzelnen vorgestellten Moment.

Es gibt eine zusätzlich fälschliche Projektion bei unseren Illusionen zukünftigen Leidens: Wir stellen uns vor, dass die Person, die wir jetzt sind, dieselbe ist, wie diejenige, die zu ertragen hat, was wir jetzt als nicht aushaltbar für uns ansehen. Wir stellen uns vor, dass es dieses Jetzt-Ich ist, das dieses unvorstellbare Trauma wird erleben müssen. Wir vergessen, dass dieses Jetzt-Ich notwendigerweise eine ganze Reihe von Jetzt-Ich wird, die sich ihren Problemen mit einem gänzlich anderen Sinn stellen werden. Dieselbe Argumentation kann uns bei der Furcht helfen, dass wir es nicht ertragen könnten zu sterben. Es ist überhaupt nicht das Jetzt-Ich, das sterben wird. Dieses Jetzt-Ich, das im Augenblick noch quicklebendig ist, kann den Übergang in das Ausgelöschtwerden nicht akzeptieren. Jedoch die anderen Jetzt-Ich, zu denen wir nach und nach werden, mögen ein wenig sanfter werden. Wie eine weise Person es ausgedrückt hat: »Es sind nicht die Lebenden, die sterben, sondern die Sterbenden.«

Fallgeschichte 20: »Wieder ein Höhlenmensch ...«

Andre war ein Geschäftsmann, der unter zunehmenden finanziellen Druck geriet. Es wurde immer schwieriger, seine vielen Projekte zu finanzieren, es drohte der Bankrott. Er war ursprünglich wegen seiner Schlafprobleme gekommen (er wollte aufhören, Schlaftabletten zu nehmen) wie auch wegen seiner körperlichen Verfassung und seines erheblichen Übergewichts. Diese Ziele traten jedoch in den Hintergrund, als der Druck wuchs. Er meinte, dass er für sie keine Energie aufbringen konnte, so lange die geschäftliche Situation akut blieb. Er fing an, nur gelegentlich zur Therapie zu kommen, um eine sofortige Erleichterung zu erreichen, wenn der Druck zu stark wurde. Er sagte, dass er erst, wenn die anstehende Krise vorbei sein würde, in der Lage sein würde, die entfernten Ziele zu verfolgen. Die Krise blieb jedoch, und Andre stellte fest, dass er schneller und schneller lief, um am selben Platz zu bleiben. Nach einer Unterbrechung von einigen Monaten kam er zu dem Therapeuten zurück, als er von einem Traum erwacht war, in dem er, in Lumpen gekleidet, einen Platz für sich und seine Familie in einem Slum suchte. Er erzählte dem Therapeuten, er glaube, diesen Traum jede Nacht geträumt zu haben, ihn aber gewöhnlich nach dem Aufwachen vergessen zu haben. Er befürchtete, dass das Einbrechen des Traums in sein Bewusstsein ein Signal sein könnte, dass er pessimistischer werde und sich einem Zusammenbruch nähere.

Andre: Ich muss meinen Defätismus überwinden! Ich muss die Energie für einen Endspurt finden!
Therapeut: Vielleicht sollten wir Wege finden, wie Sie die Lage besser aushalten könnten.
Andre: Ich glaube, ich habe nicht mehr viel Stärke zum Aushalten. Niemand kann diese Art Druck lange aushalten.
Therapeut: Erinnern Sie sich daran, wann Sie zum ersten Mal die nötige Energie für einen Endspurt finden wollten?
Andre (lachend): Vor ungefähr fünf Jahren.
Therapeut: Was hätten Sie gedacht, wenn man Ihnen gesagt hätte, dass Sie nach fünf Jahren immer noch gegen den Bankrott kämpfen würden?
Andre: Ich wäre verrückt geworden!
Therapeut: Wir wissen gewöhnlich nicht, wie viel wir aushalten können. Vielleicht wäre es ein besseres Ziel, sich klarer zu machen, wie viel man aushalten kann, als die Energie für einen Endspurt zu finden?
Andre: Ich fürchte, dieser Traum zeigt, dass ich ziemlich am Ende bin.
Therapeut: Vielleicht. Vielleicht zeigt er aber auch, dass Sie sich innerlich darauf vorbereiten, viel länger durchzuhalten, als Sie sonst für möglich halten.

Der Therapeut erzählte Andre von dem Abschnitt in dem Buch von Kertész, wie das Leben im Konzentrationslager von einem Augenblick zum nächsten gelebt wurde. Andre merkte an, dass viele Menschen, die er kenne, gegenwärtig die Erfahrung machten, dass sie das Unerträgliche ertragen konnten. Vielleicht neige sich die Ära relativer Sicherheit, in der er und der Therapeut die längste Zeit ihres Lebens gelebt hatten, ihrem Ende zu, angesichts der globalen Bedrohungen durch ökonomische Krisen und politischen Terror. Die Unterhaltung wandte sich dann der Tatsache zu, dass durch die ganze Geschichte hindurch Menschen immer das Äußerste an Unsicherheit ertragen hätten. Die Eltern des Therapeuten und von Andre waren Beispiele dafür. Wie hatten sie es geschafft? Vielleicht war unsere Generation durch eine illusorische Sicherheit »verdorben«?

Andre: Wenn wir durch die Evolution programmiert worden sind, Unsicherheit auszuhalten, können fünfzig Jahre illusorischer Sicherheit das nicht auslöschen! (lachend:) Vielleicht zeigt mein Traum, dass ich mich bereit mache, wieder ein Höhlenmensch zu sein!

Am Ende der Sitzung entschloss sich Andre, seine Tochter (die er über seine finanzielle Situation im Dunkeln gelassen hatte, um ihr »unnötige Ängste« zu ersparen) in alle Einzelheiten seines Geschäfts einzubeziehen. Die Tochter wurde für Andre zu einem wahren Rückhalt. Ein paar Tage nach der Sitzung rief Andre den Therapeuten an und sagte, dass, da die Schwierigkeiten leicht noch weitere fünf Jahre andauern könnten, er doch vielleicht anfangen sollte, sich um seine körperliche Fitness und sein Gewichtsproblem zu kümmern. Die gute Absicht erwies sich als kurzlebig. Dennoch, Andres Haltung schien sich in Richtung auf den »konstruktiven Pessimismus« eines Langstreckenläufers zu ändern.

Illusionen der Hoffnung[2]

Der tragische Ausblick mag nicht nach jedermanns Geschmack sein, weil es so aussieht, als fördere er Pessimismus und unterminiere Hoffnung. Hoffnung ist doch für die Existenz lebensnotwendig. Insassen von Gefangenenlagern sind häufig nicht an Nahrungsmittelmangel gestorben, sondern weil es keine Hoffnung gab. Am Eingang von Dantes Hölle stand: »Ihr, die eintretet, lasst alle Hoffnung fahren!« Hoffnungslosigkeit ist die eigentliche Essenz der Hölle. Es gibt jedoch eine Kehrseite der Hoffnung. Die versprochenen goldenen Bilder totalitärer Utopien haben Entsetzlichkeiten hervorgebracht, die nicht weniger schrecklich sind als Dantes Hölle. In ihren rigiden Formen produziert Hoffnung nicht nur in der gesellschaftlichen Sphäre Opfer, sondern auch in der individuellen. Beispiele wie die folgenden sind nicht selten:

Eine Konzertpianistin erreichte eine sehr hohe Ebene des Klavierspielens. Nach Monaten erbarmungslosen, selbst auferlegten Drills spielte sie zwei Monate lang wie ein Engel. Jedoch verließ sie ihre gerade gefundene Beweglichkeit genau so, wie sie gekommen war. Anfangs war sie sicher, dass sie sie wie-

---

[2] Dieser Abschnitt folgt eng Omer und Rosenbaum (1997). Wir sind R. Rosenbaum dankbar für die Erlaubnis, dieses Material benutzen zu dürfen.

dererlangen könnte. Sie steigerte ihre Selbstanforderungen und weigerte sich nachzulassen, trotz beginnender Handgelenk- und Schulterschmerzen. Nach und nach wurde sie zur Gefangenen ihrer eigenen Hoffnung, bis ihr das Spielen wegen chronischer Muskelkrämpfe völlig unmöglich wurde.

Ein Mann kam zur Therapie, weil seine Frau ihn körperlich misshandelte. Sie pflegte ihn wiederholt mit Fäusten, Nägeln und welchem Gegenstand auch immer, der in ihre Hände kam, zu attackieren. Er hoffte jedoch, dass seine Liebe und Geduld über ihre Wut siegen würde. Nach einer Unterbrechung von einigen Monaten kam er zurück zur Therapie und erzählte, dass er im Krankenhaus gewesen sei. Seine Frau hatte ein großes Küchenmesser genommen und es ihm zwischen die Rippen gestoßen. Die ganze Zeit hatte er gebraucht, sich von dem Angriff zu erholen. Und wieder kam er auf die Frage zurück, ob die Beziehung jetzt eine wirkliche Verbesserungschance hätte. Sein Therapeut war sprachlos: »Ich verstehe das nicht. Wie können Sie bei dieser Frau bleiben, nachdem sie ein Messer in Sie hineingestoßen hat?« Der Klient antwortete: »Nun, sie hat ja nichts Lebensgefährliches getroffen.«

Ein Vater von drei Kindern war in einem Dilemma in seiner Ehe. Er und seine Frau waren ausgezeichnete Freunde und ein gutes Elternteam. Er empfand sich jedoch nicht romantisch verbunden mit ihr. Er hatte ein lebhaftes Bild davon, wie Liebe sein Leben mit Energie füllen würde. Er wusste, dass es ihn wahrscheinlich Jahre kosten würde, sein Traumliebe zu finden, denn er war keine emotional zugängliche Person. Schon allein die Möglichkeit, Liebe zu finden, entzog seiner Ehe jeden Wert. Es endete damit, dass er fort ging.

Die Hoffnungen dieser Menschen, so könnte man sagen, waren derart rigide geworden, dass man sie als »Hoffnungskrankheit« bezeichnen könnte. Die Hoffnungen waren nicht notwendigerweise illusorisch, denn die Pianistin hätte vielleicht ihre Geschicklichkeit wiedererlangen, die gewalttätige Frau hätte ihre Aggressivität überwinden und der enttäuschte Ehemann seine romantische Liebe finden können. Die Loblieder der Hoffnung sind voll von solchen Geschichten. Die Vorzüge der Hoffnung werden oft genau dann als am größten angesehen, wenn ihre Objekte am unerreichbarsten scheinen. Die Hoffnung wäre nicht so verführerisch, wenn sie nur auf leicht erreichbare Objekte gelegt würde. Und dennoch, irgendetwas muss falsch sein an dem, was diese Menschen zu Sklaven einer Hoffnung werden lässt, die ihnen und ihren Nächsten so viel Leid zufügt.

Ob eine Hoffnung sich in eine Hoffnungskrankheit verwandelt, ist nicht nur eine Frage, wie realisierbar sie ist. Hoffnung kann in sich krank sein, allein schon in ihrem Prozess und Mechanismus, wenn sie zu einer abschätzigen Haltung gegenüber der Gegenwart führt, zu einem Kampf, ohne Abstriche und ohne Opfer zu bedenken, und zu Versuchen, jeden andersartigen Gemütszustand auszumerzen. Eine rigide Hoffnung spiegelt somit das Bild einer dämonischen Einstellung wider: Sie ist die Vision eines perfekten Zustands, der auf die völlige Auslöschung des Dämons folgt.

Viele Denker haben in der Vergangenheit auf diese Gefahren hingewiesen, zum Beispiel darauf, dass Hoffnung Hand in Hand mit Furcht und Enttäuschung geht. Spinoza sagte einmal, dass es keine Hoffnung ohne Furcht noch Furcht ohne Hoffnung gebe. Ähnliches trifft ein Zitat, das George Bernard Shaw zugeschrieben wird: »Es gibt zwei Katastrophen im Leben: Die erste ist, wenn unsere Träume nicht erfüllt werden, die zweite, wenn sie erfüllt werden.« Interessanterweise gelingt es gerade dem, der den Schatten der Enttäuschung im Herzen der Hoffnung behält, am besten, Hoffnung frei von dieser Entgleisung zu bewahren. Wer weiß, dass das Schicksal die eigene Hoffnung zunichte machen kann, schafft es eher, sich von ihnen nicht blenden zu lassen. Es ist, als ob die innere Bereitschaft, enttäuscht zu werden, sich als vorweggenommener Trost auswirkt.

Hoffnung wird dann krankhaft, wenn sie nach Phantomen greifen lässt. Man hasst sein wirkliches Leben und glaubt, dass alles gut sein wird, wenn nur dies und das geschieht. Ironischerweise befriedigen uns unsere Hoffnungen umso weniger, je größer sie sind, selbst wenn die begehrten Ziele erreicht zu sein scheinen. Der enttäuschte Hoffende setzt sich dann mit seiner Enttäuschung auseinander, indem er sagt, dass es nur an dem unvollständigen Besitz von Gegenständen, Personen oder Situationen liegt, die er als unabdingbar für die Glückseligkeit ansieht. Er strebt dann nach einem vollständigeren Besitz, ständig gequält vom Bild einer Befriedigung, die hinter der nächsten Ecke zu erreichen ist. In der Zwischenzeit verpasst er, was *da ist*.

Vertreter des sogenannten positiven Denkens könnten einwenden, dass die Bereitschaft, enttäuscht zu werden, zwangsläufig die Begeisterung für entschiedene Aktion mindert. Doch die Weigerung, einer idealisierten Zukunftsvision anzuhängen, verhindert Handeln durchaus nicht; im Gegenteil, man agiert flexibler. Das stimmt sehr mit der tragisch-akzeptierenden Haltung überein: Man strebt nach dem Besseren (nicht nach dem Ideal) und weiß, dass nicht alles von dem eigenen Streben abhängt. Dies wird durch die Haltung des gewaltlos Widerstehenden demonstriert: »Ich kann dich nicht dazu bringen zu tun, was ich will! Ich kann nur meinen Teil erfüllen!« Dasselbe gilt für jedes, wie auch immer geartete, persönliche Ziel: Das Endresultat hängt immer vom Zusammenfließen von Faktoren ab, die wir poetisch »Schicksal« nennen.

Comte-Sponville (2001) bemerkt, dass wir oft auf eine ideale Zukunft hoffen, weil wir an einem idealisierten Bild der Vergangenheit hängen. Die Hoffnung auf das Glück ist fast ausnahmslos verwurzelt in dem Glauben an ein ursprüngliches Goldenes Zeitalter. So sind die Freuden des künftigen Königreichs in den meisten Religionen eine Wiederholung des verlorenen Paradieses. Auch politische Utopien gehen zurück auf eine verloren gegangene Harmonie. In Therapien erleben wir oft, wie unsere Klienten eine Zukunft erlangen wollen, die eine Vergangenheit verkörpert, wie sie hätte sein »sollen«. Die Gegenwart kann kaum mit der eingebildeten Vergangenheit konkurrieren oder mit ihrer Zwillingsschwester, der versprochenen Zukunft. Deshalb wird die Gegenwart als ein Status des Verfalls abgewertet. Nostalgie und Hoffnung färben die Vergangenheit und die Zukunft in den wunderbarsten Farben, aber um den Preis, die Gegenwart öde aussehen zu lassen.

Erstarrte Hoffnungen können, auch nachdem sie enttäuscht worden sind, noch Unheil anrichten. Menschen, die über das Nichteinlösen eines Versprechens, das nach ihrer Meinung die ganze Bedeutung ihrer Existenz bedeutete, nicht hinwegkommen können, können durch eine tote Hoffnung ihr Leben zunichte gemacht sehen.

Der Prototyp dieses Zustands ist Miss Havisham, die Dame, die sich selbst eingemauert hat, in Charles Dickens Erzählung »Great Expectations« (1861/ 1985). Miss Havisham lebt in einem Haus, in dem alle Uhren immer dieselbe Stunde eines lang vergangenen Tages anzeigen. Das Sonnenlicht wird aus den Räumen verbannt. Sie trägt ein Brautkleid, das lange ausgeblichen ist. Ihr verfallener Brautschleier wird gekrönt von einem Gespenst verwelkter Blumen. Alles ist so gelassen worden, wie es in dem schrecklichen Augenblick war, als sie am Traualtar verlassen wurde. Miss Havisham tut mehr, als nur die Zeit anzuhalten und die Welt auszuschließen. Sie hasst das Leben. Ihre zerstörten Hoffnungen sind in endloses Brüten über Vergeltung umgewandelt worden. Sie endet dadurch, dass sie lebendig in einem Feuer verbrennt, das von ihrem Brautkleid ausgehend das ganze Haus ergreift.

Aber können wir Miss Havisham als Leidende an der Hoffnungskrankheit sehen? Ist sie nicht das offensichtliche Opfer gerade des *Verlustes* aller Hoffnung, wäre nicht das Einflößen neuer Hoffnung für sie die einzig mögliche Medizin? In der Tat, das wäre sie. Aber es ist das Charakteristikum einer kranken Hoffnung, dass sie gesünderen Möglichkeiten keinen Raum lässt. Miss Havisham kann nicht auf den leidenschaftlichen Augenblick verzichten, in dem ihr Leben zu völliger Glückseligkeit hätte erhoben werden sollen. Die Hoffnung wurde abgetötet, aber die heftige Intensität des schmerzvollen Augenblicks erfüllt sie und pervertiert sie. Die Welt, die ihr ihren heißen Wunsch versagte, wird ebenso heiß verdammt. In Wirklichkeit ist die alte Hoffnung nicht verschwunden, sondern ist zur schwarzen Hoffnung der Rache verkommen.

Dem Beispiel der Meister folgend, die wir mit der tragischen Sicht identifiziert haben (z. B. Epikur, Epiktet, Montaigne, Spinoza, Schopenhauer und Buddha), legt Comte-Sponville nahe, von starren Hoffnungen abzulassen. »Die Arbeit der Verzweiflung«, wie er dieses innere Unterfangen nennt, ist die Voraussetzung für Glück[3]. Das scheint verwirrend, da Verzweiflung ein Wort mit rein negativer Konnotation ist. Aus diesem Grund haben andere Denker dieser Tradition sich für andere Begriffe entschieden, um die Möglichkeiten zu beschreiben, sich aus krankhaften Hoffnungen zu befreien (z. B. die Ataraxia der Epikuräer oder das Nirwana der Buddhisten). Auch Ausdrücke wie »schöpferische Hoffnungslosigkeit« (creative hopelessness) kommen dem Denken von Comte-Sponville nahe (Hayes et al., 2003). Comte-Sponville begründet den Ausdruck »Verzweiflungsarbeit« mit dem Argument, dass, bevor man den positiven Zustand des Freiseins von krankhafter Hoffnung erreicht, man erst hart daran arbeiten müsse loszulassen, was notwendigerweise ein Gefühl des Verlustes nach sich zieht. Glück ohne eine vorausgehende Verzweiflungsarbeit zu erlangen, ist somit eine Illusion. Je größer die Hoffnungen sind, desto starrer werden sie und schlagen im Geist ihre Wurzeln. Wenn es einer extremen Hoffnung gelingt, Körper und Seele zu ergreifen, braucht man die ganze Kraft, aus ihren Banden frei zu kommen,

---

3 Der Titel seines Hauptwerks ist »Abhandlung über die Verzweiflung und das Glück«.

sich abzulösen, sich zu »ent-hoffen« (dés-espoir). Comte-Sponville betont, dass das Wort »désespoir« (Verzweiflung) die Entschlossenheit beschwört, die oft nötig ist, eine extrem und rigide gewordene Hoffnung aus der Seele herauszuziehen. Wir haben uns entschieden, hier dem weniger radikalen Terminus »Enttäuschungsarbeit« den Vorzug zu geben.

Fallgeschichte 21: Ein Paar in der Hölle

Iris und Adam kamen zur Therapie wegen endloser Auseinandersetzungen, die von bösartigen gegenseitigen Anschuldigungen bestimmt waren. Fast ein Jahr lang hatte es keine körperliche Intimität zwischen ihnen gegeben. Adam beklagte sich, dass Iris ihm nie bei der Bewältigung der Haushaltsarbeit half und ihm nie irgendeine Art von Höflichkeit erwies, ganz zu schweigen von Respekt oder Zuneigung. Iris fühlte sich verfolgt durch Adams Versuche, ihr aufzuzwingen, wie sie sich zu benehmen habe. Er hörte nie auf, sie herumzukommandieren und ihr Verhalten zu kritisieren. Seine Kritik war zunehmend kränkender geworden. Er machte sie herunter, weil sie schlampig, boshaft, hasserfüllt, destruktiv und nicht ganz richtig im Kopf sei. Sie hatte das Gefühl, dass jede Art von Zustimmung oder Zeichen der Schwäche ihrerseits Adams beherrschende und disqualifizierende Einstellung nur verschlimmern würde. Sie demütigten einander vor Freunden.

Tief innen glaubte Adam, dass Iris ihn noch immer liebte. In der Vergangenheit hatte sie ihm gesagt, dass sie ihn mehr liebe als sich selbst und dass, wenn ihm jemals etwas zustoßen würde, sie sterben würde. Er war sich sicher, dass diese Gefühle noch lebendig waren. Iris konnte Adams unerschütterliche Gewissheit nicht ertragen, dass er immer Recht hatte und die Schuld bei ihr liege. Sie sagte, er glaube, ein bedingungsloses Anrecht auf ihren Körper, ihre Dienstleistung und ihre Liebe zu haben. Dass er sich ihrer eigentlichen Liebe so sicher war, erschien ihr als das Äußerste an Aggressivität. Ihrer Meinung nach sei die Ehe, von der er träumte, eine erbärmliche Dienerschaft.

Neben den wöchentlichen Zusammentreffen mit dem Paar sah der Therapeut jeden der Eheleute auch einzeln. Es stellte sich heraus, dass Iris schon immer eine physische Aversion gegenüber Adam empfunden hatte. Alles was sie von der Ehe wünschte, war, dass sie fortfahren würden, ihr Kind aufzuziehen (Kindererziehung war der einzige Bereich, in dem Adam und Iris einander eine gewisse Zustimmung zollten) und dass er sie in Ruhe ließ. Sie sollte nicht verpflichtet sein, mit ihm zu reden, wenn er nach Hause kam. Immer wieder erwog Iris die Möglichkeit einer Scheidung, sie schreckte aber unweigerlich vor den wirklichen Schritten zurück. Im Zuge der Nachwirkungen einer besonders heftigen Krise ermutigte der Therapeut sie, einen Anwalt aufzusuchen. Sie tat das und kam zu dem Ergebnis, noch nicht bereit für eine Scheidung zu sein. Adams Ziele waren das Gegenteil von denen von Iris: Er würde sich nie von ihr scheiden lassen und ein Waffenstillstand würde ihn nicht zufriedenstellen. Er wollte die Ehe in positiver Weise verbessern; er wollte Freundschaft, Respekt und körperliche Intimität.

Während die individuellen Sitzungen jedem Einzelnen halfen, hatte der Therapeut das Gefühl, dass die Paarsitzungen zu einer Arena ehelicher Kämpfe geworden waren. Seine therapeutischen Vorschläge wurden auf den Kopf gestellt und lieferten den Brennstoff für die Auseinandersetzungen des Paars. Die beiden steuerten gefährlich dicht auf physische Gewalt zu. Ein Messer und eine Schere waren während eines Kampfes bereits geschwungen worden. Der Therapeut fürchtete, dass er zur negativen Spirale beitrage. Er stellte den Fall bei einer Supervision vor.

Ein Hauptpunkt, der die Supervisionsgruppe beschäftigte, war die Frage, ob die Ehetherapie (im Gegensatz zu der individuellen) fortgesetzt werden sollte. Sechs Monate zweiwöchentlicher Treffen hatten nur dazu gedient, die Eheleute zunehmend kompromissloser werden zu lassen. Ihrer eigentlichen Natur nach fördert Therapie Hoffnung. Vielleicht war es genau diese Hoffnung, die die Wut und Frustration des Paars anfeuerte. Nach einer längeren Diskussion in der Gruppe wurde die folgende Botschaft formuliert und dem Paar in der Sitzung vorgelesen:

»Ich möchte mit Ihnen meine Gedanken über Sie als Paar teilen, in aller Offenheit. Bis jetzt war ich nicht sicher, ob ich meine Ansicht vollständig aussprechen sollte, deshalb habe ich selbst in der Supervision um professionellen

Rat gebeten. Ich bin zu der Überzeugung gekommen, dass ich Ihnen Schaden zufügen würde, wenn ich versuchen würde, die Medizin zu versüßen.

Ich denke, dass Sie in einer gemeinsamen Hölle leben. Sie fügen einander endlos Leid zu. Ihre Wünsche für den anderen sind zutiefst destruktiv. Sie, Iris, wollen, dass Adam nicht *existiert*. Sie wollen, dass er nicht spricht, nicht fragt und nicht begehrt. Keine seiner Handlungen sind für Sie akzeptabel. Seine bloße Gegenwart beleidigt Sie. Sie, Adam, würden gern haben, dass Iris jemand anders ist: Sie sollte eine freundliche, kooperative, warmherzige, hilfsbereite und liebende Frau sein. Das sind keine negativen Wünsche, aber sie sind nicht Iris. Da Iris nicht die Person sein wird, die Sie sich wünschen, versuchen Sie, ihr nachzuweisen, dass sie nicht nur Unrecht hat, sondern dass sie auch bösartig, pervertiert und krank ist. Sie wollen, dass sie sich das eingesteht. Sie beide bleiben zusammen, weil Sie die Hölle der Scheidung fürchten, die, nach Ihrer Meinung, die jetzige Hölle im Vergleich klein erscheinen lässt. Ich kann Ihnen nicht sagen, ob diese Furcht unbegründet ist. Im Augenblick kann ich die Furcht nur bestätigen, wie auch die Tatsache, dass es die Furcht ist, die Sie zusammen hält.

Ihr Leben in der Hölle wird durch Hoffnung noch verschlimmert: Der Glaube daran, dass der andere sich ändern könnte, seine oder ihre Fehler erkennen und ein besserer Ehepartner werden könnte, macht Sie beide grausamer in Ihren Forderungen und verwundbarer durch Enttäuschung. Wegen dieser Hoffnungen fahren Sie beide fort, einander Ihre Wünsche zuzumuten und sich Verletzungen zuzufügen.

Ich habe mich entschlossen, die gemeinsamen Sitzungen mit Ihnen beiden zu beenden. Ich glaube, dass sie Schaden anrichten, weil sie Ihre erstarrten Hoffnungen für den jeweilig anderen nähren. Unsere gemeinsamen Sitzungen haben Sie nur dazu gebracht, noch härter in Richtung auf diese Hoffnungen vorzustoßen. Ich glaube, das, was Sie brauchen, das genaue Gegenteil ist, nämlich konstruktive Enttäuschungsarbeit. Desillusionierung ist kein passiver Prozess. Sie, Iris, müssten dann von der Hoffnung Abschied nehmen, Sie könnten Adam nichtexistent machen. Sie werden ihn nie zu Schweigen und Abwesenheit bekommen. Wenn es nach Ihnen ginge, würde er zu einem »Gemüse« werden. Sie, Adam, müssten desillusioniert werden von der Hoffnung, dass Iris sich Ihren Vorstellungen anpassen würde. Sie wird nie die Person werden, die Sie sich wünschen. Sie müssten auch mit der Enttäuschung umgehen, was Ihren Wunsch angeht, sie zu zerbrechen, sie ihre Fehler zugeben zu lassen und zuzugeben, wie Recht Sie die ganze Zeit gehabt haben. Wenn es nach Ihnen ginge, müsste Iris sich bis zur eigenen Zerstörung hassen. Die Arbeit der Desillusionierung besteht darin, dass Sie sich dies wieder und wieder sagen.

Ich glaube nicht, dass Ihnen das helfen wird, Ihre Ehe erfüllter zu machen, aber vielleicht könnte es das Feuer der Hölle kleiner brennen lassen. Sie mögen weicher in Ihrer destruktiven Wut werden und sich weniger grausam quälen. Sie werden auch Ihre Tochter weniger schädigen. Vielleicht wächst sie dann in einer irgendwie traurigen Familie auf, aber nicht in einem siedenden

Kessel. Desillusionierung kann dazu führen, dass Sie Ihre Menschlichkeit zu Hause wiedererlangen können. Ich kenne Sie einzeln und zusammen, und ich finde es jammerschade, wie Sie beide, die ich als Individuen zu respektieren und zu bewundern gelernt habe, sich so schrecklich in die Hölle des anderen verwandelt haben.«

Das Paar blieb eine lange Zeit still. Sie fragten, ob der Therapeut in der Zukunft bereit sein würde, die Ehetherapie wieder aufzunehmen, und der Therapeut verneinte das. Es gab ein paar weitere Einzelsitzungen mit Adam und Iris. Bei einem Treffen mit Iris ein Jahr später stellte sich heraus, dass die verbitterten Kämpfe aufgehört hatten. Manchmal hatten sie Sex miteinander. Sie sprachen nicht mehr über Scheidung und gingen den täglichen Geschäften der Haushaltsführung auf nachgiebigere Art nach. So viel gestattete ihnen die Enttäuschungsarbeit. Sie waren sich jedoch nicht nah gekommen oder gar angenehm freundschaftlich verbunden. Vielleicht wäre es besser gewesen, wenn sie den Mut zur Scheidung gefunden hätten. Diese Möglichkeit zogen sie jedoch nicht in Betracht, und der Therapeut glaubte nicht, er sei berechtigt oder fähig, sie dazu anzustoßen.

Illusionen des Selbst

Die moderne Psychotherapie ist ein wahrer Ableger der westlichen Kultur in ihrer Bekräftigung der Individualität. »Privatsphäre«, »Trennung«, »Autonomie«, »Selbstverwirklichung« und »Selbstbestimmung« sind ohne Frage positiv bewertete Bezeichnungen, während »Symbiose«, »Verstrickung«, »Mangel an Differenzierung«, »Abhängigkeit« und »Anders-Gerichtetheit« abwertend sind. Da ist etwas zutiefst Untröstliches in diesem System der Werte, denn wenn das Selbst unser Alles ist, dann sind Versagen und Tod absolute Katastrophen. Diese Logik bringt mit sich, dass wir das, was uns erwartet, weitgehend verleugnen und ausblenden müssten.

Und doch wissen wir, dass es nicht so ist: Die meisten Menschen lernen zu leben und zu versagen, die tägliche Einschränkung ihres Selbst zu ertragen und selbst auf erträgliche Weise zu sterben – ohne sich völlig blind zu machen oder gänzlich vom Schmerz übermannt zu werden. Erikson (1988) hat es als Entwicklungsaufgabe des Menschen beschrieben, die eigenen Mängel und Unzulänglichkeiten im Leben anzuerkennen: »Sein durch gewesen sein, dem Nicht-Sein ins Auge sehen«, sah er als Entwicklungsschritt im Alter, der ermöglicht, zu Ich-Integrität und Weisheit zu gelangen.

Das Bewusstsein, mehr zu sein als nur unser begrenztes Selbst, öffnet erst die Möglichkeiten unseres »sozialen Seins«, wie der französische Philosoph Lévinas schreibt, und begrenzt die »selbstherrliche Identifikation des Ich mit sich selbst« (zit. nach Schmidt-Lellek, 2006). Die meisten Menschen werden Erfahrungen dieser Art gemacht haben und das Gefühl kennen, dass es mehr gibt als nur uns. Wir brauchen nicht weit und breit tief zu graben, um Beispiele solcher Erfahrungen wie die folgenden beiden um uns herum zu finden:

Marianne war unheilbar krank. Als sich ihre Situation verschlechterte, setzten sie Dinge sehr unter Stress, die im Vergleich zu ihrem Zustand hätten unbedeutend sein sollen: Es machte sie besorgt, dass für viele ihrer Studenten noch nicht gesorgt worden war, dass ihr Forschungsprojekt verpfuscht werden würde und dass ihr Sohn nicht die Hilfe bei seinen Problemen erhalten würde, die er brauchte. Man hätte meinen können, dass Marianne sich in Sorgen versenkte, um sich von ihrem wirklichen Zustand abzulenken, wäre da nicht die Tatsache gewesen, dass sie nicht nur offen über ihren Tod sprach, sondern auch alle pseudo-optimistischen Bemerkungen ihrer Umgebung zurückwies. Sie sagte, dass dieses nicht die Art wäre, wie sie sterben wollte. Im Lauf einer Woche hellte sich Mariannes Gemütslage erheblich auf: Sie »ordnete ihren Schreibtisch« dadurch, dass sie Arrangements für ihre Studenten einleitete, dass es ihr gelang, eine Stiftung der Universität zu bekommen, die ihre Forschung nach ihrem Tod absicherte, und einen guten Therapeuten für ihren Sohn zu finden. Das Verbessern der Angelegenheiten für die Zeit, wenn sie nicht mehr da sein würde, hatte somit einen eindeutig positiven Einfluss auf ihr tägliches Leiden.

Carol litt wiederholt an akuten Angstanfällen wegen ihres körperlichen Zustands. Sie ging wieder und wieder zu Ärzten und beruhigte sich, wenn diese sie strikten Untersuchungen unterwarfen. Sie beschrieb sich selbst als eine Person, die niemals loslassen könnte. Bei einer Gelegenheit jedoch, machte sie während eines Sommerausflugs mit ihrer Schwester (die fast so ängstlich wie sie war) eine bemerkenswerte Erfahrung. Sie beide zögerten, eine Fahrt mit einem Skilift anzutreten. Carol entschied sich, den Sprung auf den Liftsessel zu wagen, obgleich ihre Schwester es vorzog zurückzubleiben. Carol beschrieb ihre Minuten in der Luft als das befreiendste Erlebnis ihres Lebens. Sie hatte das Gefühl, dass alle Sorgen und aller Ärger, die sie unablässig einengten, verschwunden waren. Sie sagte: »Ich fühlte mich eins mit der Landschaft. Das ist eine abgedroschene Phrase, aber genau so habe ich mich gefühlt.«

Solche Erfahrungen sind nicht selten. Wahrscheinlich können die meisten von ähnlichen Ereignissen berichten. Das sind tägliche Manifestationen von etwas, das man ziemlich bombastisch »Überschreitung der Grenzen des Selbst« nennt. Vielleicht gleicht das dem Gefühl, das wir haben, wenn wir in unserem Schmerz umarmt werden: Es ist dann so, als ob wir in der Verbundenheit mit anderen zu mehr geworden sind als nur unser kleines, weinendes Selbst. Die Gefühle der Erleichterung und freudigen Erregung, die manchmal »Erfahrungen der Todesnähe« begleiten, sprechen eine ähnliche Sprache. Gewöhnlich vergessen die Menschen die Gänze dieser Erlebnisse, wenn sie erst einmal wieder in den alltäglichen Anforderungen des Lebens versinken. Und doch sagen viele, die das durchlebt haben, dass es ihre Angst vor dem Tod verringert hat. Möglicherweise spenden solche Erfahrungen Trost dadurch, dass sie uns Erleichterung von den Illusionen des Selbst verschaffen.

Das Vertrautsein mit der Erfahrung der Grenzüberschreitung des Selbst kann uns mit einer tröstlichen Lebensphilosophie versehen, die uns still Gesellschaft leisten kann, selbst wenn wir in unseren täglichen Geschäften von völlig anderen Ideen geleitet werden. In Thomas Manns Familienepos »Die Buddenbrooks« (1901/ 1989) lernen wir Thomas kennen, das Haupt der Firma und der Familie, der die Sorgen der Welt auf seinen Schultern trägt. Es gibt kaum einen Charakter in der Literatur, der so von seiner Verantwortung verfolgt wird. Als zu seinen endlosen Besorgnissen und Umständen der Schmerz einer schwierigen Zahnextraktion hinzukam, bricht er zusammen und stirbt mitten auf der Straße. Und dennoch, einige Jahre vor seinem Tod hatte sich etwas ereignet, das, filigranartig, für einen dämpfenden Kontrapunkt zu den angestrengten Noten seines Lebens sorgte: Thomas hatte sich mit Schopenhauers Philosophie vertraut gemacht, in der eine sorgfältig begründete Verneinung der unabhängigen Realität des Selbst vorgestellt wurde. Während er Schopenhauers überaus tröstenden Text las, wurde er von einer Welle der Erleichterung getragen; sein gehetztes Selbst löste sich in dem Text auf. Ein paar gesegnete Tage lang hatte Thomas keine Angst und fühlte sich nicht getrieben. Obgleich er nicht immer den verschlungenen Argumenten in dem Buch folgen konnte, hatte er das Gefühl, er wisse, was der Philosoph meinte. Er versprach sich, das Buch immer zur Hand zu haben, nie zuzulassen, dass er es vergaß, nie zurückzukehren zu dem wahnsinnigen Karussell seiner Sorgen. Sein Leben würde sich ändern. Er würde nicht wieder in die Falle laufen. Kurz vor dem Schluss der Lektüre legte er das Buch in die Schublade seines Nachttischs und sagte sich, er werde es bald beenden und dann wieder lesen, wieder und wieder. Er las das Buch nie zu Ende, noch las er einen einzigen Abschnitt ein zweites Mal. Die Anforderungen des Lebens belegten ihn wieder mit Beschlag und das Buch sammelte Staub in der Schublade. Und dennoch, die tröstenden Gedanken blieben in einer der Schubladen seines Geistes. Thomas erreichte nicht die Freiheit des Weisen und fuhr fort, als der getriebene Mensch zu leben, der er war. Jedoch trug er Schopenhauers tröstliche Weisheit im Hinterkopf. Sozusagen als eine zweite Philosophie – ein Buch in der Schublade.

Das mag wenig erscheinen – schließlich hatte Thomas sich versprochen, sein Leben zu ändern, was ihm offensichtlich nicht gelungen war. Und dennoch denken wir überhaupt nicht, dass das wenig war. Tröstende Gedanken sind zweite Philosophien und machen kaum jemals den Hauptstrom unseres Denkens aus.

Der französische Philosoph Henri Bergson sagte einmal, jeder Philosoph habe zwei Philosophien: seine eigene und die von Spinoza. Spinozas Philosophie ist wahrscheinlich das tröstlichste Gedankensystem, das je erdacht worden ist. Bergsons Idee einer zweiten Philosophie spiegelt auch unsere Gedanken wider. Die tragisch-akzeptierende Sicht, die wir in diesem Buch zu entfalten versucht haben, wird selten zu einem festen Glauben, der Sinn und Herz einer Person völlig einnimmt. Nur Weise erreichen Vollkommenheit. Die meisten von uns kehren zu ihrem täglichen Leben zurück, und die meisten von uns werden manchmal hassen und manchmal dämonisieren. Und doch mag die tragische Sicht in einer der Schubladen unseres Geistes bleiben – als eine zweite mäßigende, tröstende Philosophie. Hoffentlich wird sie weniger Staub ansammeln als das Buch von Thomas Buddenbrook.

Literatur

Abrams, M. H. (1971). Natural supernaturalism: Tradition and revolution in romantic literature. New York: Norton.

Alain (1928/1985). Propos sur le bonneur. Paris: Galimard/Folio.

Alon, N. (1985). An Ericksonian approach to the treatment of chronic posttraumatic patients. In J. K. Zeig (Ed.), Ericksonian Psychotherapy, Vol. II. New York: Brunner/Mazel.

Amir, M., Kalemkerian, R. (2003). Run for your life: The reaction of some professionals to a person with cancer. Journal of Clinical Oncology, 21, 3696-3699.

Axelrod, R. (1997). The complexity of cooperation: Agent based models of competition and collaboration. Princeton, NJ: Princeton University Press.

Bandura, A. (1969). Principles of behavior modification. New York: Holt, Rinehart and Winston.

Bar-Tal, D. (1997). Formation and change of ethnic and national stereotypes: An integrative model. International Journal of Intercultural Relations, 21 (4), 491-523.

Bates, J. E.; Petit, G. S.; Dodge, K. A.; Ridge, B. (1998). Interaction of temperamental resistance to control and restrictive parenting in the development of externalizing behavior. Developmental Psychology, 34, 982-995.

Bateson, G. (1981). Ökologie des Geistes. Frankfurt a. M.: Suhrkamp

Bateson, G. (1984). Geist und Natur. Eine notwendige Einheit. Frankfurt a. M.: Suhrkamp

Beck, A. T.; Rush, A. J.; Shaw, B.; Emery, G. (1997). Cognitive therapy of depression. New York: Guilford.

Bittenbinder, E. (2000). Trauma und extreme Gewalt – systemische Psychotherapie mit Überlebenden von Folter und die Bedeutung »innerer Bilder«. Psychotherapie im Dialog, 1 (1), 38-44.

Bruner, J. (1997). Sinn, Kultur und Ich-Identität. Heidelberg: Carl Auer Systeme

Bugental, D. B.; Blue, J. B.; Cruzcosa, M. (1989). Perceived control over caregiving outcomes: implications for child abuse. Developmental Psychology, 25, 532-539.

Bugental, D. B.; Blue, J. B.; Cortez, V.; Fleck, K.; Kopeikin, H.; Lewis, J.; Lyon, J. (1993). Social cognitions as organizers of autonomic and affective responses to social challenge. Journal of Personality and Social Psychology, 64: 94-103.

Bugental, D. B.; Lyon, J. E.; Krantz, J.; Cortez, V. (1997). Who's the boss? Accessibility of dominance ideation among individuals with low perceptions of interpersonal power. Journal of Personality and Social Psychology, 72: 1297-1309.

Burlingham, B. (2005). Small giants. Companies that choose to be great instead of big. New York: Portfolio (Penguin).

Canacakis, J. (1987). Ich sehe deine Tränen. Trauern, Klagen, leben können. Stuttgart: Kreuz.

Chirot, D. (2001). Introduction. In D. Chirot, M. E. P. Seligman (Eds.), Ethnopolitical warfare: Causes, consequences, and possible solutions (pp. 3-26). Washington, DC: American Psychological Association.

Cohn, N. (1957). The pursuit of the millenium. New York: Secker & Warburg.

Cohn, N. (1975). Europe's inner demons: The demonization of Christians in medieval christendom. London: Chatto and Heinemann.

Comte-Sponville, A. (2001). Ermutigung zum unzeitgemäßen Leben. Reinbek: rororo.

Damasio, A. (2005). Der Spinoza-Effekt. Wie Gefühle unser Leben bestimmen. Berlin: List.

Dickens, C. (1861/1985). Great expectations. New York: Penguin.

Dodge, K. (1993). Social-cognitive mechanisms in the development of conduct disorder and depression. Annual review of Psychology, 44, 559-584.

Eckert, J.; Kriz, J. (2005). Humanistische Psychotherapieverfahren. In W. Senf, M. Broda (Hrsg.), Praxis der Psychotherapie. Ein integratives Lehrbuch (S. 328-349). Stuttgart: Thieme.

Efran, J.; Lukens, M.; Lukens, R. (1992). Sprache, Struktur und Wandel. Bedeutungsrahmen der Psychotherapie. Dortmund: Modernes Lernen.

Eidelson, R. J.; Eidelson, J. I. (2003). Dangerous ideas: Five beliefs that propel groups toward conflict. American Psychologist, 58, 182-192.

Elon, A. (2003). Zu einer anderen Zeit. Portrait einer jüdisch-deutschen Epoche. München: Hanser.

Erdheim, M. (1994). Das fremde Böse. Praxis der Kinderpsychologie und Kinderpsychiatrie, 43 (7), 242-247.

Erikson, E. (1988). Der vollständige Lebenszyklus. Frankfurt a. M.: Suhrkamp.

Foerster, H. von (1981). Das Konstruieren einer Wirklichkeit. In P. Watzlawick, P. (Hrsg.), Die erfundene Wirklichkeit (S. 39-60). München: Piper.

Frisch, M. (1964). Tagebuch 1946-1949. Frankfurt a. M.: Suhrkamp.

Fustel de Coulanges, N. D. (1980). The ancient city: A study of the religion, laws and institutions of Greece and Rome. Baltimore: Johns Hopkins University Press (im Original 1864).

Gergen, K. (2002). Konstruierte Wirklichkeiten. Eine Hinführung zum sozialen Konstruktionismus. Stuttgart: Kohlhammer.

Ginzburg, C. (1991). Ecstasies: Deciphering the witches' sabbath. London: Hutchinson.

Ginzburg, C.; Tedeschi, A.; Tedeschi, J. (1992). The night battles: Witchcraft, and agrarian cults in the sixteenth and seventeenth century. Baltimore: Johns Hopkins University Press.

Glasl, F. (2004). Konfliktmanagement. Ein Handbuch für Führungskräfte, Beraterinnen und Berater. Bern u. a.: Paul Haupt.

Goffman, E. (1972). Die moralische Karriere des psychisch gestörten Patienten. In H. Keupp (Hrsg.). Der Krankheitsmythos in der Psychopathologie (S. 122-135). München: Urban & Schwarzenberg.

Grabbe, M. (2006). Bündnisrhetorik in Spannungsfeldern mit Kindern. In C. Tsirigotis; A. von Schlippe, J. Schweitzer (Hrsg.), Coaching für Eltern (S. 252-267). Heidelberg: Carl Auer Systeme.

Greenberg, D.; Witzum, E. (2001). Sanity and sanctity. Yale University Press.

Hayes, S. C.; Strosahl, K. D.; Kelly, G. W. (2003). Acceptance and commitment therapy. New York: Guilford.

Hemminger, H. J. (1989). Das therapeutische Reich des Dr. Ammon. Eine Untersuchung zur Psychologie totalitärer Kulte. Stuttgart: Quell-Verlag.

Hertel, A. v. (2003). Professionelle Konfliktlösung. Frankfurt a. M./New York: Campus.

Herzog, W.; Schweitzer, J. (1992). Der Schizokokkus. Resultate und mögliche Konsequenzen der biologischen Schizophrenieforschung. Familiendynamik, 17(2), 186-195.

Hilberg, R. (2003). The destruction of European Jews (3rd Edition). Yale University Press.

Hölderlin, F. (1797–99/1977). Hyperion. Stuttgart: Philipp Reclam jun.

Jabbour, E. (1992). Sulkha: Palestinian traditional peace making. Shfaram: International Peace Centre.

Jervis, R. (1988). Realism, game theory and cooperation. World Politics, 40, 317-349.

Kelly, G. A. (1986). Die Psychologie der persönlichen Konstrukte. Paderborn: Junfermann.

Kertész, I. (2002). Roman eines Schicksalslosen. Reinbek: Rororo.

Kleist, H. von (2001). Sämtliche Werke und Briefe. München: dtv.

Kohut, H. (1976). Narzißmus. Frankfurt a. M.: Suhrkamp.

Kohut, H. (1999). Die Heilung des Selbst. Frankfurt a. M.: Suhrkamp.

Kramer, R. M.; Messick, D. M. (1998). Getting by with a little help from our enemies: Collective paranoia and its role in intergroup relations. In C. Sedikides, J. Schopeler, C. A. Insko (Eds.), Intergroup cognition and intergroup behavior (pp. 233-255). Mahwah, NJ: Erlbaum.

Kriz, J. (2004a). Lebenswelten im Umbruch. Zwischen Chaos und Ordnung (S. 50-52). Wien: Picus.

Kriz, J. (2004b). Personzentrierte Systemtheorie – Grundfragen und Kernaspekte. In A. von Schlippe, W. Kriz (Hrsg.), Personzentrierung und Systemtheorie. Perspektiven für psychotherapeutisches Handeln (S. 13-67). Göttingen: Vandenhoeck & Ruprecht.

Laing, R. D.; Phillipson, H.; Lee, A. (1971). Interpersonelle Wahrnehmung. Frankfurt a. M.: Suhrkamp.

Lake, D. A.; Rotchild, D. S. (1998). Spreading fear: The genesis of transnational ethnic conflict. In D. A. Lake, D. S. Rotchild (Eds.), The international spread of ethnic conflict: Fear, diffusion, and escalation (pp. 3-32). Princeton, NJ: Princeton University Press.

Lemme, M.; Eberding,. A. (2006). Präsenz und Autorität. Gewaltfreier Widerstand gegen Gewalt und destruktive Verhaltensweisen in der Schule. Pädagogik, 58 (2), 18-21.

Levack, B. P. (Ed.) (1992). Possession and exorcism: Articles on witchcraft and demons. Garland Science.

Levine, R. A.; Campbell, D. T. (1976). Ethnocentrism: Theories of conflict, ethnic attitudes, and group behavior. New York: Wiley.

Loftus, E.; Ketcham, K. (1994). The myth of repressed memory. New York: St Martin's Griffin.

Loth, W. (2005). Elterncoaching: Modus oder Mode? Einige Überlegungen und Thesen. Systhema, 19 (3), 347-354.

Luhmann, N. (1984). Soziale Systeme. Grundriss einer allgemeinen Theorie. Frankfurt a. M.: Suhrkamp.

Luhmann, N. (1989). Vertrauen. Ein Mechanismus der Reduktion sozialer Komplexität. Stuttgart: Enke

Mann, J. (1973). Time-limited psychotherapy. Cambridge, MA: Harvard University Press.

Maturana, H.; Varela, F. (1987). Der Baum der Erkenntnis. München: Scherz.

Moffit, T. E. (1990). The neuropsychology of delinquency: a critical review of theory and research. In N. Morris, M. Tonry (Eds.), Crime and justice (vol. 12) (pp. 99-169). Chicago: University of Chicago Press.

Moffitt, T. E.; Henry, B. (1991). Neuropsychological studies of juvenile delinquency and violence: A review. In J. Milner (Ed.), The neuropsychology of aggression (pp. 67-91). Norwell, MA: Kluwer Academic.

Nagel, R.; Wimmer, R. (2002). Systemische Strategieentwicklung. Stuttgart: Klett-Cotta.

Nesner, H. (1999). »Hexenbulle« (1484) und »Hexenhammer« (1487). In G. Schwaiger (Ed.), Teufelsglaube und Hexenprozesse. München: C. H. Beck.

Nisbett, R. E.; Cohn, D. (1996). Culture of honor: The psychology of violence in the American south. Westview Press.

Ofshe, R. (1992). Inadvertent hypnosis during interrogation: false confession due to dissociative state: misidentified multiple personality and the satanic cult hypothesis. International Journal of Clinical and Experimental Hypnosis, 40, 125-156.

Ollefs, B.; Schlippe, A. von (in Vorb.). Therapeutenmanual zum Elterncoaching auf der Basis des gewaltlosen Widerstandes.

Omer, H. (2001). Helping parents deal with children's acute disciplinary problems without escalation: The principle of non-violent resistance. Family Process, 40, 53-66.

Omer, H. (2004a). Non-violent resistance in the treatment of battered women (in German). Paper presented at the conference »Authority and Relationship« at Osnabrück University, Osnabrück, Germany, February 2004.

Omer, H. (2004b). Non-violent resistance and victimized siblings. Paper presented at the 5th European Congress for Family Therapy and Systemic Practice, Berlin, September 2004.

Omer, H.; Alon, N. (1997). Constructing therapeutic narratives. Northvale, NJ: Jason Aronson.

Omer, H.; Elizur, A. (2003). Wie spricht man mit dem »Menschen auf dem Dach«? – Krisenintervention angesichts akuter Suizidgefahr. Psychotherapie im Dialog 4 (4), 354-359.

Omer, H.; Rosenbaum, R. (1997). Diseases of hope and the work of despair. Psychotherapy, 34, 225-232. (dt.: Kranke Hoffnungen und die Arbeit mit Verzweiflung. Systhema, 20 (2), 169-185.

Omer, H.; Schlippe, A. von (2002). Autorität ohne Gewalt. Coaching für Eltern von Kindern mit Verhaltensproblemen. »Elterliche Präsenz« als systemisches Konzept. Göttingen: Vandenhoeck & Ruprecht.

Omer, H.; Schlippe, A. von (2004). Autorität durch Beziehung. Gewaltloser Widerstand in Beratung und Therapie. Göttingen: Vandenhoeck & Ruprecht.

Omer, H.; Irbauch, R. Schlippe, A. von (2005). Gewaltloser Widerstand in der Schule. Pädagogik, 54, 42-47.

Omer, H.; Irbauch, R.; Berger, H.; Katz-Tissona, R. (2006). Gewaltloser Widerstand und Gewalt in der Schule: Programmbeschreibung und Resultate (auf Hebräisch). Mifgash: Journal of social-educational work – special issue: School violence, 23: 103-120.

Omer, H.; Shor-Sapir, I.; Weinblatt, U. (in press). Non-violent resistance and violence against siblings.

Orford, J. (1986). The rules of interpersonal complementarity: does hostility beget hostility and dominance, submission? Psychological Review, 93, 365-377.

Osgood, C. E. (1962). An Alternative to war and surrender. Chicago: University of Illinois Press.

Osgood, C. E. (1966). Perspective in Foreign Policy. Palo Alto (California).

Perelman, C. (1982). The realms of rhetoric. London: The University of Notre Dame Press.

Pettigrew, T. F. (1979). The ultimate attribution error: Extending Allport's cognitive analysis of prejudice. Personality and Social Psychology Bulletin, 5, 461-476.

Pleyer, K. H. (2003). »Parentale Hilflosigkeit«. Ein systemisches Konstrukt für die therapeutische und pädagogische Arbeit mit Kindern. Familiendynamik 28 (4), 467-491.

Reich-Ranicki, M. (2003). Mein Leben. München: dtv.

Rieff, P. (1979). The mind of a moralist (3rd ed.). Chicago: The University of Chicago Press.

Rogers, C. (1978). Die Kraft des Guten. München: Kindler.

Rogers, C. (1981). Der neue Mensch. Stuttgart: Klett.

Satir, V. (1990). Kommunikation, Selbstwert, Kongruenz. Paderborn: Junfermann.

Schaffer, R. (1983). The analytic attitude. New York: Basic Books.

Schlippe, A. von (2001a). Therapeutische Zugänge zu familiären Wirklichkeiten. Ein Beitrag zu einer klinischen Familienpsychologie. In S. Walper, R. Pekrun (Hrsg.), Familie und Entwicklung. Perspektiven der Familienpsychologie (S. 345-363). Göttingen: Hogrefe.

Schlippe, A. von (2001b). »Talking about asthma«: The semantic environments of physical disease – A narrative contribution to systemic family medicine. In: Families, Systems, and Health 19 (3) 251-262.

Schlippe, A. von (2003). Grundlagen systemischer Beratung. In: B. Zander, M. Knorr (Hrsg.), Systemische Arbeit in der Erziehungsberatung (S. 30-54). Göttingen: Vandenhoeck & Ruprecht.

Schlippe, A. von (2004). »In des Menschen Brust ist Unendlichkeit«. Annäherungen an den Gegenstand der Psychologie. In W. Wasmuth (Hrsg.), Wo aber bleibt die Seele? Interdisziplinäre Annäherungen (S. 57-69). Münster, Lit-Verlag.

Schlippe, A. von (2006). Systemische Praxis zwischen Familienberatung, Familientherapie und Elterncoaching. In P. Bauer, E. J. Brunner (Hrsg.), Elternpädagogik. Von der Elternarbeit zur Erziehungspartnerschaft (S. 237-256). Freiburg: Lambertus.

Schlippe, A. von; Hawellek, Ch. (2005). Entwicklung unterstützen und Unterstützung entwickeln. Systemisches Coaching nach dem Marte-Meo-Modell. In: Hawellek, Ch.; Schlippe, A. von (Hrsg.), Entwicklung unterstützen und Unterstützung entwickeln. Systemisches Coaching nach dem Marte-Meo-Modell (S. 17-34). Göttingen: Vandenhoeck & Ruprecht.

Schlippe, A. von; Schweitzer, J. (1996). Lehrbuch der systemischen Therapie und Beratung. Göttingen: Vandenhoeck & Ruprecht.

Schlippe, A. von; Schweitzer, J. (2005). Methoden der Intervention in sozialen Systemen. Lehrbrief zum Fernstudium »Systemisches Management« der Technischen Universität Kaiserslautern.

Schmidt-Lellek, Ch. (2006). Ressourcen der helfenden Beziehung. Köln: EHP.

Schulz von Thun, F. (1981). Miteinander reden 1. Störungen und Klärungen. Reinbek: rororo.

Schulz von Thun, F.; Stegemann, W. (Hrsg.) (2004). Das innere Team in Aktion. Reinbek: rororo.

Schwartz, R. (1997). Systemische Therapie mit der inneren Familie. München: Pfeiffer.

Shakespeare, W.; Fried. E. (2001). Hamlet/Othello. Berlin: Klaus Wagenbach.

Sharp, G. (1960). Gandhi wields the weapon of moral power. Ahmedabab: Navajivan.

Sharp, G. (1973). The politics of nonviolent action. Boston, MA: Extending Horizons Books.

Shazer, St. de (1989). Wege der erfolgreichen Kurztherapie. Stuttgart: Klett.

Shneidman, E. S. (1985). Definition of suicide. Northvale, NJ: Jason Aronson.

Simon, F. (2001). Tödliche Konflikte. Zur Selbstorganisation privater und öffentlicher Kriege. Heidelberg: Carl Auer Systeme.

Simon, F.; Rech-Simon, Ch. (1999). Zirkuläres Fragen. Systemische Therapie in Fallbeispielen: Ein Lernbuch. Heidelberg: Carl Auer Systeme.

Spanos, N. (1996). Multiple identities and false memories: A sociocognitive perspective. New York: APA Press.

Spence, D. (1982). Narrative truth and historical truth: Meaning and interpretation in psychoanalysis. New York: Norton.

Stierlin, H. (1979). Status der Gegenseitigkeit: die fünfte Perspektive des Heidelberger familiendynamischen Konzepts. Familiendynamik, 4, 106-116.

Stierlin, H. (1988). Die Familie als Ort psychosomatischer Erkrankungen. Familiendynamik 13, 287-299.

Stolorow, R. D.; Atwood, GE.; Brandchaft, B. (Eds.) (1994). The intersubjective experience. Northvale, NJ: Jason Aronson.

Süllow, M. (2006). Die Praxis des gewaltlosen Widerstands in der Erziehung. Osnabrück: Unveröff. Diplomarbeit am Fachbereich Humanwissenschaften.

Sulloway, F. (1979). Freud, biologist of the mind: beyond the psychoanalytic legend. New York: Basic Books.

Suworow, V. (1996). Der Eisbrecher. Hitler in Stalins Kalkül. (9. Aufl.). Stuttgart: Klett-Cotta.

Szasz, Th. (1979). Schizophrenie – das heilige Symbol der Psychiatrie. Wien u. a.: Europaverlag.

Taylor, A. J. P. T. (1966). The first world war: An illustrated history. New York: Penguin.

Tolstoi, L. (2003). Der Tod des Iwan Illjitsch. Frankfurt a. M.: Insel.

Tschechow, A. (2000). Meistererzählungen. Zürich: Diogenes.

Tsirigotis, C.; Schlippe, A. von; Schweitzer, J. (Hrsg.) (2006). Coaching für Eltern. Heidelberg: Carl Auer Systeme.

Varela, F. (1981). Der kreative Zirkel, Skizzen zur Naturgeschichte der Rückbezüglichkeit. In P. Watzlawick, P. (Hrsg.): Die erfundene Wirklichkeit (S. 294-309). München: Piper.

Waal, F. B. de (1993). Reconciliation among primates: A review of empirical evidence and unresolved issues. In W. A. Mason, S. P. Mendoza (eds.), Primate social conflict (pp. 111-144). New York: State University of New York Press.

Weinblatt, U. (2004). Non-violent resistance as parent-therapy. Paper auf der Konferenz: »Autorität und Beziehung« an der Universität Osnabrück, Februar 2004.

Weinblatt, U. (2005). Non-violent resistance as parent-therapy: A controlled study. Doctoral dissertation. Department of Psychology, Tel-Aviv University.

Welsch, W. (1991). Unsere Postmoderne Moderne (3. Aufl.). Weinheim: VCH, Acta Humaniora.

White, M. (1997). Narratives of therapists' lives. Adelaide: Dulwich Center Publications.

White, M. (2000). Reflections on narrative practice: Essays and interviews. Adelaide: Dulwich Center Publications.

White, M. (2005). Das Wiedereingliedern der verlorenen Beziehung bei erfolgreicher Trauerarbeit. Systhema, 19 (1), 5-15.

White, M.; Epston, D. (1990). Die Zähmung der Monster. Literarische Mittel zu therapeutischen Zwecken. Heidelberg: Auer

Wittgenstein, L. (1996). Ein Reader, hrsg. von A. Kenny. Stuttgart: Philipp Reclam jr.

Zweig, S. (1982). Triumph und Tragik des Erasmus von Rotterdam. Frankfurt a. M.: Fischer (im Original 1935)